现代物流管理实务

MODERN LOGISTICS
MANAGEMENT PRACTICE

主　编 ◎ 刘助忠　任　志　张　宇

副主编 ◎ 骆金鸿　黄成菊　龚萃萃

谢　灿　邵伊云

中南大学出版社
www.csupress.com.cn
·长沙·

内容简介

本书主要阐述了现代物流的相关概念、理论及主要功能,具体内容包括:物流管理概述、运输管理、仓储管理、装卸搬运、包装、流通加工、配送、物流信息管理、物流成本管理、物流服务、供应链管理和冷链物流等方面。

本教材紧密结合当前物流领域的实践,从培养学生解决问题的角度出发,较好地体现了现代物流管理的最新理论知识和操作技术,在体例上讲究实用。本书适合作为应用型高校及相关专业的教学用书,也适合作为物流从业人员的培训和自学用书。

图书在版编目(CIP)数据

现代物流管理实务 / 刘助忠,任志,张宇主编. ——长沙:中南大学出版社,2021.4
ISBN 978-7-5487-3651-6

Ⅰ. ①现… Ⅱ. ①刘… ②任… ③张… Ⅲ. ①物流管理 Ⅳ. ①F252.1

中国版本图书馆 CIP 数据核字(2021)第 036427 号

现代物流管理实务
XIANDAI WULIU GUANLI SHIWU

主编 刘助忠 任 志 张 宇

□责任编辑　杨　贝
□责任印制　易红卫
□出版发行　中南大学出版社
　　　　　　社址:长沙市麓山南路　　　邮编:410083
　　　　　　发行科电话:0731-88876770　传真:0731-88710482
□印　　装　湖南省汇昌印务有限公司

□开　　本　787 mm×1092 mm　1/16　□印张 15.5　□字数 397 千字
□互联网+图书　二维码内容　字数 21 千字　图片 1 张
□版　　次　2021 年 4 月第 1 版　□2021 年 4 月第 1 次印刷
□书　　号　ISBN 978-7-5487-3651-6
□定　　价　48.00 元

前 言
PREFACE

随着我国经济的快速发展，全社会强烈地呼唤物流水平得到提高。这就需要加大对应用型和技术型物流人才培养的力度，提高物流人才的培养质量，为国家经济建设输送合格的、高素质的专业化物流人才。为此，我们进行了大量的前期准备工作，在第一版的基础上编写了这本全新的《现代物流管理实务》教材。教材力求在内容上反映当代物流的发展趋势，达到内容新颖、重点突出、概念准确、能更好地适合课堂教学的要求。

本书以应用型和技术型普通高校的学生为主要对象，在编写时尽量简化理论，突出应用能力的培养。每章包括五个部分：①学习目标——使读者熟知学习本章必须达到的能力要求；②主要概念——提示读者本章介绍的重点概念；③理论综述——包括本章任务涉及的基本概念、基本理论及相关知识的应用实践总结；④本章小结——带领读者复习和巩固本章学习的主要知识；⑤复习思考习题——针对学习目标设置的各种练习题与思考题，帮助学生巩固基本概念，领悟核心内容，并通过案例阅读与分析题提高学生分析和解决问题的能力。

本书具有实用性强、便于自学的特点：

（1）实用性强。本书在编写过程中广泛吸收了当代物流发展的最新成果，从新的视角重新审视物流管理的本质，通过及时追踪国际、国内物流产业发展的新动向，揭示当代物流管理的发展规律、特点和管理模式。本书选用了大量能够反映物流产业发展的数据和案例，注重理论教学与实践案例教学相结合，理论浅显易懂，内容紧密联系实际，突出了教材的针对性和实用性，既方便在校师生学习，又有利于实际工作者参考使用。

（2）便于自学。本书是在编者多年从事本科、高职高专教学和调研物流企业的基础上编写而成的，编写时发扬第一版的优点，力求通俗易懂、深浅适度，更有助于培养学生认识问题、分析问题和解决问题的能力。

本书由湖南女子学院刘助忠教授、湖南工业职业技术学院任志讲师、保险职业学院张宇讲师、湖南环境生物职业技术学院骆金鸿副教授、湖南电气职业技术学院黄成菊副教授、岳阳职业技术学院龚萃萃讲师、湖南电气职业技术学院谢灿副教授、湖南科技职业学院邵伊云讲师共同编写而成。编写分工如下：刘助忠编撰第一章物流管理概述、第九章物流成本管理、第十章物流服务、第十一章供应链管理，任志编撰第三章仓储管理、第四章装卸搬运、第八章物流信息管理，张宇编撰第五章包装、第六章流通加工、第七章配送、第十二章冷链物流，骆金鸿编撰第二章运输管理，黄成菊、龚萃萃、谢灿、邵伊云负责本书的物流市场调查、最新数据获取、资料查找等工作。刘助忠负责全书的框架设计及最后的定稿工作。

使用本书的教学工作者可以向出版社索要教学用PPT，并可用手机扫描二维码获得每章"复习思考习题"的参考答案。

感谢出版社同志的艰辛劳动，感谢湖南科技职业学院李明主任，湖南保险职业学院周灿主任、傅航主任的大力支持，在此深表谢意！

由于时间紧迫，书中若存在错误或不妥之处，恳请批评、指正。

刘助忠

2020 年 7 月

目　录
CONTENTS

第一章　物流管理概述

本章学习导引

学习目标：①掌握物流的概念；②熟悉物流活动的构成；③了解物流的性质和作用；④熟悉物流管理的内容；⑤了解现代物流管理理念。

主要概念：物流；物流功能；物流分类；物流理念。

第一节　物流概述

一、物流的概念、性质和作用

(一)物流的概念

国家标准化管理委员会、国家质量监督检验检疫总局于 2006 年 12 月 22 日批准颁布的《物流术语》(GB/T 18354—2006) 对物流的定义为："物品从供应地向接收地的实体流动过程。根据实际需要，将运输、储存、装卸、搬运、包装、流通加工、配送、信息处理等基本功能实施有机结合。"

物流概念的形成和发展经历了一个漫长而曲折的过程。回顾物流的发展历程并理解历史上经典的物流概念，不仅有利于人们了解物流的发展规律，更有利于人们全面、深入地理解物流的内涵。

以詹姆斯·约翰逊和唐纳德·伍德为代表的学者认为"物流一词首先用于军事"。1905 年，美国少校琼斯·贝克认为"那个与军备的移动和供应相关的战争艺术的分支就叫作物流(logistics)"。

英国克兰菲尔德物流与运输中心主任、资深物流与市场营销专家马丁·克里斯多夫教授认为，阿奇·萧是最早提出物流概念并进行实际探讨的学者。阿奇·萧在 1915 年出版的《市场流通中的若干问题》一书中指出："创造需求与实物供给的各种活动之间的关系说明存在平衡性和依赖性两个原则，物流是与创造需求不同的问题……流通活动中的重大失误都是由创造需求与物流之间缺乏协调造成的。"

1916 年，韦尔达在《农产品的市场营销》中指出，市场营销的效用包括时间效用、场所效用、所有权效用和营销渠道的概念，从而肯定了物流在创造产品的市场价值中的时间价值及

1

场所价值的重要作用。

1922年，克拉克在《市场营销原理》中将市场营销定义为：影响商品所有权转移的活动和包括物流的活动。

1935年，美国销售协会对物流进行了定义：物流是包含于销售之中的物质资料和服务从生产地点到消费地点的流动过程中伴随的种种经济活动。

美国的《韦伯斯特词典》在1963年把后勤定义为"军事装备物资、设施与人员的获取、供给和运输"。

1970年，美国空军在一份技术报告中对后勤学下的定义是"计划和从事部队的输送、补给和维修的科学"。日本将引进的后勤学译为"兵站学"，并将其含义表述为"除了军需资料的订购、生产计划、采买、库存管理、配给、输送、通用外，还包括规格化、品质管理等军事作战行动所必需的资料管理"。

美国学者鲍尔索克斯在1974年出版的《后勤管理》一书中，将后勤管理定义为"以卖主为起点将原材料、零部件与制成品在各个企业间有策略地加以流转，最后到达用户，其间所需要的一切活动的管理过程"。这时，后勤一词已经不仅仅是军事上的含义了。

1981年在美国出版的《后勤工程与管理》是用于大学生和研究生课堂教学的教科书，书中引用了美国工程师学会(The Society of Logistics Engineers, SOLE)对后勤学下了定义，即"对于保障的目标、计划及其设计和实施的各项要求，以及资源的供应和保持等有关的管理、工程与技术业务的艺术与科学"。

物流概念传入我国主要有两个途径。一个途径是20世纪70年代末直接从日本引入"物流"这个名词，并沿用"PD"(physical distribution, PD)这一英文称谓；另一个途径是20世纪80年代初，物流随着欧美的市场营销理论传入我国，使我国的营销领域逐渐开始接受物流观念。20世纪80年代后期，当西方企业用logistics取代PD之后，我国和日本仍把logistics翻译为"物流"，有时也直译为"后勤"。1988年，我国台湾地区开始使用"物流"这一称谓。1989年4月，第八届国际物流会议在北京召开，"物流"一词的使用日益普遍。

虽然"物流"称谓来自英语的physical distribution，但目前人们所说的物流一般都是指logistics。我国在引进物流概念的过程中，为了将logistics与physical distribution区分开来，也曾有人将前者称为"现代物流"，将后者称为"传统物流"。

如果从物体的流动来理解，物流是一种古老又平常的现象。自从人类社会有了商品交换，就有了物流活动(如运输、仓储、装卸搬运等)。而将物流作为一门科学，却只有几十年的历史。因此说物流是一门新学科。

(二) 物流的性质

物流自始至终构成流通的物质内容，没有物流，也就不存在实际的物资流通过程，物资的价值和使用价值就不能实现，社会再生产就无法进行。

1. 生产属性

从事物资包装、装卸搬运、运输、储存、流通加工等活动的物流企业与从事物质资料生产的工业企业，虽然在生产内容和形式上有所不同，但都具有生产性。无论是生产企业的物流，还是流通领域的物流都是相同的。

(1)物流是社会再生产中的必要环节。物流虽然不能使物资的使用价值增加，但是能够保持已创造的使用价值不受损失，解决产品的生产和消费在时间上和空间上的矛盾，从而为物资使用价值的最后实现创造条件。从这个意义上说，物流活动同物资的生产一样能够创造价值。正因为物流活动所付出的劳动与实现物资的使用价值直接联系，所以它也是社会必要劳动。

（2）物流活动同样具备生产力的三要素，即劳动者、劳动资料和劳动对象。从事物流工作的人是物流生产的劳动者；为保证物流活动的正常进行，就必须具备各种机械设备和劳动工具，这是物流的劳动资料要素；物流的劳动对象是流动着的各种实物。从这个意义上说，物流活动是具有一定物流工作技能的劳动者通过各种物流设施、物流设备或劳动工具对物质资料进行时间和空间转移的一种社会经济活动。

2. 社会属性

物流是国民经济的动脉系统，它联结社会生产各个部分使之成为一个有机整体。任何一个社会（或国家）的经济，都是由众多的产业、部门、企业组成的，这些产业、部门、企业又分布在不同的地区，属于不同的所有者，它们之间相互供应其产品用于对方的生产性消费和人们的生活消费，它们互相依赖而又互相竞争，形成极其错综复杂的关系。物流就是维系这些复杂关系的纽带和血管。马克思对此曾有过如下一段论述："交换没有造成生产领域之间的差别，而是使不同的生产领域发生关系，并把它们变成社会总生产的多少互相依赖的部门。""商流"和"物流"一起，把各个生产部门变成社会总生产中互相依赖的部门。

因此，物流的社会属性是由一定的社会生产关系决定的。物流活动除受到其自身运动规律的影响之外，也经常受到不同社会经济形态中物资所有者和物流组织者个人意志的影响。这种由社会形式和生产关系所决定的物流的社会属性，提醒人们在研究物流时应注重社会形态的研究，要使物流能够满足我国社会主义市场经济的需要，能反映出我国社会主义市场经济的交换关系，并为从事物流活动的主体提供相应的经济效益。

3. 服务属性

如同军事后勤为部队和战争服务、工业后勤为制造业的生产和经营服务、商业后勤为商业运行和顾客服务，企业物流是企业生产和经营的基础。国民经济物流是国民经济的命脉，国际物流既是国际贸易最终的实现手段，也是经济全球化的基石。总之，物流是为社会经济中的各种活动提供后勤保障的服务性活动，物流的核心是服务。

（三）物流的作用

物流是物质资料，包括原材料的物理性移动，是从供应者到使用者的运输、包装、保管、装卸搬运、流通加工、配送以及信息传递的过程，这就是说物流活动本身一般并不创造产品价值，只创造附加价值。这样一讲，物流是不是可有可无的呢？答案无疑是否定的。为什么？因为任何产品都不可能一经生产出来，不经过包装、装卸搬运、运输、保管就立即消费，充其量可以节省物流七大环节中的一个或两个。所以说，物流是一个不可省略或者说不可跨越的过程，而且，随着这个过程的发生，就会产生费用、时间、距离以及人力、资源、能源、环境等一系列问题。人们只有客观地认识这些问题，正确地对待、科学地解决好这些问题，才是唯一的正确态度和选择。笼统地说，物流的实质和作用主要表现在以下七个方面。

1. 保值

物流有保值作用。任何产品从生产出来到最终消费，都必须经过一段时间、一段距离，在这段时间和距离的过程中，都要经过包装、装卸搬运、运输、保管等多环节、多次数的物流活动。在这个过程中，产品可能会淋雨受潮、浸水、生锈、破损、丢失等。物流的使命就是防止上述现象的发生，保证产品从生产者到消费者移动过程中的质量和数量，起到产品的保值作用，即保护产品的存在价值，使该产品在到达消费者时使用价值不变。

2. 节约

搞好物流，能够节约自然资源、人力资源和能源，同时也能够节约费用。比如，集装箱化运输，可以简化商品包装，节省大量包装用纸和木材；实现机械化装卸作业、仓库保管自动化，能节省大量作业人员，大幅度降低人员开支。重视物流可节约费用的事例比比皆是。被称为"中国物流管理觉醒第一人"的海尔企业集团，加强物流管理，建设起现代化的国际自动化物流中心，仅用一年时间就将库存占压资金和采购资金从 15 亿元降低到 7 亿元，节省了 8 亿元开支。

3. 缩短距离

物流可以克服时间间隔、距离间隔和人的间隔，这自然也是物流的实质。现代化的物流在缩短距离方面的例证不胜枚举。在北京可以买到世界各国的新鲜水果，全国各地的水果也长年不断。这种物流速度，把人们之间的地理距离和时间距离一下子拉得很近。随着物流现代化的不断推进，国际运输能力大大提高，极大地促进了国际贸易，使人们逐渐感到地球变小了，各大洲的距离更近了。

城市里的居民不知不觉地享受到物流进步的成果。全国各大城市一年四季都能买到南方产的香蕉；新疆的哈密瓜、宁夏的白兰瓜、东北大米等都不分季节地供应市场；中国的纺织品、玩具、日用品等近年大量进入世界各国，除了中国的产品性价比高等原因外，则是国际运输业发达、国际运费降低的缘故。

4. 增强企业竞争力，提高服务水平

在新经济时代，企业之间的竞争越来越激烈。在同样的经济环境下，制造企业，比如家电生产企业，相互之间的竞争主要表现在价格、质量、功能、款式、售后服务的竞争上。可以说，生产彩电、空调、冰箱这类家电产品的企业在科技如此进步的今天，在质量、功能、款式及售后服务等方面的水平已经没有太大的差别，唯一可比的往往是价格。近几年全国各大城市此起彼伏的家电价格大战足以说明这一点。那么支撑降价的因素是什么？如果说为了占领市场份额，一次、两次地亏本降价，待市场夺回来后再把这块亏损补回来也未尝不可。然而，如果降价亏本后仍不奏效又该如何呢？不言而喻，企业可能会一败涂地。在物资短缺的年代，企业可以靠扩大产量、降低制造成本去攫取第一利润。在物资丰富的年代，企业又可以通过扩大销售攫取第二利润。可是在新世纪和新经济社会，第一利润源和第二利润源已基本到了一定极限，目前剩下的"未开垦的处女地"就是物流。降价是近几年家电行业企业之间主要的竞争手段，降价竞争的后盾是企业总成本的降低，即功能、质量、款式和售后服务以外的成本降价，也就是我们所说的物流成本的降低。

国外的制造企业很早就认识到了物流是企业竞争力的法宝，搞好物流可以实现零库存、零距离和零流动资金占用，是提高为用户服务水平，构筑企业供应链，增加企业核心竞争力的重要途径。在经济全球化、信息全球化和资本全球化的 21 世纪，企业只有建立现代物流结构，才能在激烈的竞争中求得生存和发展。

5. 加快商品流通，促进经济发展

在这个方面，我们用配送中心的例子来讲最有说服力。可以说，配送中心的设立为连锁商业提供了广阔的发展空间。计算机网络将超市、配送中心和供货商、生产企业连接，能够以配送中心为枢纽形成一个商业、物流业和生产企业的有效组合。有了计算机迅速及时的信

息传递和分析，通过配送中心的高效率作业、及时配送，并将信息反馈给供货商和生产企业，可以形成一个高效率、高能量的商品流通网络，为企业管理决策提供重要依据，同时，还能够大大加快商品流通的速度，降低商品的零售价格，提高消费者的购买欲望，从而促进国民经济的发展。

6. 保护环境

环境问题是当今时代的主题，保护环境、治理污染和公害是世界各国的共同目标。有人会问，环保与物流有什么关系？这里不妨介绍一下。

你走在马路上，有时会看到马路上的一层黄土，这是从施工运土的卡车上漏撒下来的；碰上拉水泥的卡车经过，你会更觉麻烦；马路上堵车越来越厉害，你连骑自行车都通不过去，噪声和废气使你不敢张嘴呼吸；深夜的运货大卡车不断地轰鸣，疲劳的你翻来覆去睡不着……所有这一切问题都与物流落后有关。卡车撒黄土是装卸不当，车厢有缝；卡车水泥灰飞扬是水泥包装苫盖问题；马路堵车属流通设施建设不足。这些问题如果从物流的角度去考虑，都会迎刃而解。比如，我们在城市外围多设几个物流中心、流通中心，大型货车不管白天还是晚上就都不用进城了，只利用小货车配送，夜晚的噪声就会减轻；政府重视物流，大力建设城市道路、车站、码头，城市的交通阻塞状况就会缓解，空气质量自然也会改善。

7. 创造社会效益和附加价值

实现装卸搬运作业机械化、自动化，不仅能提高劳动生产率，而且也能解放生产力。把工人从繁重的体力劳动中解脱出来，这本身就是对人的尊重，是创造社会效益。

比如，日本多年前开始的"宅急便""宅配便"，国内近年来开展的"宅急送"，都是为消费者服务的新行业，它们的出现使居民生活更舒适、更方便。当你去滑雪时，那些沉重的滑雪用具，不必你自己扛、自己搬、自己运，只要给"宅急送"打个电话就有人来取，人还没到滑雪场，你的滑雪板等用具已经先到了。

再如，在超市购物时，那里不单单商品便宜、安全、环境好，而且为你提供手推车，你可以省很多力气，轻松购物。手推车是搬运工具，这一个小小的服务就能给消费者带来诸多方便，这也是创造了社会效益。

从以上的例子我们能够看到，物流创造社会效益。随着物流的发展，城市居民生活环境不断改善，人民的生活质量得到提高，人的尊严也会得到更多体现。

关于物流创造附加值，主要表现在流通加工方面，比如，把钢卷剪切成钢板、把原木加工成板材、把粮食加工成食品、把水果加工成罐头，名著、名画都会通过流通中的加工，使装帧更加精美，从而大大提高商品的欣赏性和附加价值。

二、物流活动的对象和构成

(一)物流活动的对象

1. 物资

物资泛指物质资料，较多指工业品生产资料。物资是"物流"中"物"的组成部分之一。

2. 物料

物料是生产领域中的一个专门概念。生产企业中除最终产品之外，在生产领域流转的一切材料(不论是生产资料还是生活资料)，如燃料、零部件、半成品、外协件，以及生产过程中必然产生的边、角、余料、废料及各种废物等统称为"物料"，它是物流中"物"的一部分。

3. 货物

货物是交通运输领域中的一个专门概念。交通运输领域经营的对象分为"物"和"人"两大类，除"人"之外，"物"统称为货物。货物是物流中"物"的主要部分。

4. 商品

商品和物流的"物"是互相包含的。商品中的一切可发生物理性位移的物质实体都是物流研究的"物"（不包括无形商品和"不动品"）。物流的"物"有可能是商品，也有可能是非商品。

5. 物品

物品是有形物的通称。我国物流标准术语将其定义为"经济与社会活动中实体流动的物质资料"。

总之，物流中的"物"是指物质世界中同时具备物质实体特点和可以进行物理性位移的那部分物质资料；物流中的"流"是指物理性运动，这种运动也称为"位移"。而诸如建筑物、未砍伐的森林、矿山等因不能发生物理性运动，就不会在物流的研究范畴之内。

（二）物流活动的构成

物流活动由物品的包装、装卸搬运、运输、储存、流通加工、配送、物流信息等工作内容构成，这些内容也常被称为"物流的基本功能要素"。

1. 包装活动

包装大体可以分为工业包装和商业包装两大类，具体包括产品的出厂包装，生产过程中制成品、半成品的包装及在物流过程中的换装、分装和再包装等。工业包装纯属物流的范畴，它是为了便于物资的运输、保管，提高装卸效率和装载率而进行的。商业包装则是把商品分装成方便顾客购买和易于消费的商品单位，属于销售学研究的内容，商业包装的目的是向消费者展示商品的内容和特征。包装与物流的其他功能要素有着密切的联系，对物流合理化进程有着极为重要的推动作用。

2. 装卸搬运活动

装卸搬运活动是指为衔接物资的运输、储存、包装、流通加工等作业环节而进行的，以改变"物"的存放地点、支承状态或空间位置为目的的机械或人工作业过程。运输、保管等物流环节的两端都离不开装卸搬运活动，在全部物流活动中只有装卸搬运伴随着物流全过程的始终，其具体内容包括物品的装上卸下、移送、拣选、分类等。对装卸搬运活动的管理包括选择适当的装卸搬运方式、合理配置和使用装卸搬运机械、减少装卸搬运事故和损失等。

3. 运输活动

运输活动的目的是改变物品的空间移动。物流组织者依靠运输克服生产地与需求地之间存在的空间距离问题，创造商品的空间效用。运输是物流的核心，在许多场合，人们甚至把它作为整个物流的代名词。对运输活动进行管理时，组织者应该选择技术、经济效果最好的运输方式或联运组合，合理地确定运输路线，以满足运输的安全、迅速、准时和低成本要求。

4. 储存活动

储存活动也称保管活动，是为了克服生产和消费在时间上的不一致所进行的物流活动。物品通过储存活动以满足用户的需要，从而产生了时间效用。储存活动借助各种仓库、堆场、货棚等，完成物资的保管、养护、堆存等作业，以便最大限度地减少物品使用价值的下降。储存管理要求组织者确定仓库的合理库存量，建立各种物资的保管制度，确定仓储作业流程，改进保管设施和提高储存技术等。储存的目的是以"与最低的总成本相一致的最低限度的存货"来实现所期望的顾客服务。储存活动也是物流的核心,与运输活动具有同等重要的地位。

5. 流通加工活动

流通加工又称流通过程中的辅助加工。流通加工是在物品从生产者向消费者流动的过程中,为了促进销售、维护产品质量、实现物流的高效率所采取的使物品发生物理或化学变化的功能。商业企业或物流企业为了弥补生产过程中的加工不足,更有效地满足消费者的需要,更好地衔接产需,往往需要进行各种不同形式的流通加工活动。

6. 配送活动

配送活动是按用户的订货要求,在物流据点完成分货和配货等作业后,将配好的货物送交收货人的物流过程。配送活动大多以配送中心为始点,而配送中心本身又具备储存的功能。配送活动中的分货和配货作业是为了满足用户要求而进行的,所以经常要开展拣选、改包装等组合性工作,必要的情况下还要对货物进行流通加工。配送的最终实现离不开运输,因而人们经常把面向城市或特定区域范围内的运输也称为"配送"。

7. 物流信息活动

物流活动中大量信息的产生、传送和处理为合理地组织物流提供了可能。物流信息对上述各种物流活动的相互联系起着协调作用。物流信息包括与上述各种活动有关的计划、预测、动态信息,以及相关联的费用情况、生产信息、市场信息等。对物流信息的管理,要求组织者建立有效的情报系统和情报渠道,正确选定情报科目,合理进行情报收集、汇总和统计,以保证物流活动的可靠性和及时性。现代物流信息管理以网络和计算机技术为手段,为实现物流的系统化、合理化、高效率化提供了技术保证。

三、物流的分类

物流是社会经济活动的重要组成部分,它贯穿于社会再生产的全过程,存在于国民经济的各个领域,在社会经济领域中存在不同的分类方法。

(一)按物流活动的空间范围分类

1. 部门物流

部门物流是指国民经济各部门之间物资资料的流转,它反映了国民经济产业结构中的各企业部门相互联系、相互影响的关系。随着社会生产力的发展和科学技术的进步,社会生产的专业化程度不断提高,部门和企业之间的分工日益细化,这使得国民经济各部门之间、企业之间的物流活动越来越复杂。为实现各个部门在生产上的相互衔接、紧密配合,以实现国民经济顺利运行,就要求工业品生产、消费品生产、中间产品生产及生产和生活服务的部门依据它们在生产和供应上的相互衔接性,形成相互适应、相互促进的物流系统。物流不畅必然影响一些部门的发展,造成国民经济部门发展的失衡。

部门物流还关系到生产资源在各个部门之间的合理分配和使用。在一定时间和一定技术条件下,供应生产发展的各种资源是有限的,而且是不平衡的。有的生产资源供应相对充裕,有的则相对稀缺。部门之间的物流能力不足和流向不合理会造成资源闲置,使资源得不到有效的利用,从而影响生产资源供给与需求的平衡,制约产业结构的合理配置,造成宏观经济效益低下。

2. 区域物流

区域物流包括一定区域范围内的物流和不同区域之间的物流。任何生产都是在一定的区域内进行的。由于自然、技术、经济、社会等因素的制约，客观上形成了一定的生产和经济协作区域，这些区域又构成国民经济产业结构的地区和空间布局。经济区域是以城市为中心的，一般来讲，一个城市就是一个经济中心。城市的经济活动以物流为依托，其发展对物流有很强的依赖性，区域内的发展规划，如工厂、仓库、住宅、商业及道路、桥梁、车站、机场等都要以物流为约束条件。

城市具有经济活动高度集中的特点，对周边地区有着强大的吸引力和辐射力。大城市特别是中心城市的经济联系范围更加广泛，它作为工业中心、贸易中心、交通运输中心等，既是物资资料的集散地，又是各个地区经济交流的枢纽。各个大的经济中心之间的经济活动相互联结、相互依存，共同组成了国民经济的有机整体。然而，我国地区之间经济发展严重不平衡，沿海中心城市一般具有资金、技术和管理上的优势，却缺乏原材料和自然资源；而中西部地区在资金、技术、人才和管理等方面处于劣势，但有着丰富的自然资源。资源从内地流向沿海，产成品从沿海流往内地，是我国区域之间物资流动的显著特点。因此，沿海和内地之间的经济联合，各个地区之间的经济往来和平衡发展，一定程度上依赖顺畅的物流。

3. 国际物流

国际物流是不同国家或地区之间经济交往、贸易活动的物资流转。国际物流是伴随着国际贸易的发展而发展的。第二次世界大战以后，科学技术进步与社会化大生产的发展，使国际分工日益深化，世界经济联系日趋密切，生产国际化已成为世界经济发展的基本趋势。发达国家之间的经济联系全面强化，跨国公司内部的交换成为国际贸易的重要组成部分，国际分工从不同产业部门深入同一行业不同产品之间，出现了若干国家协作生产的"国际产品"。世界经济的发展变化使国际贸易迅速增长，各国之间经济发展对国际贸易的依赖大幅度提高。

国际贸易的发展对国际物流的要求也越来越高，从20世纪60年代开始形成了国家与国家间数量巨大的物流，出现了超大型的运输工具。20世纪70年代国际集装箱及集装箱船的普及，使散杂货的物流水平迅速提高。20世纪80年代以后，国际物流开始向"小批量、高频度、多品种"的方向发展。同时，伴随国际联运物流的发展而建立的国际化物流信息系统，进一步促进了国际物流向更高的水平发展。

(二) 按企业中物流作用的不同分类

1. 供应物流

供应物流是指企业为保证生产所需要的原材料、零部件、燃料、辅助材料等物品，在供应商与企业需求方之间进行的物流活动。供应物流具体包括采购、装卸、运输、检验、入库等环节。供应物流对企业生产有着直接的影响，生产所需物资供应的时间、数量和质量，在很大程度上决定着企业的生产节奏和生产成本，从而影响企业的经济效益。供应物流因市场条件不同而有很大的不同：在物资资料供不应求的市场条件下，采购人员要想尽一切办法保证物资供应的时间、数量和质量。然而，现在市场条件已经发生了根本性的变化，供大于求成为常态，供应数量的保证已经相当容易，在这种条件下，如何选择最优的供应商，降低成本，减少库存，以适当的品质、适当的数量、适当的时间、适当的场所、适当的价格供应生产所需的物资资料，配合企业总体战略目标的实现，就成为供应物流追求的目标。在这一方面物资供应者的配合和努力是不可缺少的。

2. 生产物流

生产物流是指伴随着企业生产工艺过程的物流活动。生产物流一般从企业物资供应仓库开始，按照生产进度和要求，对物资进行分类，然后向各个生产环节和作业场所配送。在供应商服务水平较高的情况下，往往是在指定的时间把指定数量的生产物资直接送到指定的作业场所，形成生产物流的起点。经过加工制成的半成品进入半成品仓库，或者继续按照生产工艺和流程不断流转，直至成品产出，然后经过检验、分类、包装、装卸搬运等作业环节，最后进入成品仓库。生产物流主要取决于生产工艺流程、配合生产计划的物流计划是否科学，对生产工艺各个环节的衔接和缩短生产周期有直接影响。而工厂相关车间、仓库的配置，以及车间内流水线、作业点的布置，都会影响生产物流的路线距离和装卸搬运的作业次数，从而影响生产物流的效率。

3. 销售物流

销售物流是指伴随企业的销售活动将产品转移给客户的物流活动。销售物流具体包括仓储、分类、包装、装卸、运输和售后服务。产品在销售之前，都需要储存起来，储存货物可以在工厂或附近，也可以在各个销售地点分散储存。按照客户订单或供货合同，对储存的货物进行分类、包装、运达客户指定的地点，并进行必要的服务，是销售物流的全过程。销售物流是企业营销活动的重要组成部分，只有当产品送达客户并经过售后服务，伴随商流的物流过程才算结束。现代市场经济的特征是买方市场，企业销售已经从推销发展到以客户为中心的市场营销。因此，销售物流不仅要求以最低的成本送货上门，而且要为客户提供更佳的服务，以赢得客户信赖，最终提高企业竞争力。

4. 回收物流

回收物流是指企业在供应、生产、销售过程中产生的可再利用物资的回收活动。回收物流具体包括供应物流过程和销售物流过程产生的可再利用的包装物、衬垫物等的回收；生产过程产生的可再利用的边角余料的回收；各种报废的生产工具、设备及失去部分使用价值的辅助材料和低值易耗品的回收。可再利用物资的回收物流不仅有利于企业降低成本、提高生产效率，而且有利于社会环境的改善。

5. 废弃物物流

废弃物物流是指企业供应、生产、销售过程中产生的废弃物品的收集、处理和再制造的物流活动。生产过程中不可避免地会产生废水、废气、废油、废渣等各种废弃物，随着工业化的发展，废弃物将严重污染环境、危及人类的生活环境和人身健康，在世界各国都成为不可忽视的社会问题。随着各国越来越重视环境保护和关注经济的可持续发展，如何将废弃物进行再循环处理，将废弃物通过分拣、分解再加工等过程，变废弃物为可持续利用的新材料成为热门的研究课题。这类物流有时也称"环保物流"或"绿色物流"。

在我国，废弃物对环境的污染已经引起政府及社会的广泛关注，但环境污染的趋势并没有明显地改善。因此，从长远利益和社会利益出发，建立废弃物物流系统，已成为刻不容缓的重大课题。

(三) 按物流活动的作用领域分类

1. 生产领域的物流

生产领域的物流贯穿生产的整个过程。生产的全过程从原材料的采购开始，便要求有相应的供应物流活动，即采购生产所需的材料；在生产的各工艺流程之间，需要原材料、半成品的物流过程,即生产物流;部分余料、可重复利用的物资的回收,即回收物流;废弃物的处理则需要废弃物物流。

2. 流通领域的物流

流通领域的物流主要是指销售物流。在当今买方市场条件下,销售物流活动带有极强的服务性,它可以满足买方的需求,最终实现销售。在这种市场前提下,销售往往以送达用户并经过售后服务才算终止,因此企业销售物流的特点便是通过包装、送货、配送等一系列物流实现销售。

(四) 按物流发展的历史进程分类

1. 传统物流

传统物流主要关注物资的储存和运输等最基本的物流效用,考虑的是如何弥补需求在时间和空间上的差异。

2. 综合物流

综合物流不仅提供仓储和运输服务,还涉及许多协调工作,如对一些供应商和分销商的管理(包括采购和订单处理等内容),是对整个供应链的管理。综合物流由于很多精力放在供应链管理上,责任更大、管理也更复杂,这是它与传统物流的区别。

3. 现代物流

现代物流是为了满足消费者需要而进行的从起点到终点的原材料、半成品、最终产品和相关信息有效流动及储存计划、运输计划的实现和控制的过程。它强调了从起点到终点的过程,提高了物流的标准和要求,是各国物流的发展方向。国际上的大型物流公司认为现代物流有两个重要功能:能够管理不同货物的流通质量;开发信息和通信系统,通过网络建立商务联系,直接从客户处获得订单。

(五) 按提供物流服务的主体不同分类

1. 代理物流

代理物流也叫第三方物流 (third party logistics,3PL),是指由物流劳务的供方、需方之外的第三方去完成物流服务的运作模式。第三方就是提供物流交易双方的部分或全部物流功能的外部服务提供者。

2. 生产企业内部物流

生产企业内部物流是指一个生产企业从原材料进厂后,经过多道工序加工成零件,然后将零件组装成部件,最后组装成成品出厂的物流过程。企业内部物流是具体、微观的物流活动,这种物流活动伴随整个生产工艺过程,实际上已构成了生产工艺过程的一部分。企业生产所需要的原材料、零部件、燃料等辅助材料从企业仓库或企业的"门口"开始,进入生产线的开始端,再进一步随生产加工过程一步一步地"流动"。在"流动"的过程中,材料本身被加工,同时产生一些废料、余料。直到生产加工终结,再"流动"至制成品仓库便终结了企业生产物流过程。

过去,人们在研究生产活动时,只注重产品的生产加工过程,而忽视了将每个生产加工过程串在一起的,并且与每个生产加工过程同时出现的物流活动。例如,不断地离开上一工序,进入下一工序,便会不断发生装卸搬运、暂时停滞等物流活动。实际上,一个生产周期中物流活动所用的时间远多于实际生产加工的时间。

（六）按物流的流向不同分类

1. 内向物流

内向物流是企业从生产资料供应商进货所引发的产品流动，即企业从市场采购的过程。

2. 外向物流

外向物流是从企业到消费者之间的产品流动，即企业将产品送达市场并完成与消费者交换的过程。

第二节　物流管理概述

一、物流管理的概念与内容

（一）物流管理的发展

物流管理的发展经历了配送管理、物流管理和供应链管理三个阶段。物流管理起源于第二次世界大战中军队输送物资装备所发展出来的储运模式和技术。战后，这些技术被广泛应用于工业界，并极大地提高了企业的运作效率，为企业赢得更多客户。当时的物流管理主要针对企业的配送部分，即在成品生产出来后，如何快速而高效地经过配送中心把产品送达客户，并尽可能维持最低的库存量。美国物流管理协会那时叫作实物配送管理协会，而加拿大供应链与物流管理协会则叫作加拿大实物配送管理协会。在这个初级阶段，物流管理只是在既定数量的成品生产出来后，被动地去迎合客户需求，将产品运到客户指定的地点，并在运输的领域内去实现资源最优化使用，合理设置各配送中心的库存量。准确地说，这个阶段物流管理并未真正出现，有的只是运输管理、仓储管理和库存管理。物流经理的职位当时也不存在，有的只是运输经理或仓库经理。

现代意义上的物流管理出现在 20 世纪 80 年代。人们发现利用跨职能的流程管理的方式去观察、分析和解决企业经营中的问题非常有效。通过分析物料从原材料运到工厂，流经生产线上每个工作站，产出成品，再运送到配送中心，最后交付给客户的整个流通过程，企业可以消除很多看似高效率却实际上降低了整体效率的局部优化行为。每个职能部门都想尽可能地利用其产能，不留下任何富余，因为一旦需求增加，则处处成为瓶颈，导致整个流程的中断。又比如运输部作为一个独立的职能部门，总是想方设法降低其运输成本，但若其因此而将一笔必须加快的订单交付海运而不是空运，这虽然省下了运费，却失去了客户，导致整体的失利。所以传统的垂直职能管理已不适应现代大规模工业化生产，而横向的物流管理却可以综合管理每一个流程上的不同职能，以取得整体最优化的协同作用。

在这个阶段，物流管理的范围扩展到除运输外的需求预测、采购、生产计划、存货管理、配送与客户服务等，以系统化管理企业的运作，达到整体效益的最大化。高德拉特所著的《目标》一书风靡全球制造业界，其精髓就是从生产流程的角度来管理生产。相应地，美国实物配送管理协会在 20 世纪 80 年代中期改名为美国物流管理协会，而加拿大实物配送管理协会则在 1992 年改名为加拿大物流管理协会。

现代物流不但考虑从生产者到消费者的货物配送问题，而且还考虑从供应商到生产者对原材料的采购，以及生产者本身在产品制造过程中的运输、保管和信息等各个方面，全面地、综合性地提高经济效益和效率的问题。因此，现代物流是以满足消费者的需求为目标，把制造、运输、销售等市场情况统一起来考虑的一种战略措施。这与传统物流把它仅看作是"后勤保障系统"和"销售活动中起桥梁作用"的概念相比，在深度和广度上又有了进一步的含义。

(二) 物流管理的概念

《物流术语》(GB/T 18354—2006)中对物流管理的定义为"以合适的物流成本达到用户满意的服务水平，对正向及反向的物流过程及相关信息进行的计划、组织、协调与控制"。物流管理过程就是根据物料的包装、装卸搬运、运输、储存、流通加工、物流信息等环节之间客观存在的有机联系，进行综合、系统的管理，以取得全面的经济效益的过程。

(三) 物流管理的内容

1. 物流战略管理

物流战略管理是指站在企业长远发展的立场上，就企业物流的发展目标、物流在企业经营中的战略定位及物流服务水准和服务内容等问题做出整体规划。

2. 物流系统设计与运营管理

企业物流战略确定以后，为了实施战略，必须有一个得力的实施手段或工具，即物流运作系统。作为物流战略制定后的下一个实施阶段，物流管理的任务是设计物流系统和物流能力，对系统运营进行监控并根据需要调整系统。

3. 物流作业管理

物流作业管理就是根据业务的需要，制订物流作业计划，按照计划对物流作业进行现场监督和指导，对物流作业的质量进行监控。

4. 物流业务管理

物流业务管理是指对有关物流业务活动进行的管理。物流业务管理主要包括物流的计划管理、物流关系的调整、物流经济活动的管理、物流的系统管理、物流的组织和人才管理。

5. 物流技术管理

物流技术管理是指对物流活动中技术方面的科学研究、应用的管理。物流技术在发展过程中形成了物流硬技术和物流软技术这样互相关联、互相区别的两大技术领域。

6. 物流成本管理

物流成本管理是对物流相关费用进行的计划、协调与控制。物流成本管理是通过成本去管理物流，即管理的对象是物流而不是成本。物流成本管理可以说是以成本为手段的物流管理方法。

7. 物流服务管理

一般来讲，物流服务水平提高，物流成本就会上升，两者之间的关系适用于收益递减法则。物流服务管理就是要以适当的成本实现高质量的客户服务。

二、物流管理的三个阶段

(一) 物流计划阶段的管理

计划是作为行动基础的事先规划。物流计划是为了实现物流预想达到的目标所做的准备性工作。

首先，物流计划要确定物流所要达到的目标，以及为实现这个目标所进行的各项工作的先后次序。

其次,要分析研究在物流目标实现的过程中可能发生的任何外界影响,尤其是不利因素,并确定应对这些不利因素的对策。

最后,做出贯彻和实现物流目标的人力、物力、财力的具体措施。

(二)物流实施阶段的管理

物流实施阶段的管理就是对正在进行的各项物流活动进行管理,它在物流各阶段的管理中具有最突出的地位。在这个阶段中,各项计划将通过具体的执行而受到检验。同时,它也把物流管理和物流各项具体活动进行紧密的结合。

1.对物流活动的组织和指挥

物流的组织是指在物流活动中把各个相互关联的环节合理地结合起来,形成一个有机的整体,以便充分发挥物流系统中每个部门、每个物流工作者的作用。物流的指挥是指在物流过程中对各个物流环节、部门、机构进行统一的调度。

2.对物流活动的监督和检查

通过监督和检查可以了解物流的实施情况,揭露物流活动中的矛盾,找出存在的问题,分析问题发生的原因,最终找到解决方法。

3.对物流活动的调节

在执行物流计划的过程中,物流的各部门、各环节总会出现不平衡的情况。如遇到上述问题,就需要根据物流的影响因素,对物流各个部门、各个环节的能力做出新的综合平衡,重新布置实现物流目标的力量,这就是对物流活动的调节。

(三)物流评价阶段的管理

在一段物流活动结束后,要对物流实施的结果与原计划的物流目标进行对照、分析,这便是物流的评价。通过对物流活动的全面剖析,可以判别物流计划的科学性、合理性如何,确认物流实施阶段的成果与不足,从而为今后制订新的计划、组织新的物流提供宝贵的经验和资料。

按照对物流评价的范围不同,物流评价可分为专门性评价和综合性评价。按照物流各部门之间的关系,物流评价又可分为物流纵向评价和横向评价。无论采取什么样的评价方法,其评价手段都要借助于具体的评价指标,这种指标通常表示为实物指标和综合指标。

第三节 现代物流管理理念

一、物流系统化理念

物流系统是指在特定的社会经济大环境中,由运输、储存、包装、装卸搬运等物流设施设备与物流商品所构成的、具有特定功能的有机整体。

物流活动中广泛存在"效益背反"关系(也称"二律背反"关系)。《物流术语》(GB/T 18354—2006)对效益背反的定义为:"一种活动的高成本,会因另一种物流活动成本的降低或效益的提高而抵消的相互作用关系。"即追求其中的一方,必须舍弃另一方。研究物流活动中的"效益背反"关系,实质上是研究物流的经营管理问题。"效益背反"现象是物流领域中很普遍的现象,是这一领域中内部矛盾的反映和表现。物流管理就是要调整各个活动之间的矛盾,以成本和服务为核心,按最低成本、最好服务的要求,把它们有机地联系起来使之成为一个整体，并使成本变为最小。整个物流系统的合理化，需要从总成本的角度去评价，这也反映了物流整体观念的重要性。

二、精益物流理念

精益思想（lean thinking, LT）是起源于日本丰田汽车公司的一种管理思想，其核心是力图消灭包括库存在内的一切浪费，并围绕此目标提出了一系列具体方法。物流管理学家从物流管理的角度进行了大量的借鉴工作，并与供应链管理的思想密切融合起来，提出了精益物流的新概念。

精益物流（lean logistics, LL）是指消除物流过程中的无效和不增值作业，用尽量少的投入满足客户需求，以实现客户的最大价值，并获得高效率、高效益的物流。精益物流的实质就是运用精益思想对企业物流活动进行管理，其基本原则是：

（1）从顾客的角度而不是企业或职能部门的角度来研究什么可以产生价值。

（2）根据整个价值流的需要来确定供应、生产和配送产品活动中所必需的步骤和活动。

（3）创造无中断、无绕道、无等待、无回流的增值活动流。

（4）及时创造仅由顾客拉动的价值。

（5）不断消除浪费，追求完善。

精益物流的目标可概括为：企业在提供令人满意的顾客服务的同时，把浪费降到最低限度。

三、物流一体化理念

物流一体化是指企业根据商品的市场销售动向决定商品的生产和采购，从而保证生产、采购和销售的一致性。物流一体化受到关注的背景是市场的不透明化，这导致企业的生产和市场销售状况不一致。

物流常被看作企业与顾客和供应商建立相互联系的能力，这个能力的强弱将直接影响企业的发展水平。当来自顾客的订单或产品需求信息，通过销售、预测或其他形式传遍整个企业后，这种信息将被提炼成具体的制造计划和采购计划。从企业内部作业来看，将所有涉及物流的功能和活动结合起来，就形成了企业内部的物流一体化作业方式。

虽然内部物流一体化是企业取得成功的必要条件，但它并不足以保证企业实现其经营目标。企业要在今天的竞争中立于不败之地，必须将其物流活动扩大到顾客和供应商，这种通过外部物流一体化的延伸被称为供应链一体化，即通过在产品生产和流通过程中所涉及的供应商、生产企业、批发商、零售商和最终用户之间的密切合作，实现以最小的成本为用户提供最优质的服务，最终实现最大的价值。

四、物流联盟与合作理念

物流联盟是指两个或两个以上的经济组织为实现特定的物流目标而采取的长期联合与合作。20 世纪八九十年代，美国为了物流产业的复兴，大力推行"基于物流的联盟"。发展物流联盟和广泛开展合作的思想已经成为美国物流实践的基础。在过去的几十年里，企业间业务关系的特点是互为对手的博弈。而今，发展有效的组织间联合作业，形成多种形式的业务伙伴关系已成为主流。这种形式一方面能促使企业从外部寻求物流资源以提高服务效率，降低服务成本；另一方面也可促使两个或两个以上的物流供应者或需求者联合起来，组成物流联盟体。下面是同物流联盟与合作理念有关的主体或形式。

1. 物流企业

物流企业是指从事物流基本功能范围内的物流业务设计及系统运作，具有与自身业务相适应的信息管理系统，实行独立核算、独立承担民事责任的经济组织。物流产业则是物流企业的集合。在商品流通中，商流与物流已实现分离，物流已经成为相对独立的组织化、系统化、规模化的新兴产业。物流企业是物流联盟的主体，目前我国物流企业的主要类型有由传统运输企业或仓储企业演变而来的物流企业、新兴内资跨区域的物流企业和大型外资跨区域物流企业等。

2. 第三方物流

《物流术语》（GB/T 18354—2006）中对第三方物流的定义为"独立于供需双方，为客户提供专项或全面的物流系统设计或系统运营的物流服务模式"。第三方就是提供买卖交易双方全部或部分物流服务需求的外部提供者。现代第三方物流企业主要是指能够提供现代化、系统化的物流服务，处于第三方地位的物流活动组织者。

3. 物流业务外包

业务外包可以使企业将主要精力放在关键业务上，在充分发挥自身核心竞争力的同时，与其他企业建立较稳定的合作伙伴关系，而将企业的非核心业务交由合作伙伴来完成。

物流业务外包是由物流企业作为承包方，由物流需求企业作为发包方的物流联盟形式。20 世纪 80 年代以来，物流业务外包已逐渐成为各国企业物流管理的主流模式。

4. 全球化物流

经济全球化对企业的运作方式产生了巨大影响。跨国企业从全球市场获取原材料，在世界各地的工厂组织生产，然后将产品运送到世界各地的用户手中。这种在不同国家建立生产基地，并将这些全球化产品销往国际市场的运作方式，必然导致物流的全球化。全球化物流是企业全球化战略的支持与保证，是在世界范围内进行的物流联盟与合作。

五、绿色物流理念

绿色物流是指在物流活动中，组织者应尽量防止物流对环境造成危害，同时还要对物流环境进行净化，以便物流资源得到最充分的利用。环境共生型的物流管理就是要改变原来经济发展与物流、消费生活与物流的单向作用关系，在抑制物流对环境造成危害的同时，形成一种能促进经济发展和人类健康发展的物流系统，即向绿色物流、循环型物流转变。

【本章小结】

本章旨在为进一步学习物流管理的各种原理和方法提供最基础的知识介绍。在概述了物流的概念及其历史沿革的基础上，分析了物流活动的构成要素。介绍了按不同标准划分的物流分类，讨论了物流管理的概念、内容，并简要介绍了现代物流管理理念。相信读者朋友对物流有了一个基本的认知和理解，初步感受到了物流对于社会经济发展的重要性。

【复习思考习题】

扫一扫，看参考答案

一、单项选择题

1. 下列不属于物流活动中存在的"二律背反"关系的两类要素是( )。

A. 某物资年需求量固定，其运输成本与仓储费用

B. 物流服务与物流成本

C. 运输速度与运输费用

D. 仓库数量与储存成本

2. 物流是为社会经济中的各种活动提供后勤保障，其核心是( )。

A. 效益最大化　　　B. 仓储与运输　　　C. 成本最低化　　　D. 服务

3. 在物流的所有活动中，体现物流的时间价值的是( )活动。

A. 储存　　　　　　B. 运输　　　　　　C. 配送　　　　　　D. 包装

4. 在物流的所有活动中，体现物流的空间价值的是( )活动。

A. 储存　　　　　　B. 运输　　　　　　C. 配送　　　　　　D. 包装

5. ( )是指一个生产企业从原材料进厂后，经过多道工序加工成零件，然后将零件组装成部件，最后组装成成品出厂的物流过程。

A. 生产领域的物流　　　　　　　　　B. 流通领域的物流

C. 生产企业内部物流　　　　　　　　D. 部门物流

二、多项选择题

1. 物流活动是由物品的包装、运输、储存及( )活动构成。

A. 生产　　　B. 配送　　　C. 装卸搬运　　　D. 流通加工　　　E. 物流信息管理

2. 供应物流一般包括( )环节。

A. 采购　　　B. 装卸　　　C. 运输　　　　　D. 检验　　　　　E. 入库

3. 废弃物物流是指企业供应、生产、销售过程中产生的( )等活动。

A. 废弃物品的收集　　　B. 废弃物品的丢弃　　　C. 废弃物品的处理

D. 废弃物品的采购　　　E. 废弃物品的再制造

4. 在物流管理的三个阶段中，属于物流计划阶段的管理有( )。

A. 物流战略管理　　　　B. 物流系统设计　　　　C. 物流作业管理

D. 物流业务管理　　　　E. 物流成本管理

5. 精益物流的内容包括( )。

A. 强调对各个物流环节的成本控制　　　B. 消除物流过程中的无效或不增值的作业

C. 用尽量少的投入满足客户需求　　　　D. 实现客户的最大价值

E. 努力获得高效率、高效益的物流

三、判断题

1. 尽管物流是社会再生产中的必要环节，但是物流活动不能够同物资的生产一样创造价值。( )

2. 物流活动同样具备生产力的三要素，即劳动力、劳动资料和劳动对象。( )

3.区域物流是指一定区域内的物流，不同区域之间的物流不属于区域物流。（　　）

4.回收物流和废弃物物流有时也称"环保物流"或"绿色物流"。（　　）

5.现代物流管理的根本任务就是以最低的物流成本实现最大的经济效益。（　　）

四、简答题

1.简述物流的作用。

2.物流管理包含哪三个阶段？

3.怎样认识物流成本和"二律背反"的关系？

4.请谈一谈我国物流产业的发展趋势及前景。

五、案例阅读与分析题

德国物流发展案例

德国位于欧洲中部，是世界物流业最发达的国家之一。德国物流业的发展是随着高速公路的快速发展和经济全球化的加快而发展的。其物流业发展经验值得许多国家借鉴。

一是充分发挥德国居于"欧洲心脏"的区位优势，打造欧洲物流中心，把区位优势变成交通优势，把交通优势变成物流优势，把物流优势变成经济优势，物流生产力发挥到最大化。

二是联邦政府制定全国物流业发展规划并负责实施，为物流业发展创造了统一、高效、透明、有序的宏观环境。所有公路、铁路、港口、机场等运输基础设施均由政府投资建设，联邦政府确定全国大的物流园区布局，各州政府和地方政府围绕规划项目做好选址、征地工作，并负责连通物流中心的道路、铁路的建设，没有联邦政府驱动的重复建设。

三是十分注重政府、企业、高校、协会等的合作，港口、机场等重要基础设施都由政府控股或参股，很多项目是政府、企业、大学共同合作完成，形成优势互补的协同效应和联合作战的强大力量。

四是强调多种运输方式组合，实现无缝衔接。在港口、机场、物流园区等普遍建设两种以上运输方式连接和转运设施，将传统分散、独立的公、铁、水等运输资源有效整合成有机联系的系统，为提高企业供应链管理的灵活性创造了条件。

五是高度重视人才培养，注重自主研发。很多高等专科大学开设了物流专业，还为物流企业在职人员提供物流培训。很多物流公司都有自主研发的技术软件，研发人员又是高级管理人员，技术先进而且适用。

案例思考题：

1.德国物流发展对我国物流业发展有何启示？

2.相对于德国物流而言，我国物流业发展的机遇在哪里？

【本章参考文献】

[1]柳健.物流管理概论[M].北京：中国工信出版集团，电子工业出版社，2017：1-20.

[2]刘助忠.物流学概论[M].北京：高等教育出版社，2015：1-33.

[3]刘刚.物流管理[M].北京：中国人民大学出版社，2018：1-18.

[4]全国物流标准化技术委员会，全国物流信息管理标准化技术委员会.物流术语：GB/T 18354—2006[S].北京：中国标准出版社，2007.

第二章 运输管理

本章学习导引

　　学习目标：①掌握运输的概念及作用；②识别运输业务方式的分类；③掌握五种运输方式的功能、优缺点；④理解运输合理化；⑤能够运用所学，对不同产品或客户的货物进行运输方式的选择。

　　主要概念：运输；运输方式；运输要素；运输合理化。

第一节　运输概述

一、运输的概念

　　众所周知，由于物流实现的价值主要有"空间价值""时间价值"和"形态价值"，而"空间价值"则通过运输来实现。运输承担了改变物品空间状态的主要任务，是改变物品空间状态的主要手段。正因为运输这种核心地位，当今仍然有人误认为物流就是运输。运输是所有物流功能要素中的核心要素，在现代物流中发挥着极其重要的作用。可以说，没有运输就没有物流，就没有物流功能的实现，也没有物流增值功能的实现。

　　运输作为人类社会的基本活动之一，是马克思笔下的"第四物质生产部门"，其管理水平和效率的提高是节约物流成本、开发"第三利润源"的关键环节。因为，首先，社会运输总成本是总社会物流成本的主体。综合分析表明，耗费在运输功能方面的费用占整个社会物流费用近50%的比例，因此，降低物流成本首选成本构成的主体——运输成本；其次，运输活动是动态的活动，与静止的保管活动不同，它的完成要消耗大量的社会稀缺资源，因此，提高运输的管理水平和效率将最大限度地节约这种社会稀缺资源；再次，运输承担的是大跨度空间转移的任务，活动的时间长、距离远、消耗大，消耗大则其节约的潜力也大。

　　早在18世纪中叶，亚当·斯密就论述了运输（帆船和马车）对社会分工、对外贸易、促进城市和地区经济的繁荣等方面所起的重要作用。随着经济的发展和社会的进步，运输方式和运输组织管理水平都得到了快速的发展，运输在社会生活中的作用也越来越重要，越来越关键。

　　有关运输（transportation），依据《物流术语》（GB/T 18354—2006）对运输的定义，物流运输是"用设备和工具，将物品从一地点向另地点运送的物流活动。其中包括集货、分配、搬运、中转、装入、卸下、分散等系列操作"，也可以认为是指人员或物品借助于运力系统在一定空间范围内产生的位置移动。其中运力系统是指由运输设施、路线、设备、工具和人力组成，具有从事运输活动能力的系统。这里的运输包括客运和货运。人的运输是客运，而物的运输则被称为货运。由此，我们特别强调以下几个要素：

- 运输的对象是货物即物品。
- 运输是从起点至终点的活动过程。
- 隐含着强调实现过程中的技术因素与实现条件。

由于本书的研究对象主要是物，因此，在本书中所涉及的运输一般是指物的运输，而不包括人的运输。从国家标准对运输下的定义以及三个要素出发，可以简单说明有关物的运输以下几个方面的含义：

（1）运输是用设备和工具将物品从一个地点向另一地点运送的活动。因此，运输不仅包括流通领域中物的运送问题，也包括生产领域中物从一个地点向另一地点运送的问题。

（2）运输是一系列活动的有机整合，它包括了运送任务开始之前或物的集中和运到目的地后的散货行为，同时还包括贯穿其中的货物的装车、卸车、中转以及运输工具和运输任务的分配等作业。

（3）运输是一种物流活动。也就是说，其他涉及物品从一地向另一地运送但不带物流目的的活动不应该算作运输，比如消防车、晒水车、扫路车的作业过程中虽涉及物品的运送问题，但其目的不是物流，因此这些作业不属于运输的范畴。

（4）此外，作为物流活动的运输必属于经济领域的范畴，因此在家中或办公室中个人行为所导致的物品的空间位移也不属于运输的范畴。

二、运输的功能

在物流中心的物流过程中，运输主要有两大功能，即货物转移和短时货物储存。

1. 货物转移

显而易见，运输首先实现了货物在空间上移动的功能。无论货物处于哪种形态，是材料、零部件、配件、在制品、成品，或是在流通中的商品，运输都是必不可少的。运输通过改变货物的地点与位置而创造出价值，这是空间效用。另外，运输能使货物在需要的时间到达目的地，这是时间效用。运输的主要功能就是将货物从原产地转移到目的地，运输的主要目的就是要以最少的时间和费用完成物品的运输任务。运输是一个增值的过程，通过创造空间效用与时间效用来创造价值。商品最终被送到顾客手中，运输成本构成了商品价格的一个重要部分，运输成本的降低可以达到以较低的成本提供优质服务的效果，从而提高竞争力。

2. 短时货物储存

对货物进行短时储存也是运输的功能之一，即将运输工具作为暂时的储存场所。如果转移中的货物需要储存，而短时间内货物又将重新转移的话，卸货和装货的成本也许会超过存储在运输工具中的费用，这时，便可考虑采用此法。只不过，产品是移动的，而不是处于闲置状态。

第二节　运输业务的分类

一、按货物的流向分类

按货物的流向分类，可以将运输业务分为正向运输与逆向运输。

(1)正向运输。正向运输是指计划、实施和控制原料、半成品库存、制成品和相关信息，高效和成本经济地从起始点到消费点的运输过程，以达到满足客户需求的目的。

(2)逆向运输。逆向运输是指为了达到回收价值和适当处置的目的，将产品从消费点运输到起始点的一个高效流通过程，包括产品回收运输和废弃物运输两个部分。

二、按运输业务波动性的大小分类

按运输业务波动性的大小分类，可以将运输业务分为规则性运输业务、突发运输业务和应急运输业务。

(1)规则性运输业务。规则性运输业务是指产品运输有着长期相对稳定的关系，货物的运输与企业有其自身的规律，便于企业有计划地进行产品运输。它通常需要以下几个条件：

- 产品需求相对稳定，符合企业的产品生产与供应的周期变动规律。
- 客户关系相对稳定。
- 以协议或合同形式，形成了一种固有的合作模式。
- 其需求波动在企业运输需求的安全范围内，并且可控。

(2)突发运输业务。突发需求指在企业正常规则需求之外，因客户的需求变化、市场的波动或其他政治因素所带来的企业产品需求陡然加大或因客户增加而带来的需求。

(3)应急运输业务。应急运输业务是指企业因应自然灾害、战争及客户的紧急需求(如紧急补货)而带来的产品及运输需求从而发生的运输业务行为与过程。

三、按运输的货物特性分类

按运输的货物特性分类，可以将运输业务分为常规货物运输和特种货物运输。

(1)常规货物运输。常规货物运输是指在常温常态下，用一般运载工具即可满足要求的运输方式或运输需求。

(2)特种货物运输。特种货物运输是指超长、超大、超重、不规则货物等或具有特种危险性，以及生鲜食品、动物及其产品的运输。它对运输设施设备、运载工具、运输时间等具有特殊要求。

四、按运输方式分类

按运输方式分类，可以将运输业务分为公路运输、铁路运输、水路运输、航空运输和管道运输。

(一)公路运输

公路运输是主要使用汽车，也可以使用其他车辆在公路上进行客、货运输的一种方式

（本书主要讨论货物的运输）。公路运输主要承担近距离、小批量的货运，或水运、铁路运输难以到达地区的长途、大批量货运，以及铁路、水运优势难以发挥的短途运输。由于公路运输有很强的灵活性，在有铁路、水运的地区，较长途的大批量运输也开始使用公路运输。公路运输作为一种重要的现代运输方式，有其自身的特点：

（1）灵活性。灵活性是公路运输最显著的特点，主要表现在：一是空间上的灵活性，公路运输可以实现"门到门"运输；二是时间上的灵活性，公路运输可以实现即时运输，即根据货运的需求随时启运；三是批量上的灵活性，公路运输的启运批量可大可小；四是运行条件的灵活性，由于普通货物的装卸对场地、设备没有专门要求，因此公路运输站点设置灵活，有的只需设置一个停靠点即可，此外公路运输可深入运行条件很差的农村、山区、车站、码头和矿山等地区；五是服务上的灵活性，公路运输能够根据货主或旅客的具体要求提供有针对性的服务，最大限度地满足不同客户、不同货物的运送要求；六是组织方式的灵活性，公路运输既可以自成体系，独立地完成整个运输任务，也可以作为其他不能实现"门到门"运输的运输方式的配套运输方式而发挥集散货的作用。

（2）货损率、货差率低，安全性高，能保证运输质量。随着公路网的发展和建设，公路的等级不断提高，汽车的技术性能不断改善，运输途中由撞击等造成的货损率、货差率不断降低；公路运输可以实现快速直达，装卸搬运的次数较少，因此装卸搬运而造成的货损、货差率较低；随着公路运输技术的改进，公路运输安全水平不断提高，公路运输事故发生率不断降低，因事故而造成的货损率也不断降低。由于公路运输灵活方便，送达速度快，安全性高，可有利于保持货物的质量，提高货物运输的价值。

（3）原始投资少，资金周转快，技术改造容易。首先，修建公路运输线路较容易，具体表现在：修建材料易获得、修建周期短、修建成本不高；其次，汽车车辆原始投资少，资金周转快，技术改造容易。汽车运输的历史不到一百年，但在载货吨位、车种类等方面都有了很大改进和提高。

虽然公路运输有很多优点，但公路运输也存在着一系列缺点，比如：运输能力小，单辆汽车的载重有限；运输能耗大，运输成本高；单位运输劳动力的耗费多等。总的来说，公路运输较适合中短途运输，不适合长途运输。一般认为公路运输的经济里程为200公里以内，但随着高速公路的广泛修建，长途公路运输出现的频率不断提高。此外，由于公路运输可实现"门到门"运输的特点，其成为其他运输方式的补充和衔接方式，以及承担着山区和偏僻农村地区的运输任务。公路运输的SWOT分析见表2-1。

表2-1 公路运输的SWOT分析

优势	劣势
1. 灵活，随时可以启运； 2. 实现"门到门"运输； 3. 适合于没有水路或铁路的地方运输； 4. 运输经济批量小，方便客户，零担运输组织比较方便； 5. 可供选择行驶的路线多，便于应对突发物流需求及应急物流	1. 单位承载量小； 2. 运输成本相对较高； 3. 环境污染较大； 4. 特种货物运输需要专用设备，一般运输公司不具备此种能力； 5. 长距离运输风险大、道路收费多

续表2-1

机会	威胁
1. 客户的需求趋向于多品种、小批量； 2. 特种运输需求的快速提升，增加了对公路运输的需求； 3. 从事公路运输的企业较多，资源整合、网络扩展容易形成； 4. 村村通公路、村村通电话，为我国公路运输提供了良好的需求； 5. 公路运输中的配套设施包括加油、公路建设、维护维修等都十分便捷，为公路运输提供了保障	1. 运输企业多，竞争压力大，企业低价竞争，造成了市场相对较乱； 2. 高速公路的收费给公路运输企业和需要用公路运输的企业带来了额外负担； 3. 特种物资运输需要的特种设备的提供商太少； 4. 有大量产品运输需求的企业在公路运输方式选择上有比较苛刻的要求； 5. 运输信息平台的运用存在着平台与平台之间互不通信的问题等

(二)铁路运输

铁路运输是使用铁路列车运送客、货的一种运输方式，主要承担长距离、大数量的货运。在没有水运条件的地区，几乎所有大批量货物都是依靠铁路来进行运送的。铁路运输是在干线运输中起主力运输作用的运输方式。

铁路运输的优点如下：

(1)适应性强。依靠现代科学技术，铁路几乎可以在任何需要的地方修建，可以实现全年全天候不停地运营，受地理和气候条件的限制较少。

(2)连续性、可靠性强。铁路运输具有较强的连续性和可靠性，而且适合长短途各类不同重量和体积货物的双向运输。

(3)运输能力大。铁路是大宗、通用的运输方式，能承担大量的货物运输。铁路运输能力取决于列车载重量（列车载运吨数)和昼夜线路通过的列车对数。

(4)安全程度高。随着先进技术的发展和在铁路运输中的应用，铁路运输的安全程度越来越高。在各种现代化运输方式中，按所完成的货物吨公里计算的事故率，铁路运输是最低的。

(5)运送速度较高。常规铁路的列车运行时速一般为 60~80 公里，少数常规铁路可高达 140~160 公里，高速铁路运行时速可达 210~260 公里。

(6)能耗小。铁路运输轮轨之间的摩擦阻力小于汽车和地面之间的摩擦力。铁路机车单位功率所能牵引的重量约比汽车高 10 倍，从而铁路单位运量的能耗也就比汽车运输少得多。

(7)运输成本低。铁路运输成本没有原料支出，固定资产折旧费所占比例较大而且与运输距离长短、运量的大小密切相关。运距越长、运量越大，单位成本越低。一般来说，铁路运输的单位运输成本比公路运输和航空运输要低得多，有的甚至低于内河航运运输。

但是铁路运输建设投入大、只能在固定线路上行驶、灵活性差、需要与其他运输方式配合与衔接。长距离运输分摊到单位运输的成本费用较低，而短距离运输成本却很高。铁路运输的 SWOT 分析见表 2-2。

表 2-2 铁路运输的 SWOT 分析

优势	劣势
1.是垄断性较强的行业，运输规律性强，如时间、班次、运输量、运输价格等都有统一规定； 2.运输量大； 3.运输成本较低； 4.运输的线路相对固定； 5.运输作业流程规范性强； 6.不容易受到天气的影响	1.运输灵活性不足； 2.运输的网络覆盖面比公路运输少； 3.部分地区铁路未通； 4.前期建设成本高； 5.铁路运输过程中货物的安全措施不足； 6.统一的价格，无法与市场进行有效衔接
机会	威胁
1.我国的产品数量增大，信息化速度提升，有利于铁路运输的业务合作； 2.近三年，我国铁路网络的延伸、高铁的运营等，为铁路运输带来了新机遇； 3.铁路的改革，有利于铁路货运按市场化机制运行； 4.铁路运输国际化对接，有利于跨国运输	1.铁路运输的管理机制、体制，不适合于铁路货物市场化发展的需求； 2.铁路的延伸投入成本过高； 3.部分设施设备的老化速度快，维护、更新速度慢

所以，铁路运输的基本上是距离长、运输速度慢的原材料(煤、原木和化工品)和价值低的制成品（食品、纸张和木制品），且一般运输至少一整车皮的批量货物。铁路运费较高且没有伸缩性，货车途中作业需要时间。铁路运输不能实现"门到门"运输，车站固定，不能随意停车。货物滞留时间长，不适宜紧急运输。

（三）水路运输

水路运输是使用船舶运送客、货的一种运输方式。水运主要承担大批量、长距离的运输，是在干线运输中起主力作用的运输形式。在内河及沿海，也常有小型水运运输工具使用，担任补充及衔接大批量干线运输的任务。水路运输的特点如下：

（1）运输能力大。在海洋运输中，目前世界上最大的超巨型油船的载重量达 56 万吨，矿石船载重量已达 35 万吨，集装箱船已超过 10 万吨。海上运输利用天然航道，不像内河运输受航道限制较大，如果条件允许，可随时改造最有利的航线。因此，海上运输的通过能力比较大。内河运输中，在运输条件良好的航道，通过能力几乎不受限制。

（2）运输成本低。水运的站场费用极高，这是因为港口建设项目多、费用大，向港口送取货物都较不方便。水运成本之所以能低于其他运输方式主要是因为船舶的运载量大，运输里程远，路途运行费用低。

（3）投资省。水上运输利用天然航道，投资省。海上运输航道的开发几乎不需要支付费用。内河虽然有时要花费一定的开支疏浚河道，但比修筑铁路的费用小得多。

（4）劳动生产率高。水路因运载量大，其劳动生产率较高。一艘 20 万吨的油船需配备 40 名船员，平均人均运送货物达 5000 吨。在内河运输中采用顶推分节船队运输，也提高了劳动生产率。

（5）航速较低。船舶体积较大，水流阻力高，所以航速较低。低速航行所需克服的阻力小，能够节约燃料；反之，如果航速提高，所需克服的阻力则直线上升。除了这一系列优缺点外，水路运输还存在其他缺点，水路运输的 SWOT 分析如表 2-3 所示。

表 2-3　水路运输的 SWOT 分析

优势	劣势
1. 运量大； 2. 成本低； 3. 续航能力足； 4. 是国际贸易与物流最主要的运输方式； 5. 承担长距离、大宗货物，特别是集装箱的运输	1. 速度较慢； 2. 受气候和商港的限制； 3. 季节性强，易受季节影响； 4. 价格差异大，不同的河流、不同的季节价格会有不同的变化； 5. 基础设施设备投入成本高
机会	威胁
1. 随着经营全球化、供应链一体化，水路运输已成为国际海上运输的生命线； 2. 内河运输越来越受到各个国家的重视； 3. 资源节约、相对环保，单位货物能耗低； 4. 与其他运输方式有机结合，能够为客户提供便捷的"门到门"服务	1. 水路运输往往是国际贸易或国际物流需要，其运行与操作，需要专业团队或专业公司运作，这就增加了中间环节； 2. 海域或岛屿争端及海盗等问题导致海上运输不安全； 3. 国际贸易容易受到区域政治、经济的影响

（四）航空运输

航空运输是使用飞机或其他航空器进行运输的运输方式。航空运输的单位成本很高，因此主要适合运载两类货物：一类是价值高、运费承担能力很强的货物，如贵重设备的零部件、高档产品等；另一类是紧急需要的物资，如救灾抢险物资等。航空运输的特点如下：

（1）航空运输的速度高。与其他运输方式相比，高速度无疑是航空运输最明显的特征。航空运输高速度特征在物流中具有无可比拟的价值。现代喷气运输机时速一般在 900 公里左右，是火车的 5~10 倍、海轮的 20~30 倍。

（2）航空运输的灵活性。航空运输不受地形、地貌、山川、河流的障碍，只要有机场，有航空设施保证，即可开辟航线。如果用直升机运输，机动性更强。对于自然灾害的紧急救援、各种运输方式物流不可到达的地方，均可采用飞机空投方式，以满足特殊条件下特殊物流的要求。

（3）航空运输的安全性。航空运输平稳、安全，货物在物流中受到的震动、撞击等均小于其他运输方式。尤其当飞机在 1 万米以上高空飞行时，不受低空气流的影响，更能体现出航空运输的安全性。

（4）航空运输的国际性。严格说来，任何运输方式都有国际性，都有可能在不同国家间完成运输任务。这里所要体现的国际性是指航空运输在国际交往中的特殊地位。

（5）航空运输建设周期短，投资回收快。航空运输建设主要包括飞机、机场和其他辅助保证设施。一般来说，修建机场比修建铁路周期短，投资回收快。

航空运输与其他运输方式相比运输量少得多。一方面受其运量少的限制，另一方面运输成本高，一般的货物运输使用航空运输方式经济上不合算。因此，航空运输适合贵重货物、精密仪器、计算机、高级服装、鲜活货物、季节性货物及时间性强的邮件、包裹等的运输。航空运输的 SWOT 分析见表 2-4。

表 2-4　航空运输的 SWOT 分析

优势	劣势
1. 速度快，运输时间短； 2. 适用于长距离的快速运输； 3. 不需要对商品进行特殊包装、稳定性好； 4. 适用于生鲜食品的运输； 5. 适用于突发事件及应急物流； 6. 安全性高	1. 载货量较小； 2. 运输成本高； 3. 受网点限制； 4. 环节多； 5. 投资成本高，受气候影响大
机会	**威胁**
1. 电子商务与网购业务的扩大，为航空运输带来了机会，特别是快递业的迅猛发展，对航空运输的需求越来越强； 2. 大型运输机的出现为降低航空货物的运输成本创造了条件； 3. 航空运输网点越来越多，网络覆盖面越来越广； 4. 多式联运的发展促进航空运输与其他运输方式的融合	1. 火车提速。随着科学技术的发展，火车的运行速度进一步提高，"朝发夕至"不再是航空飞机的专属。航空业的交通速度之首的地位受到来自地面越来越强烈的挑战。航空业的生存空间进一步缩小。 2. 公路交通网络完善。随着中国经济的快速发展，中国公路的发展也有了巨大的突破，"要致富先修路"不单单只是一句口号。中国公路实现了"镇镇通""乡乡通"，人们的出行更依赖于公路，减少了对航空市场的需求。 3. 航空公司间竞争激烈。以国航、南航、东航为首的三大航空公司各种兼并重组形成了规模效益，空域资源紧张。随着对外开放的进一步扩大，我国航空业也加大了对外开放的进程，外来航空公司也将进入我国

（五）管道运输

管道运输是利用管道输送气体、液体和粉状固体的一种运输方式。其运输是靠物体在管道内顺着压力方向循序移动实现的，和其他运输方式重要的区别在于管道设备是静止不动的。管道运输的特点如下：

（1）运量大。由于管道能够进行不间断的输送，输送连续性强，不产生空驶，运输量大。例如，管径 529 毫米的管道，年输送能力可达 1000 万吨；管径 630 毫米的管道，年输送能力可达 1500 万吨；管径 720 毫米的管道，年输送能力可达 2000 万吨；管径为 1200 毫米的管道，年输送能力可达 1 亿吨。

（2）管道运输建设工程比较单一。管道埋于地下，除泵站、首末站占用一些土地外，管道占用土地少，建设周期短，收效快。同时，管道还可以通过河流、湖泊、铁路、公路，甚至翻越高山、横跨沙漠、穿过海底等，易取捷径，缩短运输里程。

（3）管道运输具有高度的机械化。管道输送流体货物，主要依靠每 60~70 公里设置的增压站提供压力能，设备运行比较简单，且易于就地自动化和进行集中遥控。先进的管道增压站已完全做到无人值守。由于节能和高度自动化,用人较少,使运输费用大大降低。

(4)有利于环境保护。管道运输不产生噪声,货物漏失污染少,不受气候影响,可以长期安全、稳定运行。

(5)管道运输适用的局限性。管道运输本身工程结构上的特点,决定了其适用范围的局限性。管道运输适于长期定向、定点输送,合理输量范围较窄。若输量变换幅度过大,则管道的优越性难以发挥。管道按其运输货物的种类不同,分为油品管道、气体管道和固体料浆管道三类。我国目前的管道主要是油品管道和气体管道。总之,管道运输的 SWOT 分析如表 2-5。

表 2-5　管道运输的 SWOT 分析

优势	劣势
1. 是运送液体、气体和粉状货物的专用方式; 2. 连续性强,运量大; 3. 运输成本低、损耗少; 4. 安全性好,不受气候影响; 5. 节能、环保	1. 只针对特定货物; 2. 灵活性差; 3. 运输对象单一,不具有通用性,就某具体管道而言,只限于单项货物的运输
机会	威胁
1. 产业发展,能源需求加大; 2. 全球管道运输网络越来越全	1. 自然灾害的影响大; 2. 人为破坏难防范; 3. 管道更新与维护,易造成运输中断; 4. 跨境传输,易受到他国的干扰,影响正常运营

五、按运输线路的性质分类

按运输线路的性质分类,可以将运输业务分为干线运输、支线运输、二次运输和厂内运输。

(一)干线运输

干线运输是指利用铁路与公路的骨干线路以及远洋运输的固定航线进行大批量、长距离的运输。干线运输由于运输距离长、运力集中、运输速度较快,因而一般单位成本较低。干线运输是长距离运输的一种重要形式,是我国运输的主要形式。为了加强干线运输的能力,近年来,国家加大了在铁路主干线、公路主干线方面的投资。在铁路方面,已基本建成了"八纵八横"的铁路主通道。"八纵"是指京哈、东部沿海铁路、京沪、京九、京广、大(同)湛(江)、包柳、兰昆八条铁路干线。"八横"是指京兰、煤运北通道、煤运南通道、陆桥铁路(陇海和兰新)、宁(南京)西(安)、沿江铁路、沪昆、西南出海铁路通道。2008 年初,总长约 3.5 万公里的我国"五纵七横"国道主干线也已基本完成。"五纵"国道主干线包括:黑龙江同江至海南三亚、北京至福州、北京至珠海、二连浩特至云南河口、重庆至湛江西南出海快速大通道;"七横"国道主干线包括:绥芬河至满洲里、丹东至拉萨、青岛至银川、连云港至霍尔果斯、上海至成都、上海至云南瑞丽、衡阳至昆明。

（二）支线运输

支线运输是相对于干线运输而言的，是在干线运输的基础上对干线运输起辅助作用的运输形式，是运输供应链中从供应商到运输干线上的集结点以及从干线上的集结点到配送站之间的运输。干线运输与支线运输的区分是相对的。一般而言，支线运输比干线运输距离短、运量小、运输速度慢。

（三）二次运输

二次运输是指当干线、支线运输到达目的站后，目的站与用户仓库或指定地点之间的运输。二次运输是针对特殊用户的需要而产生的，因而二次运输的运量一般更小、运距一般更短、单位运输成本更高。

（四）厂内运输

厂内运输是指在大型企业内部，在仓库与车间、车间与车间或者车间与仓库之间进行原材料、配件、半成品、成品等的运输。而同一个车间或仓库之内的货物的移动常被称为"搬运"，因此厂内运输一般是对大型企业而言的，而且是不同仓库或车间之间的运输。厂内运输一般是直接为生产提供服务的运输方式，其运输流程设计的关键是企业的生产工艺流程。此外，厂内运输流程也是进行工厂内部建筑规划设计的重要依据。

六、按运输的协作程度分类

按运输的协作程度分类，可以将运输业务分为一般运输、联合运输和多式联运。

（一）一般运输

一般运输是指独立地采用不同运输工具或同类运输工具而没有形成有机协作关系的运输方式。一般运输是传统的运输组织方式，如面临长距离、多运输工具的转换，采用一般运输方式会给货主带来很多麻烦，因为他必须联系多个托运人、办理多次托运手续。

（二）联合运输

联合运输是指使用同一运输凭证，由不同运输方式或不同运输企业进行有机的衔接来接运货物。它是利用每种运输手段的优势，充分发挥不同运输工具效率的一种运输方式。

（三）多式联运

多式联运的一种常用形式是国际多式联运。1980年在日内瓦通过的《联合国国际货物多式联运公约》对国际多式联运所下的定义是，"按照多式联运合同，以至少两种不同的运输方式，由多式联运经营人把货物从一国境内接管货物的地点运至另一国境内指定交付货物的地点的货物运输。为履行单一方式运输合同而进行的该合同所规定的货物交接业务，不应视为国际多式联运"。多式联运是联合运输的一种现代形式，通常在国际物流领域或国内大范围物流时广泛应用。

七、按运输所实现的作用分类

按运输所实现的作用分类，可以将运输业务分为集货运输、散货运输和集中运输。

（一）集货运输

为了最大限度地利用运输工具的运输能力，有必要将分散的货物集聚起来以便进行大批量、远距离的集中运输，这种将分散的货物集中起来的运输方式即集货运输。集货运输有利于通过增加运输量而降低单位货物进行远距离运输的运输成本。集货运输一般是短距离、小批量的运输，是干线大规模运输的一种补充性运输。

(二)散货运输(配送运输)

通过干线集中运输，将大批量的货物运输到物流结点后，为更好地为客户提供服务，有必要按用户的要求将小批量、多品种的货物分送到客户指定地点。这种干线大规模运输后的将货物按用户要求分送到用户处的运输方式即散货运输(配送运输也发挥了货物分散运输的作用)。散货运输是大规模集中运输的补充和完善，多进行的是短距离、小批量的运输。

(三)集中运输

集中运输是将大批量的货物集中完成远距离运送任务的运输方式。其发挥的作用是将大量的货物集中进行大范围的空间位置的转换。集中运输一般发生在集货运输之后，散货运输之前，是大批量、远距离的运输。

八、按中途是否换载分类

按运输中途是否换载分类，可以将运输业务分为直达运输和中转运输。

(一)直达运输

直达运输是利用一种运输工具从起点站(港)一直到终点站(港)，中途不经过换载、不入库存储的一种运输方式。直达运输是运输合理化的一种有效形式，通过直达运输，可减少因中途换载而带来的运输速度减慢、货损增加、因装卸储存等而带来的运输费用增加问题。

(二)中转运输

中转运输是指在货物运抵目的地的过程中，在途中的车站、港口、仓库等地进行换装的一种运输方式。中转运输常在干线运输和支线运输出现运量的矛盾时进行。它是一种化整为散、集散为整的运输方式，有利于在降低运输成本的同时方便用户。

九、其他运输方式

(一)集装箱运输

集装箱又称"货箱""货柜"，是用于货物运输的大型货物包装容器。使用集装箱转运货物，可直接在发货人的仓库装货，运到收货人的仓库卸货，中途更换运输工具时，无须将货物从箱内取出换装。而集装箱运输是指以集装箱作为货物运输基本单位，通过一种或几种运输工具进行货物运输的现代化运输方式。由于集装箱本身的特点，因此集装箱运输是一种既方便又灵活，可以在最大程度上减少运输过程中造成的货损的运输方式。例如可以抵御风雨、外力、多次装卸等一些不可避免的因素对货物造成的损害。

集装箱运输是一种现代化运输方式，它与传统的货物运输方式相比有许多特点：

(1)质量高。由于集装箱具有抵御风雨、避光、抗震等作用，因此用集装箱运输货物能够最大限度地减少货损，提高运输质量。

(2)效率高。集装箱的整箱搬运，极大地方便了运输、装船和卸港。在全程运输中，以集装箱为媒介，使用机械装卸、搬运，可以在无须接触或移动箱内所有货物的前提下，从一种运输工具直接方便地换装到另一种运输工具，从而大大提高货物运输的效率。

(3)成本低。集装箱运输一方面减少了中转装卸作业的费用；另一方面由于集装箱的保护减少了货损、货差从而降低了运输支出；此外，由于集装箱本身所具有的优质包装的特点，用于货物运输的物流包装成本可大幅度降低，因此集装箱运输可降低运输成本。

（4）管理方便。集装箱货物的质量以及数量的管理以集装箱的铅封号码是否完好作为责任区分的重要指标，因此集装箱运输方便承托运人进行货物运输安全的管理。

（5）冷藏运输便利。集装箱中的保温冷藏箱能够对许多鲜活物品进行长时间的保鲜，这是其他运输方式很难实现的。

（6）运输手续简便。集装箱运输可以由一个承运人负责全程运输，因而能简化货运手续，方便货主，提高工作效率。

（7）有利于实现"门到门"的长距离运输。货物从发货人的工厂或仓库装箱后，经陆、海、空不同的运输方式，可以一直运到收货人的工厂或仓库，实现"门到门"运输。

（二）托盘运输

托盘运输是指按一定要求将货品组装在一个标准托盘上，组合成为一个运输单位，使用叉车或托盘升降机进行装卸、搬运和堆放的运输方式，它是成组运输的一种有效方式。托盘运输以托盘为运输的基本单位，它具有下列运输特点：

（1）以托盘为运输单位，搬运和出入仓库都使用机械操作，有利于提高装卸搬运效率，缩短整个货运时间，降低运输成本，同时还可以减小劳动强度。

（2）以托盘为运输单位，便于理货，减少货损、货差。

（3）与集装箱运输相比较，托盘的生产制造成本相对较小，时间也较短，因而投资较小、周转较快。

（4）托盘运输由于托盘本身的局限性，只能承载箱装物品、硬纸盒装等物品，因此托盘运输所能承运的货物范围有限。

（三）散装运输

散装运输是指产品不带包装的运输，是用专用设备将产品直接由生产厂方送至使用用户的运输方式。目前，采用散装运输的产品主要是原油等油料、水泥等粉料、焦炭等块料及化工产品中的塑料切片、粒料、粉料等。

散装运输在特定的场合具有无可比拟的优越性，以散装水泥运输为例，水泥由袋装改为散装，其运输、供销、储存全部在密闭容器、管道中进行，过程是水泥装车机—散装水泥车（船、集装等）—仓储—砼搅拌机—砼搅拌车—施工浇注。其优点如下：

（1）节省包装材料和费用。水泥袋装与散装虽一字之差，但资源能源效益却有天壤之别。首先，装卸袋装与散装水泥的工人比例为10∶1；其次，散装运输与袋装运输相比可节约大量的包装材料和用于包装的相关费用。据测算，每推广使用1万吨散装水泥，可节约包装费35万元，节约电力7.2万千瓦小时。

（2）工作环节少，机械化、自动化程度高，装卸速度较快，劳动条件被改善，劳动生产率大大提高。如装载一辆载重65吨的火车车辆，袋装水泥需要8人40分钟才能装完，而采用散装运输水泥，只需1个人10分钟就可以装完。由此可以看出，散装运输在提高装卸效率、加速车船等运输工具周转、提高劳动生产率方面具有显著效益。

（3）有利于改善环境，减少污染。通过发展散装运输，可以减少包装废弃物对环境造成的污染。据统计，包装废弃物年排放量在重量上占城市固体废弃物的1/3，在体积上占1/2，且每年以10%的速度递增。

十、各种运输方式的主要技术经济指标

(一) 货物运输量

货物运输量是反映交通运输业工作量的数量指标。铁路主要用货物发送吨数表示，公路和水运部门按经营量进行计算，水运可按航次、装卸情况或排水吨位来推算。

(二) 货物周转量

货物周转量是反映交通运输业工作量的数量指标。货物运输量只表示货物的运送吨数，而不能反映所运送的距离。货物周转量指标是一个全面反映运输数量和运输距离的复合产量指标。例如铁路货物周转量是指一定时间内（年、月）铁路局或全路在货运工作方面所完成的货物吨公里数。

(三) 货物平均运程

货物平均运程，即货物的平均运输距离，表示平均每吨货物运送的距离。货物的平均运程与货物周转量和运输费用的大小、车辆周转的速度、货物的送达时间有关。各类货物平均运程是分析各地区之间和国民经济各部门、各企业之间经济联系的重要指标之一。

(四) 货车运输时间

货车运输时间即采用不同的运输工具，将货物从指定的一个地点运达客户指定地点所需要的时间，其时间一般是固定的，但因受气候、路况、能源供应的影响会有变动。

其中，货车周转时间是指货车在完成一定工作量的周转过程中平均花费的时间。这一指标可以考核运输部门与有关部门的协作关系和工作效率，以提高专用线作业与管理水平，是加速货车周转时间的关键之一。

所有运输货物运至客户的总时间为

$$T_{总} = T_{订单处理} + T_{备货} + T_{集货} + T_{装卸} + T_{在途运输} + T_{装卸}$$

客户发出订单的提前时间为

$$L_{T} = T_{总} - T_{库存}$$

而在实际运行过程中，要求

$$L_{T} \geqslant T_{总} - T_{库存}$$

(五) 货物装卸量

货物装卸量是指进出车站、港口范围内装卸货物的数量，以"吨"表示。它是衡量车站、港口货物装卸工作量大小的数量指标。

(六) 运送速度

运送速度是各种运输方式的技术经济效果的重要指标之一，在保证良好地完成运输任务的前提下，用最快的速度把商品送达目的地，尽可能缩短在途时间，是对运输的基本要求。

第三节　运输合理化

一、运输合理化的概念

随着现代物流概念的提出，对物流运输技术水平也提出了更高的要求。它要求在原有运

输概念的基础上更加合理地选择运输工具、运输方式和运输路线来组织货物运输，做到运力省、速度快、费用低，以实现运输合理化，进而实现物流合理化。由于运输是物流中最重要的功能要素之一，因此物流合理化在很大程度上依赖于运输合理化。

合理运输是指在实现货物从生产地到消费地转移的过程中，充分有效地运用各种运输工具的运输能力，以最少的人、财、物消耗，及时、准确、经济、安全地完成运输任务。其标志是运输距离最短、运输环节最少、运输时间最省、运输费用最低和运输质量最高。

二、现代运输的要素

现代运输必须具备动力、运输工具、运输通路、通信设备这四种要素。只有这四种要素有机配合，成为一个完整的体系，运输才能发挥最大的功能。

由于现代运输较传统运输运量增大，速度更快，就需要四种要素密切配合、相互作用，才能发挥最大的经济效益。例如铁路要行驶大型机车，就必须铺设重型的钢轨，以提高钢轨的负荷量；设计大型船舶，就要考虑江河和港湾的通过能力；发明了飞机，开辟空中运输通道，就需要汽油燃油作为动力来源；无论任何运输工具，都需要装置通信设备，以利作业的调度和指挥。

（一）动力

动力包括自然动力和人工动力两种。

（1）自然动力包括风力、水力、人力和畜力等。

（2）人工动力包括蒸汽力、石油燃烧动力、气体燃烧动力、电力和核能等。

（二）运输工具

运输工具也有自然运输工具和人工运输工具两种。自然运输工具本身为动力的来源，如马匹驮运货物。人工制造的运输工具，包括以下几种形式：

（1）运输车辆，包括汽车、摩托车、牛车、马车、自行车等。

（2）铁路车辆，包括各种机车、客车、货车、动车组等。

（3）船舶，包括商船、驳船、渔船、舰艇等。

（4）航空器，包括飞机、飞艇、火箭、气球等。

（三）运输通路

运输通路主要有以下三种：

（1）陆路运输通路，包括公路、铁路、管道、输送带等。

（2）水路运输通路，包括内陆水道和海洋航线。

（3）空路运输通路，包括航空线、空中索道等。

（四）通信设备

传统的运输方式多利用自然动力，效率低、范围小、危险性低，对通信设备的需要并不迫切；现代运输多采用人工动力，海量运输，效率高、范围广、危险性高，迫切需要通信设备的配合。现代运输与通信设备，如鱼之于水，一刻都不能脱离。航运和航空都使用先进的定位系统，使用无线电使人们随时随地可以知道自己所在的位置。例如，航空方面配有超高频率多向导航设备、测距设备、自动导向仪和自动降落设备等装置，这些均为国际公认的必需的重要通信设备。

三、不合理运输

不合理运输是指在现有条件下可以达到的运输水平而未达到，从而造成了运力浪费、运输时间增加、运费超支等问题。目前我国存在的不合理运输形式主要有下列几种：

（一）运输流向上的不合理运输

（1）对流运输。对流运输是指同一种货物或彼此之间可以相互代用而又不影响管理、技术及效益的货物，在同一条线路上或平行线路上做相对方向的运送而与对方运程的全部或一部分发生重叠的运输。对流运输造成了明显的运力浪费和运量增加。

（2）倒流运输。倒流运输是指货物从销售地或中转地向产地或起运地回流的一种运输现象。倒流运输也可以看作隐蔽对流的一种特殊形式。因为往返两程的运输都是不必要的，形成了双程的浪费，所以倒流运输的不合理程度要高于对流运输，容易造成运力浪费、运量增加和商品调拨管理上的混乱。

（二）运输距离上的不合理运输

（1）迂回运输。迂回运输是指本可以选择短距离进行运输，却选择了较长路线运输的一种不合理形式。迂回运输有一定的复杂性，不能简单地对待，只有当计划不周全、交通不熟悉、组织不当而发生的迂回，才属于不合理运输。如果最短距离有交通堵塞、道路情况不好或有对噪声、排气等特殊限制而不能使用时发生的迂回，不能称为不合理运输。

（2）过远运输。过远运输是指调运物资时舍近求远，近处有资源不调用而从远处调用的现象，这就会人为地拉长货物运输的距离。过远运输占用运力时间长、运输工具周转慢、占用资金时间长，易出现货物损坏，增加费用支出。

（三）运力上的不合理运输

（1）起程或返程空驶。空车行驶可以说是不合理运输的最严重形式。但是在实际运输组织中，有时候必须调运空车，从管理上则不能将其看成是不合理运输。

（2）重复运输。重复运输主要有两种形式：一是本来可以直接将货物运到目的地，但是在未到达的时候将货物卸下，再重复装运送达目的地；二是同品种货物在同一地点一面运进，同时又向外运出。重复运输的缺陷在于增加了非必要的中间环节，减缓了流通速度，造成运输工具和装卸搬运能力的浪费，从而增加了运费。

（3）运输工具选择不合理。运输工具选择不合理是指没有根据各种运输工具的优势来选择运输工具而造成的不合理现象。有以下几种形式：

①弃水走陆。在同时可以利用水运和陆运时，不利用成本较低的水运或水陆联运，而选择成本较高的铁路运输或者汽车运输，使水运优势不能发挥。

②铁路、大型船舶的过近运输。铁路、大型船舶的过近运输是指不在铁路及大型船舶的经济里程之内却利用这些运力进行运输的不合理做法。其主要不合理之处在于火车及大型船舶起运及到达目的地的准备、装卸时间长，且机动灵活性不足，在过近距离中运用，发挥不了它们的优势；相反，由于装卸时间长，反而会延长运输时间。另外，费用也较高。

③运输工具承载能力选择不当。运输工具承载能力选择不当是指不根据承运货物数量及重量选择，而盲目决定运输工具，造成过分超载、损坏车辆或者货物不满载、浪费运力的现象。

(四)托运方式选择不当

托运方式选择不当是指货主可以选择最好的托运方式而未选择,造成运力浪费及费用支出加大的一种不合理运输。如应该选择整车而选择了零担,应选择直达而选择了中转或应选择中转而选择了直达。这些都属于这一类型的不合理运输。

上述的不合理运输形式都是在特定的条件下才表现出来的,在进行不合理运输的判断时必须注意其不合理的前提条件,否则就会出现判断失误的现象。例如,如果同一产品,商标不同、价格不同,所发生的对流运输不能被绝对看作不合理运输,因为其中存在市场机制引导的竞争,优胜劣汰。如果片面强调因为表面的对流而不允许运输,就会导致保护落后、阻碍竞争甚至助长地区封锁。

再者,以上对不合理运输的描述,主要就形式本身而言,是从微观观察得出的结论。在实践中,必须将其放在物流系统中做综合判断,在不做系统分析和综合判断时,很可能出现"效益背反"现象。单从一种情况来看,避免了不合理,做到了合理,但它的合理却使其他环节出现不合理。只有从系统角度综合进行判断才能有效避免"效益背反"现象,从而优化物流全系统。

四、运输合理化的有效措施

1.运输系统网络的合理配置

物流系统运输网络是指由若干个收发货的"节点"和它们之间的"连线"所构成的运输网络及与之相伴随的信息流网络的有机整体。

为了确保销售和市场占有率,企业设置的收发货节点(指各层仓库,如制造厂仓库、中间商仓库、中转点仓库及流通加工配送中心)决定了整个物流系统的合理布局和运输合理化问题。物流运输系统网络研究的中心问题是确定货源基地和消费者的位置、各层级仓库及中间商批发点(零售点)的位置、规模和数量。企业在规划运输网络时,要根据经营战略、营销策略等因素决定需要多少个仓库、配送中心,以及配送中心、仓库如何布局,密度多大,相距多远,组织形式是外包还是自营等内容,只有整体规划,统一考虑,才可能既满足销售需要,又减少交叉、迂回、空载等不合理运输,完善和优化物流网络,降低运输成本,提高竞争能力。

2.选择最佳的运输方式

铁路、公路、水运、航空、管道等运输方式各有特点,其适用的货运对象有所差别。运输方式的选择考虑因素包括运输成本、安全性、可靠性等。

3.提高运输工具实载率

实载率有两个含义:一是单车实际载重与运距之乘积和标定载重与行驶里程之乘积的比率,这在安排单车、单船运输时,是作为判断装载合理与否的重要指标;二是车船的统计指标,即一定时期内车船实际完成的货物周转量(以吨公里计)占车船载重吨位与行驶公里之乘积的百分比。在计算时,车船行驶的公里数不但包括载货行驶公里数,也包括空驶公里数。

提高实载率的意义在于充分利用运输工具的额定能力,减少车船空驶和不满载行驶的时间,减少浪费,从而求得运输的合理化。

4. 采取减少动力投入，增加运输能力的有效措施

这种合理化的要点是少投入、多产出，走高效益之路。运输的投入主要是能耗和基础设施的建设，在设施建设已定型和完成的情况下，尽量减少能源投入是少投入的核心。做到了这一点就能大大节约运费，降低单位货物的运输成本，达到合理化目的。

5. 发展社会化运输体系，推进共同运输

运输社会化的含义是发展运输的大生产优势，实现专业分工，打破一家一户自成运输体系的状况。

实行运输社会化，可以统一安排运输工具，避免对流、倒流、空驶、运力不当等多种不合理形式，不但可以追求组织效益，而且可以追求规模效益，所以发展社会化的运输体系是运输合理化非常重要的措施。

当前铁路运输的社会化运输体系已经较完善，而在公路运输中，小规模生产方式非常普遍，是建立社会化运输体系的重点。

社会化运输体系中，各种联运体系是其中水平较高的方式。联运方式充分利用面向社会的各种运输系统，通过协议进行一票到底的"门到门"运输，有效打破了一家一户的小生产，受到了欢迎。

6. 开展中短距离铁路公路分流、"以公代铁"的运输

这一措施的要点是在公路运输经济里程范围内，或者经过论证，超出通常平均经济里程范围，也尽量利用公路。这种运输合理化的表现主要有两点：一是对于比较紧张的铁路运输，用公路分流后，可以得到一定程度的缓解，从而加大这一区段的运输通过能力；二是充分利用公路"门到门"和在中途运输中速度快且灵活机动的优势，实现铁路运输服务难以达到的水平。

7. 尽量发展直达运输

尽量发展直达运输主要指运输部门尽量减少货物运输的中间环节，把货物由产地直接运送给客户，它是交通运输部门组织的主要形式。直达运输是追求运输合理化的重要形式，其对合理化的追求要点是可以缩短货物运输时间，通过减少中转换载，从而提高运输速度，省却装卸费用，降低中转货损。直达的优势在一次运输批量和用户一次需求量达到了一整车时表现最为突出。此外，在生产资料、生活资料运输中，通过直达，建立稳定的产销关系和运输系统，可以用最有效的技术来实现这种稳定运输，提高运输的计划水平，从而大大提高运输效率。

需要特别一提的是，如同其他合理化措施一样，直达运输的合理性也是在一定条件下才会有所表现的，不能绝对认为直达一定优于中转。这要根据用户的要求，从物流总体出发做综合判断。如果从用户需要量看，批量大到一定程度，直达是合理的，批量较小时中转是合理的。

8. 配载运输

配载运输是充分利用运输工具载重量和容积，合理安排装载的货物及载运方法，以求得合理化的一种运输方式。配载运输也是提高运输工具实载率的一种有效形式。

配载运输往往是轻重商品的混合配载，在以重质货物运输为主的情况下，同时搭载一些轻泡货物，如海运矿石、黄沙等重质货物，在舱面捎运木材、毛竹等，铁路运矿石、钢材等重物上面搭运轻泡农副产品等，在基本不增加运力投入和不减少重质货物运输的情况下，解决了轻泡货的搭运,因而效果显著。

9. "四就"直拨运输

"四就"直拨是减少中转运输环节,力求以最少的中转次数完成运输任务的一种形式。一般批量到站或到港的货物,首先要进分配部门或批发部门的仓库,然后再按程序分拨或销售给用户。这样一来,往往会出现不合理运输现象。

"四就"直拨,首先是由管理机构预先筹划,然后就厂或就站(码头)、就库、就车(船)将货物分送给用户,而无须再入库了。

10. 发展特殊运输技术和运输工具

依靠科技进步是运输合理化的重要途径。例如,专用散装罐车解决了粉状、液状物运输损耗大、安全性差等问题;袋鼠式车皮、大型半挂车解决了大型设备整体运输问题;"滚装船"解决了车载货的运输问题,集装箱船比一般船能容纳更多的箱体,集装箱高速直达车船加快了运输速度等,都是通过先进的科学技术实现运输合理化。

11. 通过流通加工,使运输合理化

有不少产品由于产品本身形态及特性问题,很难实现运输的合理化,如果进行适当加工,就能够有效解决合理运输问题。例如将造纸材料在产地预先加工成干纸浆,然后压缩体积运输,就能解决造纸材料运输不满载的问题;将轻泡产品预先捆紧包装成规定尺寸,装车就容易提高装载量;将水产品及肉类预先冷冻,就可提高车辆装载率并降低运输损耗。

总之,实现运输合理化的目标要考虑运输系统的基本特性。对于地区之间的长距离运输(干线输送),由于货物的批量大且对时间要求不很苛刻,合理化的重点是考虑降低运输成本;对于地区间或城市间的短距离运输(末端输送),是以向顾客配送为主要内容,货物批量小,应及时、准确地将货物运达,这种情况下的合理化目标应以提高物流服务质量为主。

不同客户的需求侧重点不同,因此应为客户"量身定做"物流运作方案,细化客户差异性需求,确定每一个客户的需求模型,据此设计物流运作方案。

【本章小结】

通过本章对运输的基本常识、各种方式与分类的学习,掌握不同的运输管理理念,以及运输合理化的手段,为有效地进行运输的合理决策打好基础。运输是物流的根本活动内容,商品在流通领域的位置变化,可以使用不同的运输工具、采用不同的运输方式,并根据需要做出相应的运输决策。

运输是一个完整的系统,需要各个环节的密切配合,并且需要在生产实际中广泛地使用先进的设施、设备和科学的管理手段,保证运输过程的完整和完好。

【复习思考习题】

扫一扫,看参考答案

一、单项选择题

1. 货运一般客户对运价反应最灵敏,一般客户决定货运企业的( )。

A. 运营状况　　　　B. 稳定赢利　　　　C. 短期收支平衡　　　D. 长期财务收益

2. 下列运输方式中,成本最低的是( )。

A. 铁路运输　　　　B. 航空运输　　　　C. 水路运输　　　　D. 公路运输

3. 货物运输发生纠纷后，承运与托运双方不能自行协商解决的，(　　)是首要的选择。

A. 诉讼　　　　　　B. 仲裁　　　　　　C. 上诉　　　　　　D. 申请扣押对方资产

4. 下列属于影响运输方式选择因素中的不可变因素的是(　　)。

A. 运输时间　　　　B. 运输成本　　　　C. 运输方式　　　　D. 运输商品数量

5. 货物运输调度的对象是(　　)。

A. 运输工具　　　　B. 货物的配载　　　　C. 运输线路　　　　D. 实际承运人

6. 公路货运的优点有(　　)。

A. 灵活性　　　　　　　　　　　　　　B. 不适宜大批量运输

C. 具有定时性　　　　　　　　　　　　D. 不受天气影响

7. 下列运输方式中，能实现"门到门"的服务的运输方式是(　　)。

A. 铁路运输　　　　B. 公路运输　　　　C. 水路运输　　　　D. 航空运输

二、多项选择题

1. 运输合理化的影响因素有(　　)。

A. 运输距离　　　　B. 运输环节　　　　C. 运输工具　　　　D. 运输时间

2. 水运的形式主要有(　　)。

A. 沿海运输　　　　B. 近海运输　　　　C. 远洋运输　　　　D. 内河运输

三、名词解释

运输　运输方式　运输合理化　合理运输　倒流运输　配载运输　对流运输

四、简答题

1. 怎样理解运输的地位和作用？

2. 运输有哪些方式？其特点如何？

3. 不合理运输有哪些？怎样克服不合理现象？

4. 简述铁路运输的优缺点。

5. 简述水路运输的优缺点。

五、填空题

1. 运输功能主要包括＿＿＿＿＿＿＿和＿＿＿＿＿＿＿。

2. 现代运输方式主要有＿＿＿＿＿＿＿、＿＿＿＿＿＿＿、＿＿＿＿＿＿＿、
和＿＿＿＿＿＿＿。

3. 合理运输的五要素指＿＿＿＿＿＿＿、＿＿＿＿＿＿＿、＿＿＿＿＿＿＿、
和＿＿＿＿＿＿＿。

六、案例阅读与分析题

重庆铁路货运如何走出低谷

众所周知，铁路货运生存空间被挤压在一些地区是不争的事实，只是在重庆反应得较为突出。四通八达的高速公路网把"短、平、快"的货物运输潜能挖掘到了极致；一日万里的航空运输几乎瓜分了高附加值货物运输的半壁江山；而三峡蓄水后陡然发力的长江水运，也虎视眈眈定位于大宗、长距离货物运输的重庆铁路。人们不禁要问：重庆铁路货物运输的出路

在哪里？

从货物运输方式的角度看，重庆的铁路货运被严重挤压。

公路方面，"八小时重庆"工程使得重庆市内的渝黔、渝达、渝合、涪万等高速公路纵横交错，重庆成为全国交通便利的城市之一。早在2005年新春伊始，重庆公里交通早已布局和外界联网，当年即投资18亿元建设重庆江津至四川合江的高速公路，并后续投资95亿元打通渝湘交通"瓶颈"，从而形成快捷的高速公路网。

水路方面，三峡工程二期竣工以后，川江河道变宽、变深，让这条"黄金水道"商机无限。重庆长航集团在长江物流上尝到了甜头。长航集团在长江上拥有的优势是其他内河航运企业无可比拟的：总资产超150亿元，拥有各类运输船舶超2500艘，年运能力超800万吨，堪称中国水运"巨无霸"，其主营收入主要来自大宗货物如原油、煤炭、钢材、矿石等的运输。

除本地水运企业外，国外的水运巨头已经插手长江物流。统计资料显示，全球货运前十名的货运商都在重庆设立了办事机构。海口南青集装箱班轮公司日前在重庆开通了江海联运集装箱定期班轮，从重庆出发的集装箱可以直达沿海20多个海港，从而填补了国内集装箱江海联运的空白。

铁路方面，从重庆车务段近年的营销情况看，客运保持了每年一定的增长势头，而货运却呈萎缩状态。

那么，在这样的形势下，要如何带领重庆铁路货物运输部门走出低谷呢？

在遵循货运营销工作准则的前提下，铁路必须树立正确的营销目标。

1. 建立完善的货运营销组织体系

货物营销机构的实际运营必须服从和适应铁路跨越式发展的战略目标。在构建的新的营销机构中，对营销管理和执行功能进行优化设计，从各个方面做到优质。高效营销，从而争取市场份额最大化。

2. 建立权责明确的货物营销机制

机构和机制是市场营销的两个重要方面，只有建立规范化、高效率的营销管理机制，货运营销才能真正取得突破，这个机制就是使所有的营销人员在工作过程中都树立起强烈的责任感、紧迫感和危机感。

3. 提供整体优质的货运产品

价格是决定公司市场份额和盈利水平的重要因素之一，也是商品的销售者和购买者都关心的问题。铁路应该充分利用自己的大运量、长距离、相对低价的优势，加强企业形象的宣传和塑造，精心策划，提供优质的货运产品，以满足不同用户的需求。

4. 拉动市场运输的铁路货运需求

当前市场上形形色色的品牌营销战略可被简单地划分为两种基本形式，即"推"的战略和"拉"的战略。"推"的战略主要借助强有力的销售队伍，在各种促销措施的支持下将产品推向各种销售渠道，是一种产品销售网络的渗透；"拉"的战略主要是将顾客"拉"进销售点，它往往是通过大量的广告宣传来烘托企业和产品品牌的形象，从而创造出新的客户需求。铁路运输在营销中，既要学会"推"，又要学会"拉"，通过各种中间媒体使客户对铁路运输产品保持忠诚，增加铁路货运的影响。

5. 提高铁路货运服务质量

铁路出售的产品是"服务"，服务质量对于客户的影响极为重要。铁路货运部门应该针对货运市场的变化趋势,遵照面向货主、优化服务的营销理念,将过去陈旧的管理思想调整到面向货主组织生产和开拓市场的市场化轨道上。

6.提高运到期限的运输保证水平

对于许多货主而言,尤其是对于那些高附加值、竞争激烈的消费品市场生产和销售企业而言,运到期限就是商机,就是金钱,就是效益;延误时间就会错失商机,就会造成不可弥补的损失。

重庆车务段对大型物资单位进行市场调查,向它们灌输铁路运输的优势所在。还积极与公路、水路合作,实行资源共享、联运,"借船出海"。

同时,重庆车务段优化运输组织,压缩货车停留时间,加速车辆周转,向重车要空车,向效率要效益。

人们逐步认识到铁路具有运能大、速度快、全天候、低碳环保等诸多优势,是综合交通运输体系的骨干和主要交通方式之一,提升铁路货运量及其在综合交通体系中的占比对于减小环境污染、节约能源、优化资源配置具有重要意义。2018年,重庆市根据《国务院关于印发打赢蓝天保卫战三年行动计划的通知》,印发《重庆市推动运输结构调整三年行动实施方案(2018—2020)》逐步改变铁路运输的固有印象。

综上所述,铁路运输企业只有按照市场经济的理论建立卓有成效的货运营销体制,改革运价机制,调整产品结构,升华服务理念,转变经营机制,抓住"一带一路"中欧班列的历史机遇,才能从根本上扭转铁路货物运输的尴尬局面,使铁路运输走出困境,焕发新的生机和活力。

思考题

1.重庆铁路运输的竞争对手有哪些?

2.简述如何利用中欧班列等途径探寻重庆铁路货物运输的出路。

【本章参考文献】

[1]刘伟.物流管理概论[M].3版.北京:中国工信出版集团,电子工业出版社,2019:1-20.

[2]刘助忠.物流学概论[M].北京:高等教育出版社,2015:1-33.

[3]陈建华.运输管理实务项目教程[M].北京:电子工业出版社,2018.

[4]刘刚.物流管理[M].北京:中国人民大学出版社,2018:1-18.

[5]全国物流标准化技术委员会,全国物流信息管理标准化技术委员会.物流术语:GB/T 18354—2006[S].北京:中国标准出版社,2007.

第三章　仓储管理

┌─ 本章学习导引 ─────────────────────────────────

学习目标：①理解仓储、仓储管理、仓库和现代智能仓储的概念；②了解仓库的作用、仓库的分类、仓储的作业流程；③掌握仓储的基本功能；④掌握ABC 分类法的原理与应用；⑤理解库存控制和订货的基本要求；⑥熟悉货物的保管保养。

主要概念：仓库；仓储管理；现代化智能仓储；库存；ABC 分类法。
└───

仓储在物流体系中是唯一静态的环节，有人称其"时速为零"的运输。仓储是指为有形商品提供存放场所并对存放物进行保管、存取与控制的过程。"仓"即仓库(warehouse)，是具有存放和保护商品功能的特定场所，可以理解为房屋建筑、大型容器、洞穴或者特定的场地等；"储"则表示储存(storing)以备使用，具有收存、保管、交付使用的意思，当适用有形商品时也称为储存。"仓储"则为利用仓库存放、储存未及时使用商品的行为。简而言之，仓储就是在特定的场所储存商品的行为。

而仓储管理(warehouse management)包含两个概念：一是收存，指物品离开生产过程但尚未进入消费过程的间隔时间内在仓库中储存、保养、维护管理；二是库存控制与管理，以备及时供应。"存储"作为物流大系统的一个子系统，是十分重要的环节，具有"物品银行""物品转运站"及物品供应的作用。从现代物流的角度研究和经营仓储，要考虑仓储规划与设施、存储技术与方法、物资订购与存储数量的适度性，涉及范围与知识面广泛而有深度。

第一节　仓储认知

一、从物流链着手认识仓储

在了解仓储之前，我们不妨从棉纺行业的物流流程开始来看一看棉纺产业中 14 个环节上的仓储管理，具体如图 3-1 所示。

通过图 3-1 可以看出，货物处在不同的物流环节上时所需要的存储设施、设备、保管单元、管理方式、管理费用、价值增加、物理状态、包装单元都不一样。因此，可以根据不同的物流环节，把仓储管理分为 14 类，如图 3-2 所示。

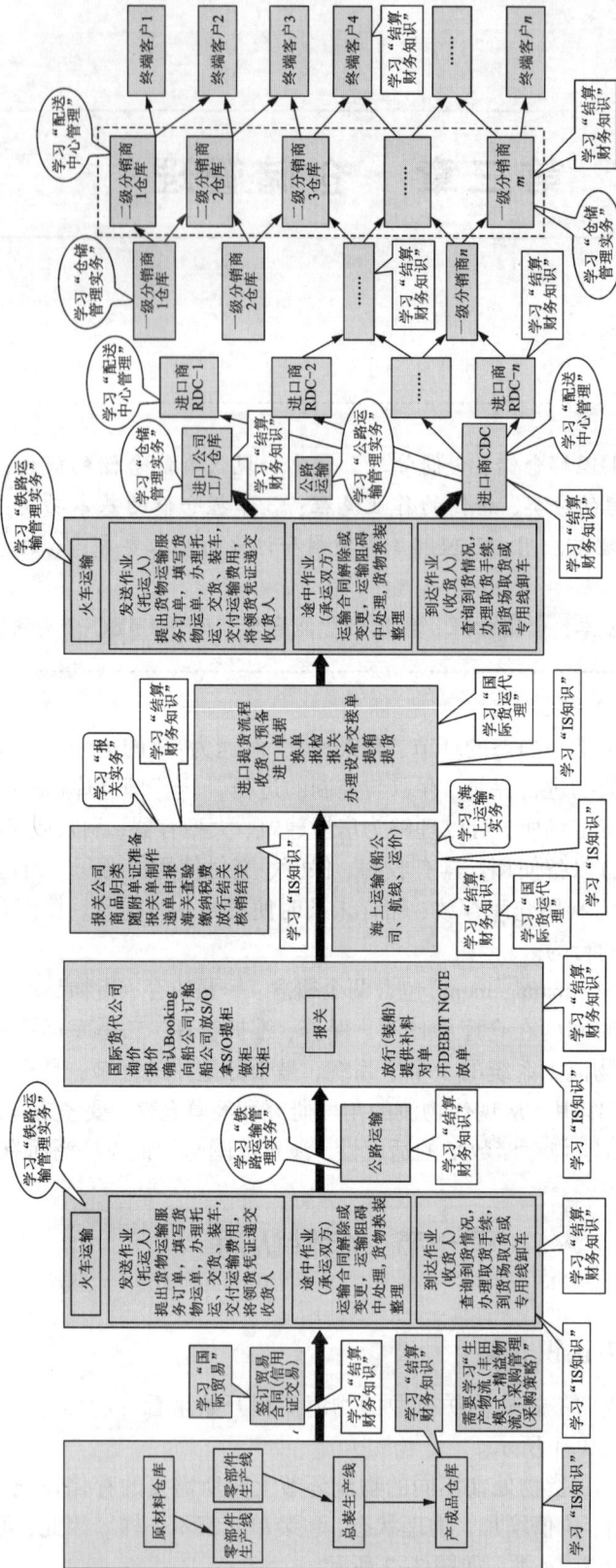

图 3-1 棉纺产业供应链流程图

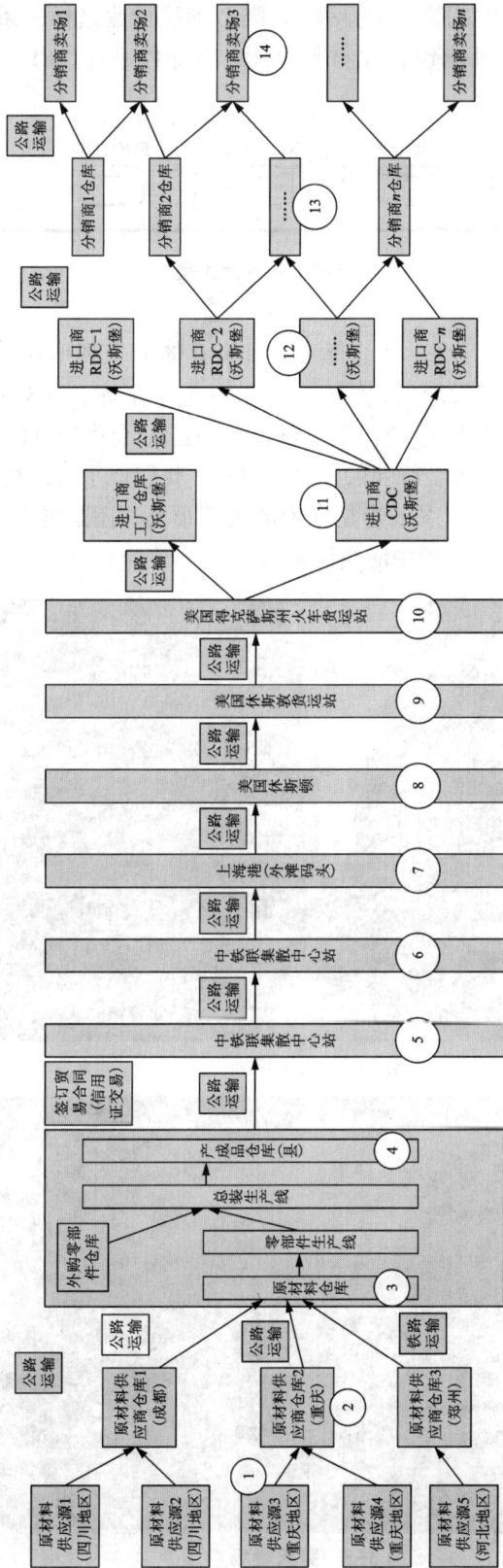

图 3-2　棉纺产业仓储管理所涉及的环节

我们再将其物流链抽象归纳如图 3-3 所示,在类似棉纺行业这样一条完整的物流链上,和仓储相关的不同类型的仓库可能包含原材料仓库、零部件仓库、CDC 仓库、RDC 仓库、FDC 仓库等几种类型。

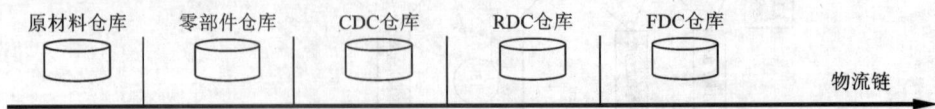

原材料仓库　　零部件仓库　　CDC仓库　　RDC仓库　　FDC仓库

物流链

图 3-3　物流链上的仓储类型

我们从图 3-3 可以看出,似乎每一种仓库类型都有具体的表现形式即仓库的内外形态,具体而言,也就是我们常说的露天堆场(图 3-4、图 3-5)、平库(图 3-6、图 3-7)、立库(图 3-8、图 3-9)、自动化立库(图 3-10、图 3-11)等。另外,仓库所处的外部环境一般认为是物流园区或者物流中心。根据棉纺行业的物流链分析,我们似乎可以得出这样的结论:由于 14 个环节的仓储功能不一样,所以不管是仓库的表现形态,还是各个环节的仓储管理方法,都应当有所区别,在实际处理过程中应当区别对待。

图 3-4　露天堆场

图 3-5　露天堆场

图 3-6 平库

图 3-7 平库

图 3-8 立库

图 3-9　立库

图 3-10　自动化立库

图 3-11　自动化立库

实际上，仓库的技术作业过程大体上可分为收货、保管、发货三个阶段。按其作业顺序可具体分为物资提运（或接运）、卸车、搬运、检验、入库、保管保养、备货、包装、出库集中、装车、发运等作业环节。

按其作业性质可归纳为货物检验、保管保养、装卸搬运、流通加工、包装和运输等内容。上述作业阶段或作业环节，相互联系、相互制约，形成一个完整的仓储作业系统。科学技术的不断发展，促使仓库机能也不断发展和完善。仓库在各个领域的作用越来越重要。

"仓库"和"保管"的含义也正在逐步改变，从而对仓库管理提出了更高的要求：根据生产和流通的客观规律，合理地组织各种物料的储存；准确迅速地组织好产品的入库、出库业务；努力提高仓库的利用率；提高库存物质的保管和养护、维修、配送；确保安全，提高效率；加速周转，提高经济效益。

另外，通过棉纺行业的生产环节，我们也发现仓储的功能似乎也不只储存货物这么单一。那么仓储的功能究竟有哪些呢？

二、仓储的功能

从物流的角度来看，仓储的功能分为基本功能和增值服务功能。仓储的基本功能是存储功能、调解功能、保管和养护功能。仓储的增值服务功能是指利用商品在仓库的存储时间，开发和开展多种服务来提高仓储附加值、促进商品流通、提高社会效益的功能，主要包括流通加工、配送、配载、交易中介等功能。本书从经济利益和服务利益加以分析，将仓储的功能分为以下两类：

(一)经济利益

仓储的基本经济利益有4个：堆存（holding）、拼装（consolidation）、分类和交叉（break bulk and cross dock）、加工/延期（processing/postponement）。

1. 堆存

仓储设施最明显的功能就是用于保护货物及整齐地堆放产品。其经济利益来源于通过堆存克服商品产销在时间上的隔离（如季节生产，但需全年消费的大米），克服商品生产在地点上的隔离（如甲地生产，乙地销售），克服商品产销量的不平衡（如供过于求）等来保证商品流通过程的连续性。

2. 拼装

拼装是仓储的一项经济利益，通过这种安排，拼装仓库接收来自一系列制造工厂指定送往某一特定顾客的材料，然后把它们拼装成单一的一票装运，其好处是有可能实现最低的运费率，并减少在某一顾客的收货站台处发生拥塞，该仓库可以把从制造商到仓库的内向转移和从仓库到顾客的外向转移都拼装成更大的装运。图3-12说明了仓库的拼装流程。

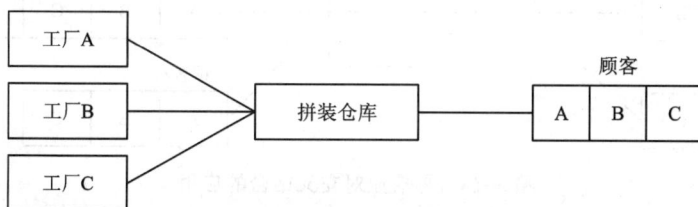

图 3-12　仓库的拼装流程

拼装的主要利益是，把几票小批量装运的物流流程结合起来联系到一个特定的市场地区。拼装仓库可以由单独一家厂商使用，也可以由几家厂商联合起来共同使用出租方式的拼装服务。通过这种拼装方案的利用，每一个单独的制造商或托运人都能够享受到物流总成本低于其各自分别直接装运的成本。

3.分类和交叉

分类的仓库作业与拼装仓库作业相反。分类作业接收来自制造商的顾客组合订货，并把它们装运到个别的顾客处去。图 3-13 说明了这种分类流程。分类仓库或分类站把组合订货分类或分割成个别的订货，并安排当地的运输部门负责递送。由于长距离运输转移的是大批量装运，所以运输成本相对比较低，进行跟踪也不太困难。

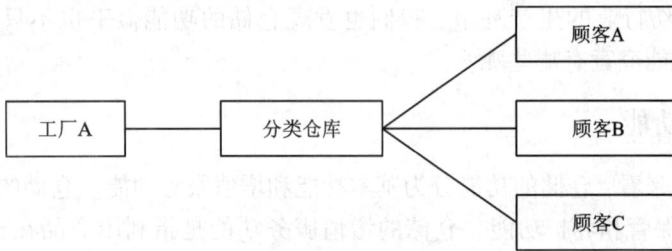

图 3-13 分类作业流程

除涉及多个制造商外，交叉站台设施具有类似的功能。零售连锁店广泛地采用交叉站台作业来补充快速转移的商店存货。图 3-14 说明的就是零售业对交叉站台的应用。在这种情况下，交叉站台先从多个制造商处运来整车的货物。收到产品后，如果有标签的，就按顾客进行分类；如果没有标签的，则按地点进行分配。然后，产品就像"交叉"一词的意思那样穿过"站台"装上指定去适当顾客处的拖车。一旦该拖车装满了来自多个制造商的组合产品后，它就被放行运往零售店去。于是，交叉站台的经济利益包括从制造商到仓库的拖车的满载运输，以及从仓库到顾客的满载运输。由于产品不需要储存，降低了在交叉站台设施处的搬运成本。此外，由于所有的车辆都进行了充分装载，因而更有效地利用了站台设施，使站台装载利用率达到最大限度。

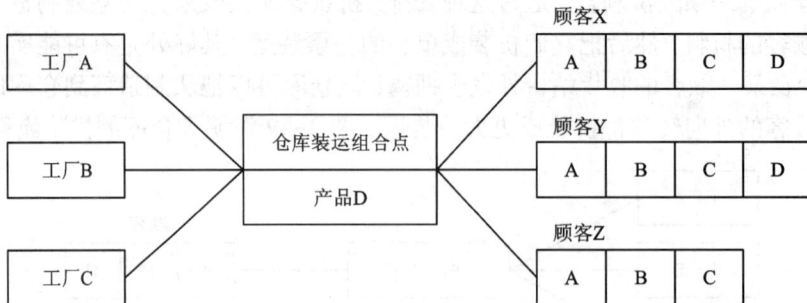

图 3-14 零售业对交叉站台的应用

4. 加工/延期

仓库还可以通过承担加工或参与少量的制造活动来延期或延迟生产。例如，戴尔笔记本电脑的网络销售就是先将电脑各个型号的部件生产好，人们通过网络根据自己的喜好配置并选择某款戴尔电脑，一般 2~14 天，这款为顾客定制的电脑就可以送货上门，这种形式是把最后的组装和加工延期到顾客下订单后再来完成。因此延迟生产意味着该产品还没有被指定用于具体的顾客，零部件配置还在制造商的工厂里；一旦接到具体的顾客订单，仓库就能够按顾客要求完成最后一道加工。

加工/延期提供了两个基本经济利益：第一，风险最小化，因为最后的加工要等到敲定具体的订单才完成，不存在产成品的滞销；第二，通过对基本产品和零部件的配置，可以降低存货水平。于是，降低风险与降低存货水平相结合，往往能够降低物流系统的总成本。

(二)服务利益

应该从整个物流系统来分析在物流系统中通过仓储获得的服务利益。例如，在一个物流系统中安排一个仓库来服务于某个特定的市场可能会增加成本，但也有可能增加市场份额、收入和毛利。

通过仓库实现的 5 个基本服务利益分别是：现场储备(spot stock)、配送分类(assortment)、组合(mixing)、生产支持(production support)以及市场形象(market presence)。

1. 现场储备

在实物配送中经常使用现场储备，尤其是那些产品品种有限或产品具有高度季节性的制造商偏好这种服务。例如，农产品供应商常常向农民提供现场储备服务，以便在销售旺季把产品堆放到最接近关键顾客的市场中去，销售季节过后，剩余的存货就被撤退到中央仓库中去。

2. 配送分类

提供配送分类服务的仓库为制造商、批发商或零售商所利用，按照对顾客订货的预期，对产品进行组合储备。配送分类仓库可以使顾客减少其必须打交道的供应商数目，改善仓储服务。此外，配送分类仓库还可以对产品进行拼装以形成更大的装运批量，并因此降低运输成本。

3. 组合

除了涉及几个不同的制造商的装运外，仓库组合类似于仓库分类过程。当制造工厂在地理上被分割开来时，通过长途运输组合，有可能降低整个运输费用和仓库需要量，在典型的组合运输条件下，从制造工厂装运整卡车的产品到批发商处，每次大批量的装运可以享受尽可能低的运输费率。一旦产品到达了组合仓库，卸下从制造工厂装运来的货物后，就可以按照每一个顾客的要求或市场需求，选择每一种产品的运输组合。

通过运输组合进行转运，在经济上通常可以得到特别运输费率的支持，即给予各种转运优惠。组合之所以被分类为服务利益，是因为存货可以按照顾客的精确分类进行储备。

4. 生产支持

生产支持仓库可以向装配工厂提供稳定的零部件和材料供给。由于较长的前置时间，或使用过程中的重大变化，所以对向外界采购的项目进行安全储备是完全必要的。对此，大多数总成本解决方案都建议，经营一个生产支持仓库，以经济而又适时的方式，向装配厂供应或"喂给"加工材料、零部件和装配件。

5. 市场形象

尽管市场形象的利益也许不像其他服务利益明显，但是它常常被营销经理看作是地方仓库的一个主要优点。市场形象因素基于这样的见解和观点，即地方仓库比起距离更远的仓库来，对顾客的需求反应更敏感，提供的递送服务也更快。因此，地方仓库会提高市场份额，并有可能增加利润。

三、储存的作用

储存对于调节生产、消费之间的矛盾，促进商品生产和物流发展都有十分重要的意义。总的来说，储存具有如下作用：

1. 时间效用

储存的目的是消除物品生产与消费在时间上的差异。生产与消费不但在距离上存在不一致性，而且在数量上、时间上存在非同步性，因此在流通过程中，产品（包括供应物流中的生产原材料）从生产领域进入消费领域之前，往往要在流通领域中停留一段时间，形成商品储存。同样，在生产过程中，原材料、燃料和工具、设备等生产资料和在制品，在进入直接生产过程之前或在两个工序之间，也有一小段停留时间，形成生产储备。这种储备保障了消费需求的及时性，而有了商品储备必然要求相应的商品保管。

2. "蓄水池"作用

仓库是物流过程中的"蓄水池"。无论生产领域还是流通领域，都离不开储存，有亿万吨的商品、物质财富，平时总是处在储存状态，保管在生产或流通各个环节的仓库里，成为大大小小的"蓄水池"，以保证生产和流通的正常运行。

3. 降低物流成本

现代物流中的仓库不仅是"储存和保管物品的场所"，还是促使物品更快、更有效地流动的场所。现代物流要求缩短进货与发货周期，物品停留在仓库的时间很短，甚至可以不停留，即"零库存"。进入仓库的货物经过分货、配货或加工后随即出库。物品在仓库中处于运动状态。这样通过储存的合理化，减少储存时间，以降低储存投入、加速资金周转、降低成本。因此，仓储是降低物流成本的重要途径。

4. 保存商品（物品）的使用价值和价值

只有进行科学保管和养护，才能使商品或产品的使用价值和价值得到完好的保存，也才能实现及时供货的意义。库存商品看上去好像是静止不变的，但实际上受内因和外因两方面的影响和作用，它每一瞬间都在运动着、变化着。但这种变化是从隐蔽到明显、从量变到质变的，所以只有经过一段时间，发展到一定程度才能被发现。库存商品的变化是有规律的。商品保管就是在认识和掌握库存商品变化规律的基础上，灵活有效地运用这些规律，采取相应的技术和组织措施，削弱和抑制外界因素的影响，最大限度地减缓库存商品的变化，以保存商品的使用价值和价值。

四、仓储的分类

仓储的本质都是为了商品的储藏和保管，但由于经营主体、仓储对象、经营方式和仓储功能的不同，因此仓储又可以分为以下几类。

(一)按仓储经营主体分类

1. 企业自营仓储

企业自营仓储包括生产企业自营仓储和流通企业自营仓储。生产企业自营仓储是指生产企业使用自有的仓库设施对生产使用的原材料、生产半成品、最终产品实施储存保管的行为。其存储的对象较为单一，以满足企业自身生产为原则。流通企业自营仓储对象较多，其目的是支持销售。近年来，京东商城、当当网、新蛋等流通企业为了提高配送质量、降低配送成本，均自建仓储中心。请参阅情境链接3-1。

企业自营仓储不开展商业性仓储经营，行为不具有独立性，仅仅为企业的产品生产或经营活动服务。相对来说仓库规模小、数量多、专业性强，而仓储专业化程度低、设施简单。

【情境链接3-1】

京东立志将自动化运营中心打造成亚洲范围内 B2C 行业内建筑规模最大、自动化程度最高的现代化运营中心。因此，京东将该项目定名为"亚洲一号"。

京东 2020 年继续在北京、上海、广州、西安、沈阳、成都、武汉等地投资新建"亚洲一号"，构建覆盖全国的自营现代化运营体系。2012 年，京东商城率先在华东区筹建第一座集商品暂存、订单处理、分拣配送功能于一体的电子商务运营中心，支撑和推动公司华东区的业务发展。

京东上海"亚洲一号"物流中心是当今中国最大、最先进的电商物流中心之一，一期定位为中件商品仓库，总建筑面积约为 10 万平方米，分为 4 个区域——立体库区、多层阁楼拣货区、生产作业区和出货分拣区。

1. 立体库区+"机器人"作业

(1)"立体库区"库高 24 米，利用自动存取系统(AS/RS 系统)，实现了自动化高密度的储存和高速的拣货能力。Autostore 物流中心采取机器人"货到人"模式，英国最大的农产品电商 Ocado 也采用了这一模式。

(2)Kiva 物流中心机器人系统，同样采取"货到人"模式，Kiva 是 2012 年亚马逊 7.75 亿美元收购的机器人仓储服务公司。

2. 多层阁楼拣货区

多层阁楼是实现仓储空间利用率最高的物流中心设计方式，但如果没有高效的系统+自动传送能力，最终会出现各种作业瓶颈，目前京东"亚洲一号"通过系统集成成功实现了两全其美，这个方面比亚马逊国外更先进。

3. 生产作业区

京东"亚洲一号"的生产作业区采用京东自主开发的任务分配系统和自动化的输送设备(即京东的玄武系统)，实现了每一个生产工位任务分配的自动化和合理化，保证了每一个生产岗位的满负荷运转，避免了任务分配不均的情况，极大地提高了劳动效率。

4. 出货分拣区

出货分拣区采用了自动化的输送系统和代表目前全球最高水平的分拣系统，分拣处理能力达 16000 件/小时，分拣准确率高达 99.99%，彻底解决了原先人工分拣效率差和分拣准确率低的问题。

不难发现，京东对仓储物流的"热衷"并不是个案。此前，马云便参股了星晨快递、百世物流，当当也宣布，早在2010年已斥资10亿元在华北、华东、华南新增三个物流基地。而京东的老对手菜鸟更是先行一步，在全国7个分公司都设有分仓和自主配送队伍。大笔的资金换成了实实在在的土地和库房，B2C电子商务公司俨然迎来了一阵"仓储热"，各地的物流竞赛正在上演。

令人好奇的是，B2C公司为何要不惜血本地大建物流？这轮竞赛背后的商业本质又是什么？降低配送成本，是电子商务自建仓储中心的原因之一。京东商城CEO刘强东认为，京东有两大重要成本，即仓储成本与配送成本。"以往我们核算数字发现，从北京发到西安的大家电，平均成本是每件400多元。但如果在西安租一个库房，每件的配送成本只有48元，能省下90%，所以我们把很多城市的大家电配送停止了。"刘强东称，家电的利润本身不高，有时配送费甚至高过产品本身的利润。

但话说回来，自建物流队伍的成本并不低。在刘强东看来，只有城市的日订单达到10万个以上，买地自建物流的投入产出才能算合理。而对于租赁库房，当地的日订单量也要达到5000个以上。如果低于5000个，将物流外包就会更加经济。

除了成本的考量，提高供应链的响应速度也是京东自建物流的出发点。刘强东不止一次地抱怨，由于订单增长太快，物流中心的处理能力根本跟不上，越来越多的消费者体验不佳，基于此项考虑，京东对物流仓储的投资周期越来越长，投资的金额越来越多，只有前瞻性的规则才能满足未来三年的发展速度。"几年前，要搬一个库房只要提前三个月租赁和装修就行。但后来建成的华东物流中心，我们花了10个月来规划、建设。另外，大量在建的'亚洲一号'项目，我们至少得花两年时间才能投入运营。"刘强东称。

刘强东甚至认为，B2C公司发展下去实际就是个物流公司，正如"当今世界上最大的物流公司是沃尔玛，而非DHL"。奔跑在通向网络沃尔玛梦想的道路上，刘强东选择了"仓库决胜"的战略方向。可以预见的是，随着规模的不断扩大，仓储物流就像B2C水桶的底座，决定了整个水桶的体积。

（资料来源：《京东自建物流的思考》）

2. 商业营业仓储

商业营业仓储是仓储经营人以其拥有的仓储设备向社会提供商业性仓储服务的仓储行为。仓储经营人与存货人通过订立仓储合同的方式建立仓储关系，并且依合同约定提供仓储服务和收取仓储费用。商业仓储的目的是在仓储活动中获得经济利益，实现经营利润最大化。商业营业仓储分为提供货物仓储服务和提供仓储场地服务两种类型。

3. 公共仓储

公共仓储是公用事业的配套服务设施，如为车站、码头提供仓储配套服务的仓储，其运作的主要目的是保证车站、码头的货物周转，具有内部服务的性质，处于从属地位。但对于存货人而言，公共仓储也适用于营业仓储关系，只是不独立订立仓储合同，而是将关系列在作业合同之中。

4. 战略储备仓储

战略储备仓储是国家根据国家安全、社会稳定的需要，对战略物资实行储备而产生的仓储。战略储备由国家政府进行控制，通过立法、行政命令的方式进行。战略储备物资存储的时间较长，以储备品的安全性为首要任务，战略储备物资主要有粮食、能源、有色金属等。

(二)按仓储对象分类

1.普通商品仓储

普通商品仓储是不需要特殊保管条件的商品仓储。例如，普通的生产物资、生活用品、工具等杂货类商品，不需要针对货物设置特殊的保管条件，采取无特殊装备的通用仓库或货物存放。

2.特殊商品仓储

特殊商品仓储是指在保管中有特殊要求和需求满足特殊条件的商品仓储，如危险品仓储、冷库仓储、粮食仓储。特殊商品仓储一般为专用仓储，按商品的物理、化学、生物特性以及法规规定进行仓储建设和实施管理。

(三)按经营方式分类

1.保管式仓储

保管式仓储又称为纯仓储，是指以保持保管物原样不变为目标的仓储。存储人将特定的商品交给保管人进行保管，到期保管人将原物交还给存货人，保管物所有权不发生变化。即保管物除了所发生的自然损耗和自然减量外，数量、质量、件数不发生变化。保管式仓储又分为仓储物独立的保管仓储和将同类仓储物混合在一起的混藏式仓储。

2.加工式仓储

加工式仓储是指保管人在仓储期间根据存货人的要求进行一定的加工的仓储方式。保管物在保管期间，保管人根据委托人的要求对保管物的外观、形状、尺寸等进行加工，使仓储物按照委托人的要求变化。

3.消费式仓储

消费式仓储是保管人接受保管物的所有权，保管人在仓储期间有权对仓储物行使所有权。在仓储期满，保管人只要将相同种类和数量的替代物交还给委托人即可。消费式仓储实现了保管期较短(如农产品)、市场供应价格变化较大的商品的长期存放。因此，能实现商品的保值和增值，是仓储经营人利用仓库开展仓储经营的重要发展方向。

(四)按仓储功能分类

1.储存仓储

储存仓储是指物资需要较长时间存放的仓储。由于物资存放时间长，因此单位时间存储费用低廉很重要。一般应该在较为偏远的地区进行储存。储存仓储的物资较为单一、品种少，但存量大、存期长。因此，要特别注意物资的质量保管。

2.物流中心仓储

物流中心仓储是以物流管理为目的的仓储活动，是为了实现有效的物流管理，对物流的流程、数量、方向进行控制的接合部，实现物流的时间价值。一般在交通较为便利、存储成本较低的经济发达地区，采取批量入库、分批出库的形式。

3.配送中心仓储

配送中心仓储是商品在配送交付消费者之前所进行的短期仓储，是商品在销售或者供生产使用前的储存。商品在该环节进行销售或者使用的前期处理，如进行拆包、分拣、组配等作业。配送中心仓储一般在商品的消费区内进行，仓储商品品种繁多、批量少，需要一定量进货、分批少量出库操作，主要目的是支持销量，应注重对商品存量的控制。

4.运输转换仓储

运输转换仓储是衔接不同运输方式的仓储活动，在不同运输方式的相接处进行，如港口、车站仓库等场所进行的仓储，是为了保证不同运输方式的高效衔接，减少运输工具的装卸和停留时间。运输转换仓储具有大进大出的特点，货物存期短，应注重货物的周转作业效率和周转率。

五、仓库的概念及功能

《中华人民共和国国家标准物流术语》(GB/T 18354—2006)对仓库的表述为：保管、存储物品的建筑物和场所的总称。

仓库是以库房、货场及其他设施、装置为劳动手段，对商品、货物、物资进行收进、整理、储存、保管和分发的场所，在工业中则是指储存各种生产需用的原材料、零部件、设备、机具和半成品、产品的场所。

(一)仓库分类

1.按仓库的用途和管理体制分类

根据仓库隶属关系的不同，可以分为以下几类：

(1)自用仓库。自用仓库就是指某个企业建立的供自己使用的仓库，即企业为了保管本公司的物品(原料、半成品、产成品)而建设的仓库，这种仓库一般由企业自己进行管理，如图3-15所示。

图3-15　自用仓库

(2)营业仓库。按照仓库业管理条例取得营业许可、保管他人物品的仓库称营业仓库。营业仓库是社会化的一种仓库，面向社会，以经营为手段，以营利为目的。与自用仓库相比，营业仓库的使用效率要高。第三方物流企业所建的仓库属于营业仓库，如图3-16所示。

图 3-16　营业仓库

(3)公用仓库。国家或公共团体为了公共利益而建设的仓库称为公共仓库，即为公共事业配套服务的仓库。这是一种专业从事仓储经营管理的、面向社会的、独立于其他企业的仓库。

2.按保管物品的种类分类

(1)专业仓库。专业仓库是用于存放一种或某一大类物品的仓库同，如药品专业仓库，如图 3-17 所示。

图 3-17　专业仓库

(2)综合仓库。综合仓库是存放多种不同属性物品的仓库，如图 3-18 所示。

图 3-18　综合仓库

3. 按保管条件分类

(1) 普通仓库。普通仓库是常温保管、自然通风、无特殊功能的仓库，可用于存放无特殊保管要求的物品。

(2) 冷藏仓库。冷藏仓库是用来储藏那些需要进行冷藏储存的货物，一般多是农副产品、特殊药品等对于存储温度有要求的物品，如图 3-19 所示。

图 3-19　冷藏仓库

(3) 保温、恒温仓库。保温、恒温仓库是能调节温度并能保持某一温度或湿度的仓库。恒温仓库和冷藏仓库一样也是用来储存对于储藏温度有要求的产品。

(4) 特种危险品仓库。特种危险品仓库是用于存放易燃、易爆、有毒、有腐蚀性或有辐射性物品的仓库。危险品由于可能对人体以及环境造成危险，因此在此类物品的储存方面一般会有特定的要求，例如许多化学用品就是危险品，它们的储存要按国家专门的条例要求进行。特种危险品仓库如图 3-20 所示。

图 3-20　特种危险品仓库

4. 按仓库的构造分类

（1）单层仓库。单层仓库又叫平仓，是最常见的也是使用最广泛的一种仓库建筑类型。这种仓库只有一层，高度不超过 6 m，因此不需要设置楼梯，造价低，适合人工操作。它的主要特点是：

①单层仓库设计简单，所需投资较少；

②由于仓库只有一层，因此在仓库内搬运、装卸货物比较方便；

③各种附属设备（例如通风设备、供水、供电等）的安装，使用和维护都比较方便；

④由于只有一层，仓库全部的地面承压能力都比较强。

（2）多层仓库。有单层仓库，必然对应地有多层仓库。多层仓库一般占地面积较小，它一般建在人口稠密、土地使用价格较高的地区。由于是多层结构，因此一般是使用垂直输送设备来搬运货物。总结起来，多层仓库有以下几个特点：

①多层仓库可适用于各种不同的使用要求，例如可以将办公室和库房分为两层，在整个仓库布局方面比较灵活；

②分层结构将库房和其他部门自然地进行隔离，有利于库房的安全和防火要求；

③多层仓库作业需要的垂直运输重物技术已经日趋成熟；

④多层仓库一般建在靠近市区的地方，因为它占地面积较小，建筑成本可以控制在有效范围内。所以，多层仓库一般用来储存城市日常用的高附加值的小型商品。使用多层仓库存在的问题在于建筑和使用中的维护费用较大，一般商品的存放成本较高。

（3）立体仓库。立体仓库又被称为高架仓库，一般高度在 12 m 以上。它也是一种单层仓库，但同一般的单层仓库的不同之处在于它利用高层货架来储存货物，而不是简单地将货物堆积在库房地面上。在立体仓库中，由于货架一般比较高，所以货物的存取需要采用与之配套的机械化、自动化设备，一般在存取设备自动化程度较高时也将这样的仓库称为自动化仓库。

（4）简仓。简仓就是用于存放散装的小颗粒或粉末状货物的封闭式仓库，经常用于存储粮食、水泥和化肥等。这种仓库一般被置于高架上，如图 3-21 所示。

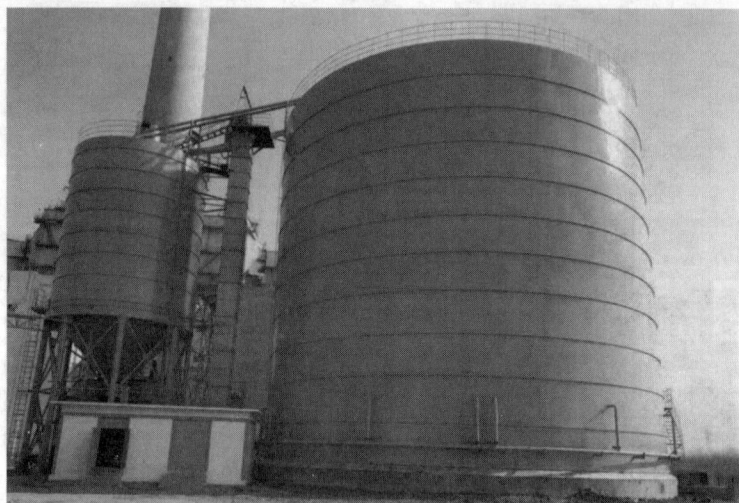

图 3-21　简仓

（5）罐式仓库。罐式仓库主要储存石油、天然气和液体化工产品等，如图 3-22 所示。

图 3-22　罐式仓库

（6）露天堆场。露天堆场是用于在露天堆放货物的场所，一般堆放大宗原材料，或者不怕受潮的货物。

（二）仓库设施

不同功能的仓库需要配备不同的与其功能相适应的设备和设施，此处所述的是一般应具备的基本设施。

1. 计量装置

仓库中使用的计量装置种类很多，主要有：

（1）重量计量设备，如各种磅秤、电子秤等；

（2）流体容积计量设备，如流量计量仪、液面液位计量仪；

（3）长度计量设备，如检尺器、自动长度计量仪等；

（4）个数计量装置，如自动计数器及自动计数显示装置等；

（5）还有综合的多功能计量设备和计量装置等。常用的有如下几种：

①轨道衡。轨道衡是对地面车辆、铁道车辆载货计重的衡器，常用的有机械式及电子式两类。

②电子秤。电子秤是电子衡器之一，按用途不同有吊秤、配料秤、皮带秤、台秤等。在物流领域中，配合起重机具在起吊货物时同时计重的吊钩秤使用较多，在工厂物流中，配料秤使用较多。

③核探测仪(核子秤)。核探测仪(核子秤)是利用核辐射的射线对物料进行探测，电离室将透过的射线转换为电信号，由微机进行处理，可以显示、打印，用以计量重量及容积的装置。

④出库数量显示装置。出库数量显示装置是一种计数的计量装置，安装于多品种、少批量、多批次的拣选式货架上。每当取出一件货，相应的显示装置上就显示出数量指示，可观察显示装置确认拣选数量、库存数量，如果和电子计算机联机，则可由计算机立即汇总、记录。用这种装置可以防止计数的混乱及差错，所以应用很广泛。

2. 货架

货架是仓库中常用的装置，是专门用于放置成件物品的保管设备。货架是仓库面积的扩大和延伸，与货物直接置于地面存放相比，货架可以成倍或几十倍扩大实际的储存面积。因此，在仓库中采用货架这种设施，可提高仓库能力。货架主要有以下类型：

（1）固定式货架。

①通用货架：层架、层格架、抽屉架等；

②专用货架：悬臂架、栅型架、格架等；

③双层棚架：可分为立柱支撑和料架支撑；

④高层货架：可分为整体式和分立式。

（2）移动式货架。

①水平直线式移动货架；

②水平旋转式移动货架；

③垂直旋转式移动货架。

3. 货棚

《中华人民共和国国家标准物流术语》(GB/T 18354—2006)对货棚的定义是：供存储某些物品的简单建筑物，一般没有或者只有部分围墙。

货棚是一种半封闭式的建筑或装置。其造价低、建造方便、建造速度快，适于某些对环境条件要求不高的物资的存放或适于一些物资的临时存放。

货棚按其结构特点和工作方式，主要有以下两类：

（1）固定式货棚。固定式货棚即将货棚建造成不可移动的半永久性建筑，立柱、棚顶都是不可移动的，进出货从货棚侧部进行。

（2）活动货棚。活动货棚没有固定的基础和立柱，棚顶及围护结构组成一个圆弧形或Ⅱ字形的整体，围护结构安装滚动或滑动装置，可沿轨道或按一定线路运动。一定尺寸的货棚成为一节使用时，许多节货棚互相搭接在一起。装货、取货时，只需将货棚移开，就能方便地作业。作业时可用机械进行货物垂直移动，所以，活动货棚之间的通道可以较窄，料场利用率较高。

4.线路和站台

货场内的线路、站台是仓库进发货的必经之路，也是仓库运行的基本保证条件。

(1)线路。线路要能满足进出货运量的要求，不造成拥挤阻塞。线路形式主要有两种：

①铁道专用线。铁道专用线简称专用线，与铁路网相接并直接连接仓库。

②汽车线。和公路干线相接的汽车线路，可以伸入仓库内部甚至库房中。

(2)站台。站台是线路与仓库之间用于进出车辆、装卸货物的衔接设施。货运站台主要有两种形式：

①高站台：站台面与车辆内底板等高，便于人工装卸；

②低站台：站台面低于车辆内底板，便于散货卸车。

5.储存容器

(1)贮仓。贮仓又称料仓，是专门用于存放粉状、颗粒状、块状等散状非包装物品的刚性容器。它是一种密存形贮存设施，全部仓容都可用于储存物资。由于采用全封闭结构，贮仓的防护、保护效果非常好。粮食、水泥、化肥等常采用这种贮存设施。

(2)贮罐。贮罐是专门用于存放液体、气体物品的刚性容器。这里所说的贮罐也是一种密存形贮存设施，全部仓容都可用于贮存，贮罐大多采用全封闭结构，隔绝效果及防护效果都很好。贮罐用于贮存油料、液体化工材料、煤气等。

第二节　仓储作业流程

仓储作业流程是指从商品入库到商品发送的整个仓储作业过程，主要包括商品的入库、在库和出库的管理。货物在经过接运提货、装卸搬运、运输、检查验收后，办理入库。在进入仓库后要注意货位规划、入库记录等问题，还要注意商品的养护和盘点。当货主领取商品的时候要注意核实仓单，并做好出库工作。

一、仓储入库管理

仓储入库管理是指对货物进入仓库储存时所进行的卸货、搬运、数量清点、质量检查、装箱、整理、堆码和办理入库手续等一系列活动的计划、组织、指挥、协调和控制过程，主要包括货物入库前的准备、货物接运、货物验收和入库四个步骤。

(一)入库前的准备

商品入库前的具体准备工作，一般包括加强日常业务联系，妥善安排仓容，组织人力，准备验收和装卸搬运的机器，准备苫垫、劳保用品五个方面。

(二)货物接运

货物接运的主要任务是向托运人或者承运人办理业务交接手续，及时将货物安全接运回库。据货物发运时采取的运输方式不同，接运方式分为库内接货、铁路专用线接车、承运单位提货、上门接货四种。

(三)货物验收

货物验收是保证入库物资数量准确无误、质量规格符合要求的关键作业环节,应遵循认真、准确、及时、经济的原则。货物验收的依据主要是货主的入库通知单、货物调拨通知单、订货合同或采购计划,在这些文件中,最常见的是货主的入库通知单。

货物验收的作业程序一般为:验收准备、核对凭证、实物检验、填写验收报告、处理验收问题。

1.验收准备

做好验收准备工作是保证货物迅速、准确验收入库的重要环节,也是防止出现差错、缩短验收入库时间的有效措施。验收准备工作主要包括人员准备、资料准备、机械设备及计量检验器具准备、货位准备、苫垫用品准备等。

2.核对凭证

在进行实物检验以前,收货人员应先检查货物的入库凭证,并把货物的入库凭证与收货员所拥有的相应单据进行核对,以确认凭证的真实性、准确性、完整性和合法性。在一般情况下,入库货物都应具备下列凭证:①入库通知单和订货合同副本,这是仓库接收货物的凭证;②供应商提供的产品材质证明书、装箱单、磅码单、发货明细表等;③承运人提供的运单。

3.实物检验

实物检验是根据入库单和有关技术资料对实物进行数量、质量以及包装等的检验。其内容主要包括数量检验、质量检验以及包装检验三个方面。

(1)数量检验。数量检验的形式主要有计件、检斤、检尺求积三种。计件是指对按件数供货或以件数为计量单位的商品,在做数量验收时的清点件数;检斤是指对按重量供货或以重量为计量单位的商品,在做数量验收时的称重;检尺求积是指对以体积为计量单位的商品,先检尺,后求体积。

(2)质量检验。质量检验是检查制造商和供应商所提供的商品质量是否合格、完好,它与入库商品的抽检(抽样检验)是紧密结合、同时进行的。质量检验的方法有感官检验法和仪器检验法(又称理化检验法)两种。

感官检验法是借助人的感觉器官(即视觉、听觉、味觉、嗅觉、触觉等)来检验商品质量的一种方法,主要检验气味、弹性、硬度、光滑度等。感官检验法具有以下优点:方法简单、快速易行,不需要专门的仪器设备和特定场所,一般不损坏商品实体,成本低廉。感官检验法是现在较常用的检验方法。但是感官检验法不能检验商品的内在质量,结果不能用数字而只能用比较性或定性词语表示,结果容易受到检验人的主观因素,如知识、经验、审美观和感官灵敏度等的影响。

为弥补感官检验的不足,验收人员应根据实际情况采用仪器检验法对商品进行检验。仪器检验法是借助各种仪器、设备、试剂,通过物理或化学作用来测定和分析商品质量的各种方法,如热学法、电学法等。仪器检验法具有检验结果精确、可用数字表示,检验结果客观、不受检验者主观意志的影响,能深入分析商品的内在质量等优点。但是需要专门的设备和场所,往往需要破坏一定数量的商品,消耗一定数量的试剂,费用较高,检验时间较长。在实际操作中,仪器检验作为感官检验的补充手段,一般在感官检验之后进行。

(3)包装检验。包装与货物安全运输和储存关系甚大,是验收中必须检查的一项内容。

凡业务单位对货物包装有具体规定(如对木箱、铁皮、纸箱、麻袋、草包、筐等质量有具体要求)的,都要按规定进行验收。对入库货物包装的外观检查,通常包括查看选用的材料、规格、制作工艺、打包方式,有无水湿、油污、破损等情况。

仓库开箱拆包验收的货物,一般应由三人以上在场同时操作,以明责任。验收后在箱件上应该印贴已验收的标志,由开验人注明日期,签章负责。对于查明不宜续用的包装,经过更换包装后,应重新填写货物装箱单。

4. 填写验收报告

检验人员应该把验收情况做详细的记录,并让相关人员签字确认,以此作为划分责任的依据。

5. 处理验收问题

验收中可能出现许多问题,检验人员应根据实际情况进行迅速处理。一般常见的问题及处理方法如下:

(1)数量不符或规格不符。经开箱,拆包核点商品细数时,发现数量或规格不符,应立即和送货单位联系,进行补送、取回或调换。

(2)包装不符。对于包装破损不牢固的情况,若破损轻微或少量,检验人员可会同送货人对残损包装内的货物进行细数清点,如果发现数量缺少,应及时请送货单位处理;若数量准确,可自行加固整修;若严重破损或不符合存货单位对包装质量的要求,可以拒收。对于包装潮湿的情况,若潮湿轻微或少量,应予以剔除,或摊开晾干后入库堆码;若潮湿严重,应与送货单位联系调换;如果数量过多,可以拒收。

(3)质量有异状。如果质量有轻微异状,供货单位又同意承担责任,可先收货,但要把异状情况详细记载在入库凭证上;如果质量异状严重但数量较少,应将其剔出,向送货单位进行调换,若数量较多,应当拒收。

(4)单据不齐或单货不符。对货到而单据未到齐的商品或单货不符的商品,要一边接收商品单独存放、妥善保管,一边及时和有关部门联系进行处理。

(四)入库

入库包括两个步骤,具体如下:

(1)办理商品入库手续。货物入库应由仓库保管员填写入库通知单后完成立卡、登账和建档三个步骤。

(2)签发凭证。

二、仓储在库管理

货物经过验收入库后,便进入储存保管阶段,它是仓储业务的重要环节。通过商品的在库科学管理,保持商品的原有使用价值。其主要内容包括库区、库容的合理规划,进行分区分类保管和货位合理布局、货位编号,货物堆码和苫垫,货物保管维护,货物的盘点、检查和保管损耗控制等。

(一)货位规划

根据商品分区分类确定保管方案,对各库房、货场进行合理布局,规划和确定库房和货场的货位摆放形式。

库房的货位布局主要有以下三种形式。

（1）横列式。横列式是指货位、货架或货垛与库房的宽向平行排列布置。其特点是货垛整齐美观、存取查点方便、通风采光良好，但仓容利用率较低。

（2）纵列式。纵列式是指货位、货架或货垛与库房的宽向垂直排列布置。其特点是仓容利用率较高，主干道货位利于存放周转期短的物品，支干道货位利于存放周转期长的物品，但不利于通风采光及机械化作业。

（3）混合式。混合式是指横列式和纵列式在同一库房内混合布置的货位或货架的一种形式。其兼有上述两种方式的特点，混合式是最常见的一种方式。

露天货场货位的布置形式一般多采取与货场的主作业通道成垂直方向排列，以便于装卸和搬运。货位布置既要考虑操作的需要，又要考虑商品的安全。要留出一定的作业通道、垛距、墙距等，要合理、充分利用库房面积，尽量提高仓库、货场的利用率。

货位布局除了考虑平面布局外，还应考虑空间布局，如就地堆码与架上平台共用、货架存放、空中悬挂等，有效地利用空间，降低仓储成本。

（二）商品存放的分区分类

商品存放的分区分类是对储存商品在性能一致、养护措施一致、消防方法一致的前提下，把库房货棚、货场划分为若干保管区域，根据货物大类和性能等划分为若干类别，以便分类集中保管。在不同类型的仓库中，分区分类方法各不相同，大致有以下四种分法：

（1）按商品种类和性质进行分区分类；

（2）按商品流转方向或发往地区进行分区分类；

（3）按不同货主的商品经营分工进行分区分类；

（4）按商品的危险性质进行分区分类。

（三）货物的堆码与苫垫

1.货物的堆码

堆码就是根据商品的包装形状、重量和性能特点，结合地面负荷和储存时间将商品分别堆垛、码放成各种垛形。

堆码应满足合理、牢固、定量、整齐和节约五个基本要求。库内物品堆码要留出适当的距离，俗称"五距"：顶距，平顶楼库顶距为 50 cm 以上，人字形屋顶以不超过横梁为准；灯距，照明灯要安装防爆灯，灯头与物品的平行距离不少于 50 cm；墙距，外墙 50 cm，内墙 30 cm；柱距，一般留 10~20 cm；垛距，通常留 10 cm。对易燃物品还应该留出适当的防火距离。

根据商品的基本性能和外形的不同，堆垛形式可以分为重叠式、纵横交错式、仰俯相间式、压缝式、通风式、栽柱式、梅花形和衬垫式等。

（1）重叠式。重叠式也称直堆法，是逐件、逐层向上重叠堆码，一件压一件的堆码方式，如图 3-23 所示。为了保证货垛稳定性，在一定层数后改变方向继续向上，或者长宽各减少件继续向上堆放。该方法方便作业、计数，但稳定性较差。适用于袋装、箱装、箩筐装商品，以及平板、片式商品等。

（2）纵横交错式。这种形式是将长短一

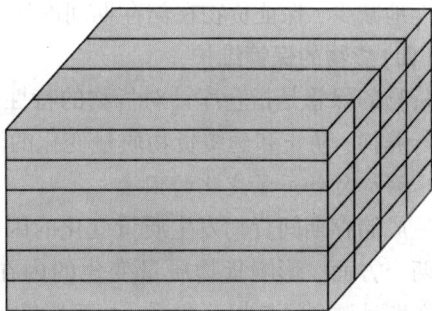

图 3-23 重叠式堆码

致、宽度排列能与长度相等的商品,一层横放,一层竖放,纵横交错堆码,形成方形垛,如图 3-24 所示。这种垛形也是机械码垛的主要垛形之一。纵横交错式堆码适合长短一致的长条形货物,如小型方钢、钢锭、长短一致的管材、棒材、狭长的箱装材料等。

(3)仰俯相间式。对上下两面有大小差别或凹凸的商品,如槽钢、钢轨等,将商品仰放一层,再反面俯放一层,仰俯相向相扣。该垛极为稳定,但操作不便。

(4)压缝式。将底层并排摆放,上层放在下层的两件商品之间,如图 3-25 所示。

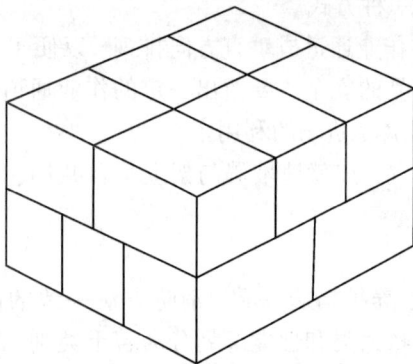

图 3-24　纵横交错式堆码

图 3-25　压缝式堆码

(5)通风式。商品在堆码时,任意两件相邻的商品之间都留有空隙,以便通风。层与层之间采用压缝式或者纵横交错式。通风式堆码可以用于所有箱装、桶装及裸装商品的堆码,起到通风防潮、散湿散热的作用。

(6)栽柱式。码放商品前先在堆垛两侧栽上木桩或者铁棒,然后将商品平码在桩柱之间,几层后用铁丝将相对两边的柱拴连,再往上摆放商品。此法适用于棒材、管材等长条状商品。

(7)衬垫式。码垛时,隔层或隔几层铺放衬垫物,衬垫物平整牢靠后,再往上码,适用于不规则且较重的商品,如无包装电机、水泵等。

2.货物的苫垫

货物在堆码时,为了避免货物受到日光、雨水、冰雪、潮气等损害,应该对成垛的货物进行上苫下垫。下垫即垫底、垫垛,是指在货物码垛前,按照垛形的大小和重量,在货垛底部放置铺垫材料,避免潮气侵入货物而使货物受损。上苫是指采用专门的苫盖材料对货垛进行遮盖,以减少自然环境对货物的侵蚀、损害,并使货物由于自身理化性质所造成的自然损耗尽可能地减少,保证货物在储存期间的质量。

(四) 货物的保管维护

货物的保管是指仓库针对货物的特性,结合仓库的具体条件,采取各种科学的方法对货物进行养护,防止和延缓货物质量变化的活动。

1.影响货物质量变化的因素

造成储存期间货物发生质量变化的因素,一般包括影响货物质量变化的内在因素和外在因素两个方面。影响货物质量变化的内在因素主要包括货物的物理性质、化学性质、结构等,这些因素之间是相互联系、相互影响的统一整体。影响货物质量变化的外在因素主要包括空气中的氧气、日光、温度、湿度、微生物和昆虫、卫生条件、有害气体等。

2. 货物保管的手段

常见仓库货物保管的手段有通风、密封和吸潮等。

(1)通风。通风就是利用库内外空气温度的不同而形成的气压差,使库内外空气形成对流,以达到调节库内温湿度的目的。当库内外温度差距越大时,空气流动就越快,但风力不能超过 5 级,否则将因灰尘较多造成货物受损。正确地进行通风,不仅可以调节与改善库内的温湿度,还能及时地散发货物及包装的多余水分。

(2)密封。仓库密封就是把整库、整垛或整件货物尽可能地密封起来,减少外界不良气候条件对其产生的影响,以达到商品安全储存的目的。密封能保持库内温湿度处于相对稳定的状态,达到防潮、防热、防干裂、防冻、防溶化的目的,还可收到防霉、防火、防锈蚀、防老化等各方面的效果。

(3)吸潮。吸潮是与密封配合,用以降低库内空气湿度的一种有效的方法。在梅雨季节或阴雨天,当库内湿度过大,又无适当通风时机的时候,在密封库里常采用吸潮的办法,以降低库内的湿度,常采用吸潮剂或去湿机吸潮。

(五)货物的在库盘点

所谓盘点,是指定期或临时对库存商品的实际数量进行清查清点的作业,对仓库现有物品的实际数量与保管账上记录的数量相核对,以便准确地掌握库存数量。

货物盘点是保证储存商品达到账、货、卡相符的重要措施之一。只有使库存商品经常保持数量准确和质量完好,仓储部门才能更有效地为生产、流通提供可靠的供货保证。因此,在存货管理方面必须十分重视盘点工作。

盘点的内容一般有以下四个方面。

(1)数量盘点。查明库存的实际数量是盘点的主要内容。

(2)质量盘点。主要是检查在库产品是否超过有效期和保质期,必要时要对产品进行技术检查。

(3)货与账核对。根据盘点商品的实际数量,逐笔核对商品保管账上所列的结存数字。

(4)账与账核对。仓库保管账应定期与货主的商品账核对,必要时应随时核对。

在盘点对账中如发现问题,要做好记录,并逐一进行分析,及时与存货人联系,找出原因,协商对策,并纠正账目中的错误;对霉烂、变质、残损货物,应采取积极挽救措施,尽量减少损失。

(六)货物检查

为了掌握货物在储存期间的变化情况、掌握库存动态、及时发现和解决保管中的问题,必须对库存货物进行保管期间的检查。货物检查的内容包括查质量、查数量、查设备器具和查安全四项。货物检查的方法包括日常检查、定期检查和临时检查三种。

(七)货物的保管损耗控制

货物保管期间会因货物的自然损耗、人为因素或自然灾害等造成的损耗和运输损耗与磅差等原因造成不同程度的货物损耗,这些损耗有的是可以避免的,有的则难以避免。一般采用货物保管损耗率来表示。

三、货物出库管理

货物出库管理是指仓库管理员根据提货清单,在保证货物原来的质量和价值的情况下,组织商品出库的一系列工作。物资出库作业的开始,标志着物资保管养护业务的结束。物资出库管理包括两个方面的工作:一是提货单位凭规定的提货凭证,如领料单、提货单、调拨单等领取货物,并且所领货物的品种、规格、型号、数量等项目及提取货物的方式等必须书写清楚、准确;二是仓库方面,必须核查提货凭证的正误,按所列货物的品种、规格、型号、数量等项目组织备料,并保证把货物及时、准确、完好地发放出去。

(一)货物出库的基本要求

货物出库的基本要求是做到"三不、三核、五检查"。"三不",即未接单据不登账,未经审单不备货,未经复核不出库;"三核",即在发货时,要核实凭证、核对账卡、核对实物;"五检查",即对单据和实物进行品名检查、规格检查、包装检查、件数检查、重量检查。具体来说,货物出库要求严格执行各项规章制度,提高服务质量,使用户满意,包括对品种规格要求,积极与货主联系业务,为用户提货创造各种方便条件,杜绝差错事故。

(二)货物出库的一般程序

货物出库的一般程序包括催提、出库前的准备、核对出库凭证、备料、复核、出库交接、销账存档等。

1. 催提

催提是直接向已知的提货人发出提货通知,当不知道确切提货人时,可以向存货人催提,对于将要到期的仓储物,要做好催提工作,以免接受了新的委托,但因没有仓容而不能接受仓储物。到期催提应在到期日的前一段时间进行,在合同约定期通知,如原合同订有续期条款的,在续期日前通知,合同没有约定通知期的,仓库应在合理的提前时间内催提,以便提货人有足够的时间准备。

2. 出库前的准备

首先要计划好工作。根据需货方提出的出库计划或要求,事先做好物资出库的安排,包括货场货位、机械搬运设备、工具和作业人员等的计划、组织。

3. 核对出库凭证

货物出库凭证,无论是领(发)料单或调拨单,均应由主管分配的业务部门签章。审核商品出库凭证,主要是按提货单所写的入库凭证号码,核对好储存凭证,以储存凭证上所列的货位、货号寻找该批货物。

4. 备料

仓库接到提货通知时,应及时进行备货工作,以保证提货人可以按时完整地提取货物。备货时要认真核对货物资料,核实货物,避免出错。在部分货物出库时,应按照先进先出、易坏先出、不利保管先出的原则,安排出货。对损害的货物应动员提货人先行提货,然后根据与提货人达成的协商安排出货,没有协商安排的,暂不出货。

要做好出库物资的包装和涂写标志工作。属于要出库的商品,应按照要求进行包装,包装要符合运输部门的规定及适合商品的特点、大小、形状,结实牢固,便于搬运装卸。

对原包装不适应运输要求的,仓库应事先进行整理、加固或改换包装,对经常需要拆件发零的货物,应事先备好一定数量和不同品种的物品,货物发出后要及时补充,避免临时再拆整取零,延缓发货,拼箱物品一般事先要做好挑选、分类、整理等准备工作。有装箱、拼箱、改装等业务的仓库,在发货前应根据物品的性质和运输部门的要求,刷写包装标志、标签、注意事项等。

5.复核

货物备好后，为了避免和防止备料过程中可能出现的差错，应再做一次全面的复核查对。例如，复核是否便于装卸搬运作业；怕震怕潮等物资，衬垫是否稳妥，密封是否严密；收货人、到站、箱号、危险品或防震防潮等标志是否正确、明显；每件包装是否有装箱单，装箱单上所列各项目是否和实物、凭证等相符合。

6.出库交接

出库货物经过全面复核查对无误之后，即可办理清点交接手续。如果是用户自提方式，就将物资和证件向提货人当面点清，办理交接手续。运输人员根据货物的性质、重量、包装、收货人地址和其他情况选择运输方式后，应将箱件清点，做好标记，整理好发货凭证、装箱单等运输资料，向承运单位办理委托代运手续。对于超高、超长、超宽和超重的物资，必须在委托前说明，以便承运部门计划安排。

7.销账存档

货物点交清楚，出库发运以后，该货物的仓库保管业务即告结束，物资仓库保管人员应做好清理工作，及时准确地反映货物的进出、存取的动态。

(三)货物出库的形式

货物出库的形式包括送货、自提、过户、取样和转仓五种，其中送货和自提是最基本的形式。

1.送货

仓库根据货主单位预先送来的"货物调拨通知单"，通过发货作业，把应发货物交由运输部门送达收货单位，这种发货形式就是通常所说的送货。送货具有"预先付货、按车排货、发货等车"的特点。仓库实行送货具有多方面的好处：仓库可以预先安排作业，缩短发货时间；收货单位可以避免因人力、车辆等不便而发生的取货困难；在运输上，可以合理使用运输工具，减少运费。仓储部门实行送货业务，应考虑到货主单位不同的经营方式和供应地区的远近，既可向外地送货，也可向本地送货。

2.自提

由收货人或其代理持"货物调拨通知单"直接到库提取，仓库凭单发货，这种发货形式就是仓库通常所说的提货。它具有"提单到库，随到随发，自提自运"的特点。为划清交接责任，仓库发货人与提货人在仓库现场，对出库商品须当面交接清楚并办理签收手续。

3.过户

过户是一种就地划拨的形式，货物虽未出库，但是所有权已从原存货户转移到新存货户。仓库必须根据原存货单位开出的正式过户凭证，才能办理过户手续。

4.取样

货主单位出于对货物质量检验、样品陈列等需要，到仓库提取货样。仓库也必须根据正式取样凭证才予发给样品，并做好账务记载。

5.转仓

货主单位为了业务方便或改变储存条件，需要将某批库存商品自甲库转移到乙库，这就是转仓的发货形式。仓库必须根据货主单位开出的正式转仓单，才予以办理转仓手续。

第三节　库存管理

根据《物流术语》(GB/T 18354—2006)，库存(inventory)是指处于储存状态的物品。通俗地说，库存是指企业在生产经营过程中为现在和将来的耗用或者销售而储备的资源。广义的库存还包括处于制造加工状态和运输状态的物品。

一、库存的作用与弊端

(一)库存的作用

库存的作用主要体现在以下几个方面。

1. 维持销售商品的稳定

销售预测型企业对最终销售商品必须保持一定数量的库存，其目的是应付市场的销售变化。这种方式下，企业并不预先知道市场真正需要什么，只是按对市场需求的预测进行生产或采购，因而产生一定数量的库存是必需的。

2. 维持生产的稳定

企业按销售订单与销售预测安排生产计划，并制订采购计划，下达采购订单。由于采购的物品需要一定的提前期，这个提前期是根据统计数据或者是在供应商生产稳定的前提下制订的，会存在一定的风险，有可能会拖后而延迟交货，最终影响企业的正常生产，造成生产的不稳定。为了降低这种风险，企业就会增加材料的库存量。

3. 平衡企业物流

在企业的采购、供应、生产和销售各物流环节中，库存起着重要的平衡作用。

4. 平衡企业流动资金的占用

库存的材料、在制品及成品是企业流动资金的主要占用部分，因而控制库存量实际上也是进行流动资金的平衡。例如，加大订购批量会降低企业的订购费用，保持一定量的在制品库存与材料会节省生产交换次数，提高工作效率，但这两方面都要寻找最佳控制点。

(二)库存的弊端

库存的作用都是相对的，也就是说，无论原材料、在制品还是成品，企业都在想方设法降低其库存量。库存的弊端主要表现在以下几个方面。

(1)占用企业大量资金。通常情况下，库存占企业总资产的比重大约为20%～40%，库存管理不当会形成大量资金的积压。

(2)增加企业的商品成本与管理成本。库存材料的成本增加直接增加了商品成本，而相关库存设备、管理人员的增加也加大了企业的管理成本。

(3)掩盖企业众多管理问题，如计划不周、采购不力、生产不均衡、商品质量不稳定、市场销售不力及工人不熟练等情况。

二、库存控制的重要性

(一)库存控制是物流管理的核心内容

库存管理之所以重要，首先在于库存领域存在着降低成本的广阔空间，对于中国的大多数企业而言尤其如此。所以对于我国的企业来说，物流管理的首要任务是通过物流活动的合理化降低物流成本。例如：通过改善采购方式和库存控制方法，降低采购费用和保管费用，减少库存占用资金情况；通过合理组织库存内作业活动，提高搬运装卸效率，减少保管装卸费用支出等。

(二)库存控制是提高顾客服务水平的需要

在激烈的市场竞争中，不仅要有提供优质商品的能力，而且还要有提供优质物流服务的能力。再好的商品如果不能及时供应到顾客手中，同样会降低商品的竞争能力。要保证用户订购时不发生缺货，并不是一件容易的事情。虽然加大库存可以起到提高顾客服务率的作用，但是，加大库存不仅要占用大量资金，而且要占用较大的储存空间，会带来成本支出的上升。如果企业的行为不考虑成本支出，则是毫无意义的，对经营本身并不会起到支持作用，在过高成本下维持的高水平服务也不会长久。因此，必须通过有效的库存控制，在满足物流服务需求的情况下，保持适当的库存量。

(三)库存控制是回避风险的需要

随着科学技术的发展，新商品不断出现，商品的更新换代速度加快。如果库存过多，就会因新商品的出现使其价值缩水，严重的情况可能是商品一文不值。从另一个角度看，消费者的需求在朝着个性化、多样化方向发展，对商品的挑剔程度在增加，从而导致商品的花色品种越来越多，这给库存管理带来一定难度，也使库存的风险加大。一旦消费者的需求发生变化，过多的库存就会成为陷入经营困境的直接原因。因此，在多品种、小批量的商品流通时代，更需要运用现代库存管理技术科学地管理库存。

三、库存控制的任务

对于任何一个企业来说，无论库存过高或过低，都会给企业的生产或经营带来麻烦，因此，库存控制的任务如下：

(一)最低的费用

用最低的费用在适宜的时间和适宜的地点获得适当数量的原材料、消耗品、半成品和最终商品，即保持库存量与订购次数的均衡，通过维持适当的库存量，使企业资金得到合理的利用，从而实现营利目标。

(二)减少不良库存

在人多数企业中，库存占企业总资产的比例都非常高，许多企业都存在库存过剩、库存闲置、积压商品、报废商品、呆滞品等不良库存问题。这是人们只重视库存保障供应的任务，忽视库存过高所产生的不良影响。

1. 库存过高的不良影响

(1)使企业资本固化。库存过高将使大量的资本被冻结在库存上，当库存停滞不动时，周转的资金越来越短缺，会使企业利息支出相对增加。

(2)加剧库存损耗。库存过高的必然结果是使库存的储存期增长，库存发生损失和损耗的可能性增加。

(3)增加管理费用。企业在维持高库存、防止库存损耗、处理不良库存方面的费用将大幅度增加。

2. 不良库存产生的原因

（1）计划不周。计划不周或制订计划的方法不当，就会出现计划与实际的偏差，使计划大于实际，从而导致剩余库存。

（2）生产计划变更。企业生产计划的变更会带来一定数量的原材料或产成品的过剩，如果不及时进行调整，就会转变为不良库存。

（3）销售预测失误。销售部门对客户可能发生的订单数量估计错误，也将使采购、生产等部门的采购计划和生产计划与实际需求产生偏差，进而出现库存剩余的情况。

四、影响库存水平的因素

影响库存水平的因素可谓众多，我们可以利用因果分析，从经营、生产、运输、销售和订购周期五个方面对库存水平进行分析。

1. 从经营方面看

经营的目标满足客户服务的要求，因而必须保持一定的预备库存。但要实现利润最大化，就必须降低订购成本，也要降低生产准备成本，更要降低库存持有成本，因而库存量水平的高低需要在这些因素中进行权衡。

2. 从生产方面看

商品特性、生产流程和周期以及生产模式都将在许多方面对库存产生影响。例如：季节性消费的商品——圣诞传统礼品、饰品等，就不能够完全等到节日到来之时才突击生产，通常都按订单提前进行均衡生产，这样就必然在一定时期内形成大量库存。

3. 从运输方面看

在运输问题上，运输费用、运输方法、运输途径对库存水平的影响都很大，运输效益与库存效益之间存在极强的二律背反关系。

4. 从销售方面看

销售渠道对库存的影响也是显著的，环节越多库存总水平就会越高，减少流通环节就能减少流通过程中的库存。客户服务水平与库存之间存在极强的二律背反关系，高的客户服务水平通常需要高库存来维持，但是库存管理成本不能超过由此带来的库存成本节约。客户订购的稳定性对销售库存有一定影响，可以通过加强客户关系维护与管理，提高销售预测的精确度来纠正可能或已经发生的偏差。

5. 从订购周期看

订购周期是指从确定对某种商品有需求到需求被满足之间的时间间隔，也称为提前期。其中包括了订单传输时间、订单处理和配货时间、额外补充存货时间以及采购装运交付运输时间四个变量。这些因素都在一定程度上对库存水平造成影响。

五、合理库存量的确定

库存管理者的责任就是测量特定地点现有库存的单位数和跟踪基本库存数量的增减。这种测量和跟踪可以手工完成，也可以通过计算机技术完成。其主要的区别是速度、精确性和成本。这个测量和跟踪的过程主要包括确定库存需求、补充订购、入库和出库管理等方面。其中库存需求量的确定需要在需求识别和需求预测的基础上进行。

企业确定库存量的依据很多，其中采用经济订购批量是最普遍的做法。但由于持有库存的目的是为了满足客户的服务需求，所以，库存量与服务水平的平衡是在经济订购批量条件下最突出的问题。企业的年销售目标(计划)、商品月需求量的变动、毛利率与周转率的关系等也都是库存量决策的参考。不过,实际情况可能会更加复杂。例如:一些流行商品的库存决策完全不容进行太多的分析,还有许多企业在库存商品上可使用的资金非常有限。对于库存的数量应该保有多少是最佳的状态,要根据整个运作成本来确定。配送中心从补货到入库再到库存管理,直至能否满足顾客的要求,都涉及一定的成本。对于任何一个企业来讲,追求的目标都是利益最大化,因此进行库存量控制的标准是整个供应到销售的过程中总成本最低。

(一)库存量的影响因素

1.库存量与服务水平的平衡

对于大多数企业来讲,如果要增加销售额,就必须满足客户的需求,就需要增加商品库存。但是在增加库存的拥有量(拥有额)的同时,营业利润会下降。商品处于库存形态时相当于流动资金被冻结,无法产生任何利润,而且还要面对各种可能出现的损失。对于库存水平与服务质量之间的权衡很难用一个恰当的公式来计算,因此,能够保证客户服务需求的库存量就是一个比较合理的库存量。

2.企业的年销售目标

对于大多数企业来讲,经营首要的工作就是制订销售计划,设定企业全年的销售目标,然后就可以根据行业标准周转率的概念来计算年度平均库存量。计算公式为:

$$商品平均库存额 = 年度销售计划 / 行业标准周转率$$

标准周转率的选用可以利用自己企业所设立的目标周转率,也可以参考有关部门编制的经营指南。

例3-1 某企业2006年度的销售目标为3000万元,行业标准周转率为15次/年,那么该企业的年度平均库存额是200万元。计算过程如下:

据公式 $$商品平均库存额 = 3000/15 = 200(万元)$$
$$365/15 \approx 24(天 / 次)$$

预算结果是:该企业年度平均库存额为200万元,大约24天周转一次。但是实际情况却并非如此,因为通常情况下企业不可能在一年中的任何时间都持有相等的库存。市场行情随时都在发生变化,并立即带来商品需求量的波动。此外还有许多商品的需求是有季节性的,消费者的喜好也在不断地变化。这些不确定因素导致了商品需求量的变动,因此企业不可能也不应该长时间保持固定库存量。

3.月需求量的变动

商业结算通常都以月为结算周期,因此商品库存可以参照已经发生的月需求变动来推算下月初应有的库存额,计算公式为:

$$月初库存额 = 年度平均库存额 \times 1/2 \times (1 + 季节指数)$$
$$季节指数 = 该月销售目标或计划 / 月平均销售额$$

例3-2 某公司年度销售目标(计划)为6亿元,预计年度周转率为15次,由于市场需求量下降,一季度实现销售额每月平均4000万元,预计4月份销售额为3760万元,那么该公司4月初库存额应调整为3880万元。计算过程如下:

据公式 $$月初库存额 = 年度平均库存额 \times 1/2 \times (1 + 季节指数)$$
$$= 600000000/15 \times 1/2 \times (1 + 37600000/40000000)$$
$$= 38800000(元)$$

4. 商品毛利率与周转率的关系

通常情况下，周转率高的商品毛利率低，而周转率低的商品毛利率则比较高。最显著的事例是价格昂贵的商品流转速度都比较慢，而日用消耗品的流转速度则比较快。因此企业可以依据商品的这种属性来制订不同商品库存策略。这个问题可以利用交叉比率来进行分析。交叉比率是商品周转率和毛利率的乘积，计算公式为：

$$交叉比率 = 商品周转率 \times 毛利率 \times 100\%$$

通过公式我们可以看到一旦毛利率下降，就必须采用提高周转率的对策才能保持良好的交叉比率。换个角度来讲，如果公司采用的是低价策略，就必须通过提高商品周转率来增加销售额，而足够的库存是保证销售的前提。

(二)确定库存量的依据

由于进行库存量控制的标准是整个供应到销售的过程中总成本最低，在这一过程中，涉及的成本如下：

(1)订货成本。为补充库存而进行的每一次订货都涉及多种业务活动，这些活动都会给企业带来成本。这些成本包括准备订单及所有附属文件的办公及通信成本，安排货物接收、处理和保持所需信息的各种成本。

(2)价格折扣成本。在许多行业，供应商都对大批量采购提供价格折扣。对于小批量订货，供应商则可能收取附加费用。

(3)缺货成本。如果因订货批量决策失误发生缺货，企业便会因不能满足用户需求而遭受损失。如果用户是外部的，它们可能会向其他企业采购；而对于内部用户，缺货会导致生产设备闲置、效率低下，以及最终导致不能满足外部用户需求。

(4)库存占用流动资金的成本。在购方发出补充库存订单后，供应商将要求购方为其商品付款。当购方公司最终向其用户供货时，会从其用户处得到付款。然而，在向供方付款与得到用户付款之间会存在时差。在此期间，库存占用了企业的流动资金，其成本体现为外借资金利息支出，或不能将资金投资于他处所导致的机会成本。

(5)存储成本。存储成本是指货物实体存储所导致的费用。房租、供暖、雇员和仓库照明费用也是高昂的，当要求特殊仓储条件，如需要低温或高度安全的仓库时，尤其如此。

(6)废弃成本。如果企业订货批量很大，库存产品便会在仓库中储存很长时间。在这种情况中，产品或者可能过时(如因时尚变化)，或者可能变质(如多数食品的情况)。

对于具体库存量的大小，以及订货时间的确定，将在后续具体的模型中介绍。

六、库存分类管理

要对库存进行有效的管理和控制，首先要对存货进行分类。常用的存货分类方法有 ABC 分类法和 CVA 管理法。

(一)ABC 分类法

ABC 分类法又称重点管理法或 ABC 分析法。它是一种从名目众多、错综复杂的客观事物或经济现象中，通过分析找出主次，分类排队，并根据其不同情况分别加以管理的方法。该方法是根据巴雷特曲线所揭示的"关键的少数和次要的多数"的规律在管理中加以应用的。通常是将手头的库存按年度资金占用量分为三类：

A 类是年度资金占用量最高的库存，这些品种可能只占库存总数的 15%，但用于它们的库存成本却占到总数的 70%~80%。

B 类是年度资金占用量中等的库存,这些品种占全部库存的 30%,占总价值的 15%~25%。

那些年度资金占用量较低的为 C 类库存品种,它们只占全部年度资金占用量的 5%,但却占库存总数的 55%。

除资金占用量指标外,企业还可以按照销售量、销售额、订购提前期、缺货成本等指标将库存进行分类。通过分类,管理者就能为每一类的库存品种制订不同的管理策略,实施不同的控制。建立在 ABC 分类法基础上的库存管理策略如表 3-1 所示。

表 3-1　建立在 ABC 分类法基础上的库存管理策略

库存类型	特点(按资金占用量)	管理方法
A 类	品种数约占库存总数的 15%,成本约占 70%~80%	进行重点管理。现场管理要更加严格,应放在更安全的地方;为了保持库存记录的准确性,要经常进行检查和盘点;预测时要更加仔细
B 类	品种数约占库存总数的 30%,成本约占 15%~25%	进行次重点管理。现场管理不必投入比 A 类更多的精力;库存检查和盘点的周期可以比 A 类长一些
C 类	成本也许只占成本的 5%,但品种数量或许是库存总数的 55%	进行一般管理。现场管理可以更粗放一些;但是由于品种多,差错出现的可能性也比较大,因此也必须定期进行库存检查和盘点,周期可以比 B 类长一些

利用 ABC 分析法可以使企业更好地进行预测和现场控制,以及减少安全库存和库存投资。ABC 分类法并不局限于分成三类,可以增加,但经验表明,最多不要超过五类,过多的种类反而会增加控制成本。

(二)CVA 管理法

ABC 分类法也有不足之处,通常表现为 C 类商品得不到应有的重视,而 C 类商品往往也会导致整个装配线的停工。因此,有些企业在库存管理中引入了关键因素分析法(Critical Value Analysis,CVA)。

CVA 管理法的基本思想是把存货按照关键性分成 3~5 类,即:

(1)最高优先级。这是经营的关键性商品,不允许缺货。

(2)较高优先级。这是经营活动中的基础性商品,但允许偶尔缺货。

(3)中等优先级。这多属于比较重要的商品,允许合理范围内的缺货。

(4)较低优先级。经营中需用这些商品,但可替代性高,允许缺货。

表 3-2 列示了按 CVA 管理法所划分的库存种类及其管理策略。

表 3-2　CVA 管理法所划分的库存种类及其管理策略

库存类型	特点	管理措施
最高优先级	经营管理中的关键商品,或 A 类重点客户的存货	不许缺货
较高优先级	生产经营中的基础性商品,或 B 类客户的存货	允许偶尔缺货
中等优先级	生产经营中比较重要的商品,或 C 类客户的存货	允许合理范围内的缺货
较低优先级	生产经营中需要,但可替代的商品	允许缺货

CVA 管理法比 ABC 分类法有更强的目的性。但在使用中，人们往往倾向于制订高的优先级，结果高优先级的商品种类很多，最终哪种商品也得不到应有的重视。CVA 管理法和 ABC 分析法结合使用，可以达到分清主次、抓住关键环节的目的。在对成千上万种商品进行优先级分类时，也不得不借用 ABC 分类法进行归类。

（三）安全库存控制

许多企业都会考虑保持一定数量的安全库存，以防在需求或提前期方面的不确定性。但是困难在于确定什么时候需要保持多少安全库存。安全库存太多则库存过剩，而安全库存不足则意味着缺货或失销。

安全库存每一追加的增量都造成效益的递减。如果安全库存量增加，那么缺货概率就会减少。在某一安全存货水平，储存额外数量的成本加期望缺货成本会有一个最小值，这个水平就是最优水平。高于或低于这个水平，都将产生净损失。

1. 缺货成本计算

缺货成本是由于外部和内部中断供应所产生的。当企业的客户得不到全部订购时，叫作外部短缺；而当企业内部某个部门得不到全部订购时，叫作内部短缺。如果发生外部短缺，将导致发生延期交货、失销、失去客户的情况。

（1）延期交货。延期交货的补救可以有两种形式，一种是缺货商品在下次规则订购中得到补充，另一种是利用更快速的工具交货。如果客户愿意等到下次规则订购，那么公司实际上没有什么损失。但如果经常缺货，客户可能就会转向其他供货商。

商品延期交货的损失主要在于会发生特殊订单处理和运输费用。延期交货的特殊订单处理费用要比普通处理费用高。由于延期交货经常是小规模装运，运输费率相对要高，而且，延期交货的商品可能需要从另一地区的一个工厂仓库供货，进行长距离运输。另外，可能需要利用速度快、收费高的运输方式运送延期交货商品。因此，延期交货成本可根据额外订单处理费用和额外运费来计算。

（2）失销。尽管一些客户可以允许延期交货，但是仍有一些客户会转向其他供货商。换句话说，许多公司都有生产替代商品的竞争者，当一个供货商没有客户所需的商品时，客户就会从其他供货商那里订购，在这种情况下，缺货导致失销。卖方的直接损失是这种商品的利润损失。这样，可以通过将这种商品的利润乘以客户的订购数量来确定直接损失。

关于失销，需要指出以下三点：

首先，除了利润的损失，还包括当初负责这笔业务的销售人员的精力浪费，这就是机会损失。

其次，很难确定在一些情况下的失销总量。例如，许多客户习惯通过电话订购，在这种情况下，客户只是询问是否有货，而未指明要订购多少，如果这种商品没货，那么客户就不会说明需要多少，卖方也就不会知道损失的总量。

最后，很难估计一次缺货对未来销售的影响。

（3）失去客户。第三种可能发生的情况是由于缺货而失去客户，也就是说，客户永远转向另一个供货商。如果失去了客户，企业也就失去了未来一系列收入，这种缺货造成的损失很难估计，需要用管理科学的技术以及市场营销的研究方法来分析和计算。除了利润损失，还有由于缺货造成的信誉损失。信誉很难度量，在库存决策中常被忽略，但它对未来销售及企业经营活动非常重要。

为了确定需要保持多少库存，有必要确定如果发生缺货而造成的损失。

第一步，分析发生缺货可能产生的后果，包括：延期交货、失销和失去客户。

第二步，计算与可能结果相关的成本，即利润损失。

第三步，计算一次缺货的损失。

如果增加库存的成本少于一次缺货的损失，那么就应增加库存以避免缺货。如果发生内部短缺，则可能导致生产损失(人员和机器的闲置)和完工期的延误。如果由于某项物品短缺而引起整个生产线停工，这时的缺货成本可能非常高。尤其对于实施 JIT 管理的企业来说更是这样。

2. 定量订货法安全库存量的计算

对于安全库存量的计算，可以根据顾客需求量变化、提前期固定，提前期变化、顾客需求量固定或者两者同时变化三种情况分别计算。

(1)需求量变化，提前期固定。假设需求的变化服从正态分布，由于提前期是固定的数值，因而可以根据正态分布图，直接求出在提前期内的需求分布均值和标准差，或通过直接的期望预测，以过去提前期内的需求情况为依据，确定需求的期望均值。在这种情况下，安全库存量的计算公式为：

$$S = ZQ_d\sqrt{L}$$

式中：Q_d 为提前期内的需求量的标准差；L 为提前期的时间；Z 为一定客户服务水平下需求量变化的安全系数。表 3-3 为客户服务水平与安全系数(Z)对应关系的常用数据

表 3-3　客户服务水平与安全系数(Z)对应关系的常用数据

服务水平	0.9998	0.99	0.98	0.95	0.90	0.80	0.70
安全系数	3.50	2.33	2.05	1.65	1.29	0.84	0.53

例 3-3　某超市的某种食用油平均日需求量为 1000 瓶，并且食用油的需求情况服从标准差为 20 瓶/天的正态分布，如果提前期是固定常数 5 天，如客户服务水平不低于 95%，那么可以计算出该食用油安全库存量约为 74 瓶，计算过程如下：

已知 $Q_d = 20$ 瓶／天，$L = 5$ 天，$F(Z) = 95\%$，查表知 $Z = 1.65$，代入公式

$$S = ZQ_d\sqrt{L} = 1.65 \times 20 \times \sqrt{5} \approx 74(瓶)$$

(2)需求量固定，提前期变化。当提前期内的客户需求情况固定不变，而提前期的长短随机变化时，安全库存量的计算公式如下：

$$S = ZR_dQ_t$$

式中：Z 为一定客户服务水平下需求量变化的安全系数；R_d 为提前期内的日需求量；Q_t 为提前期的标准差。

例 3-4　某超市的某种饮料的日需求量为 1000 罐，提前期随机变化且服从均值为 5 天、标准差为 1 天的正态分布，如果客户服务水平要达到 95%，那么该种饮料的安全库存量不能低于 1650 瓶，计算过程如下：

已知 $Q_t = 1$ 天，$R_d = 1000$ 瓶，$F(Z) = 95\%$，查表知 $Z = 1.65$，代入公式

$$S = ZR_dQ_t = 1.65 \times 1000 \times 1 = 1650(瓶)$$

(3)需求量和提前期都随机变化。多数情况下需求量和提前期都是随机变化的,如果可以假设需求量和提前期是相互独立的,那么安全库存量的计算公式如下:

$$S = Z\sqrt{Q_d^2 \overline{L} + \overline{R}_d^2 Q_t^2}$$

式中:Q_t、Q_d、Z 的含义同上;$\overline{L}$ 为平均提前期;$\overline{R}_d$ 为提前期内平均日需求量。

例3-5 如果上述案例中这种饮料的需求量和提前期都随机变化并服从正态分布,且需求量和提前期相互独立,日需求量1000瓶,标准差为 20 瓶/天,平均提前期为 5 天,标准差为 1 天,那么为了保证这种饮料在夏季的客户服务水平达到95%,就需要保持不低于1652瓶的安全库存,计算过程如下:

已知 $Q_d = 20$ 瓶/天,$Q_L = 1$ 天,$R_d = 1000$ 瓶,$F(Z) = 95\%$,查表知 $Z = 1.65$,代入公式:

$$S = Z\sqrt{Q_d^2 \overline{L} + \overline{R}_d^2 Q_t^2} = 1.65 \times \sqrt{20^2 \times 5 + 1000^2 \times 1^2} = 1625(瓶)$$

该方法的原理是,当实物库存水平(加上已订货库存)下降到预定再订货水平时,进行再订货。

3.定期订货法的安全库存量的计算

定期订货法的安全库存量的计算方法与定量订货法安全库存量的计算方法类似,下面以需求量和提前期都发生变化时为例,介绍定期订货法的安全库存量计算过程。

$$S = Z\sqrt{Q_d^2(\overline{L} + T) + \overline{R}_d^2 Q_t^2}$$

式中:Q_t、Q_d、Z 的含义同上;$\overline{L}$ 为平均提前期;T 为定货周期;$\overline{R}_d$ 为提前期内平均日需求量。

这种方法计算安全库存量与定量定货法不同的是需要在定货周期内备有一定的安全库存。

第四节 存储合理化

实现商品储存合理化,可以采取以下主要措施:

1.加快库存周转

加快库存周转,会带来系列好处,如资金周转加快、资本效益提高、货损降低、仓库吞吐能力增强、成本降低等。在网络经济时代,以信息代替库存,及时把握供求信息,实现有效衔接,就可以减少库存,加快周转。另外,采用集装单元储存和快速分拣系统等物流技术,也可以加快库存周转。

2.对库存物品实施分类管理

物品分类管理也称重点管理或 ABC 分类法,是 80/20 原则在物流领域中的应用。其主要思想是针对重要性不同的物品,给予不同程度的管理,达到既能保证供应又能节约订购和储存费用之目的。一般而言,库存物品品种繁多,但价值差异较大。其中,有些物品虽然数量少,但价值高,占用的库存资金较多;有些物品数量多但价值低,占用的库存资金较少;还有一些物品,其数量和价值介于上述两类物品之间。因而,对不同等级的物品,必须分级管理,分级控制。ABC 分类法是以某类库存物品数量占库存物品总数的百分比和该类物品金额占库存总金额的百分比为依据,将库存物品分为三类甚至更多的类别,进行分类(级)管理。

通过市场预测和经济分析，做到及时进货，保证满足需求，加速资金周转，避免资金积压，从而提高企业经济效益。

3. 采用"先进先出"的作业方式

"先进先出"是一种先进有效的作业方式，可以保证商品的储存周期不至于太长。"先进先出"的作业方式主要有以下几种：

（1）联单制。每个货箱有两个联单，其中一联贴在货箱上，另联按时间先后顺序放在文件夹内。需用物料时，依据文件夹中联单的时间先后次序顺序发货。

（2）计算机存取系统。即通过软件排序，实现货物的先进先出。该方法还能将"先进先出"和"快进快出"结合起来，即在保证"先进先出"的前提下，将周转快的货品存于便于存取之处，加快周转，减少劳动消耗。

（3）贯通式货架系统。即利用货架的每层形成贯通的通道，从一端存入货物、从另一端取货，货物在通道中自行按序排队不越位。这是一种最有效的"先进先出"方式，既可以提高仓库空间利用率，又能实现仓储作业的机械化、自动化。

（4）双仓法。双仓法也称双区制，是指给每种被储存物准备两个仓位或货位，轮换进行存取，再配以"一个货位中的货必须取完才可以补充"的规定，就可以保证实现"先进先出"。该方法管理简单，设备投入少，但库存水平较高，适合那些资金占用不大、经常使用又无须进行重点管理的物品。

（5）重力供料制。物料从上部入仓、下部出仓，比较适合散装物料。

4. 提高储存密度，提高仓容的利用率

高层堆码、缩小库内通道宽度、波少库内通道数量等，都可以提高储存密度。而此举的主要目的是减少储存设施的投资，降低储存成本，减少土地占用。

（1）高层堆码。例如，采用高层货架仓库或采取集装单元化储存等都可以增加储存密度。

（2）缩小库内通道宽度以增加储存有效面积。具体方法包括：采用窄巷道式通道、配以轨道式装卸车辆，以降低车辆运行宽度要求；采用侧叉车、推拉式叉车，以缩减叉车转弯所需的宽度。

（3）减少库内通道数量以增加储存有效面积。具体方法有：采用密集型货架，采用可进车的可卸式货架，采用各种贯通式货架，采用不依靠通道的桥式吊车装卸技术。

5. 采用有效的储存定位系统

商品储存定位的含义是对储存商品位置的确定。如果定位系统有效，能节省寻找、存取商品的时间，不仅可以节约物化劳动和活化劳动，而且能防止差错、便于货物清点和货位管理。储存定位方法有"四号定位"和电子计算机辅助定位等。

（1）"四号定位"是用一组四位数字来确定商品存取位置的固定货位方法。这是我国仓储工作中采用的手工管理方法。这四个号码是：库号、架号、层号和位号。这就使一个货位有个组号，在商品入库时，按规划要求，对商品进行编号，记录在账、卡、台上。提货时，按四位数字的指示，很容易将货物拣选出来。这种定位方式要求对仓库区城事先做出规划，它能方便、快速地存取商品，有利于提高商品存取速度、减少差错。

（2）电子计算机辅助定位是利用射频识别（RFID）技术和计算机储存容量大、检索迅速的优势，在商品入库时，将商品的存放货位、入库时间输入计算机，出库时向计算机发出指令，并按计算机的指示人工或自动寻址，找到存放货物，拣选取货的方式。如采用电子标签辅助拣货系统(Computer Aided Picking System,CAPS),借助安装在货架储位上的电子设备,通过计算机软件的控制,准确显示货位与货物数量,引导拣货人员快速、轻松地完成拣货作业。CAPS包括摘取式拣货系统(Digital Picking System,DPS)和播种式拣货系统(Digital Assorting System,DAS)两种类型。目前 AGV 无人仓的逐渐应用也是现代智能仓储的趋势之一。

6. 采用有效的监测清点方式

监测清点方式是通过对储存商品数量和质量的监测,掌握商品储存的实际情况。在实际工作中稍有差错,就会账、卡、货不符,所以必须及时、准确地掌握商品储存情况。经常对账、卡、货进行核对,是人工管理和计算机管理都必不可少的工作。因此,经常的监测也是掌报被储存商品状况的重要工作。仓储管理中常用的监测清点方式有:"五五化"堆码、光电识别系统和电子计算机监控系统。

(1)"五五化"堆码。"五五化"堆码是我国仓储管理中常用的一种方法。储存商品时,以"五"为基本单位,堆成总量为"五"的倍数的垛形,如梅花五、重叠五等。采取这种方式堆码后,有经验的人可以过目成数,大大加快人工点数的速度,减少差错。

(2)光电识别系统。光电识别系统是在货位上设置光电识别装置,该装置对被储存的商品进行扫描,并将准确数目自动显示出来。这种方式不需要人工清点就能准确掌握库存商品数目。

(3)电子计算机监控系统。电子计算机监控系统是用计算机指示商品的存取,可以防止人工存取容易出现的差错。如在被存商品上采用条形码认寻技术,使识别计数和计算机联结,每取一件商品时,识别装置会自动将条形码识别并将其输入计算机,计算机会自动做出存取记录。用户需要查询商品信息时,只需向计算机查询,就可以了解所储存商品的准确情况,而无须再建立对实物的人工监控系统。参看情境链接3-2。

【情境链接3-2】

香港机场货运中心的物流水平在世界上处于领先地位

香港机场货运中心是现代化的综合性货运中心。在其 1 号货站,货运管理部对需要入库的货物按标准打包,之后,一般规格的包装通过货架车推到一列摆开的进出口;在电脑输入指令后,货架车就自动进入轨道,运送到六层楼高的除了货架车通道就是布满货架的库房,自动进入指定仓位。当需要从库房提取货物时,也是通过电脑的指令,货物就自动从进出口输送出来。对于巨型货架,则用高 3 m、宽 7 m 的升降机运送到仓库的货架。搬运货物主要用叉车、拖车,看不到人工搬运。

7. 采用现代商品储存保养技术

采用现代商品储存保养技术是实现储存合理化的重要手段,如气幕隔潮、气调储存、塑料薄膜封闭等。

8. 采用集装箱、集装袋、托盘等运储装备一体化的方式

集装箱等集装设施的出现,给储存带来了新观念。采用集装箱后,箱体本身便是"一栋仓库",不再需要传统意义的库房。在物流过程中,也就省去了入库、验收、清点、堆垛、保管、出库等一系列储存作业,因而对改变传统储存作业有很重要的意义,是实现储存合理化

的一种有效方式。

9. 在形成一定的社会总规模的前提下,适当集中储存,追求规模效益

适度集中储存是储存合理化的重要内容之一。所谓适度集中储存,是指利用储存规模优势,以适度集中储存代替分散的小规模储存,以此来实现合理化。

10. 其他措施

其他措施如采用虚拟仓库和虚拟库存等,也可实现存储合理化。

【本章小结】

为了保证物流的不间断、延续性,仓储成了物流大系统中一个必不可少的环节。本章在介绍存储的概念、作用、仓库、仓库设备、作业流程等的基础上详细阐述货物的保管与保养;深入分析了库存控制的概念和几种控制技术,为从现代物流的角度研究和经营仓库,进行仓储管理提供了较丰富的基础理论知识。

【复习思考习题】

扫一扫,看参考答案

一、单项选择题

1. 下列不属于入库作业流程的是( )。

A. 上架堆码　　　　B. 细数验收　　　　C. 物品接运　　　　D. 交接手续

2. ABC 分类法中,重点管理的是( )。

A. A 类库存　　　　B. B 类库存　　　　C. C 类库存　　　　D. A 类和 C 类库存

3. 对于没有包装的大宗货物,如煤炭、矿石等,宜采用( )堆码方式。

A. 堆垛法　　　　B. 直堆法　　　　C. 散堆法　　　　D. 重叠法

二、多项选择题

1. 以下属于库存的是( )。

A. 放在仓库中的原材料、产成品

B. 运输工具中的原材料、产成品

C. 为了满足未来需要而暂时闲置的资源

D. 医院里的药品

E. 运输部门的车辆

2. 仓库按使用对象及权限分为( )。

A. 自备仓库　　　　B. 营业仓库　　　　C. 公共仓库

3. 仓库最基本的传统功能是( )。

A. 储存和保管　　　　B. 集散货物　　　　C. 调节供需

D. 传递信息　　　　E. 防范风险

4. 当企业的存货周转量较高、需求较稳定时,可选择( )。

A. 公共仓库　　　　B. 营业仓库　　　　C. 租赁仓库

D. 自有仓库　　　　E. 保税仓库

三、填空题

1. ＿＿＿＿＿＿＿＿＿＿＿＿＿是国家和公共团体为了公共利益而建设的仓库。
2. 仓库最基本的传统功能是＿＿＿＿＿＿＿＿＿＿＿＿＿。

四、简答题

1. 仓储有哪些作用？
2. 简述库存 ABC 分类法的原理和管理方法。
3. 简述货架主要有哪些类型。
4. 简述仓库的作业流程。
5. 物资储存合理化的主要标志有哪些？

五、案例阅读与分析题

某光电科技有限公司的仓储管理

某光电科技有限公司位于广东惠州金源区，成立于1998年，是一家专业照明器与电气装置产品制造商，是行业的龙头企业。它凭借优异的产品品质、卓越的服务精神，获得了客户的广泛认可与赞誉。为了适应新形势下的战略需要，公司对现有的客户关系进行了整合，在全国各地成立了35个运营中心，完善了公司供应链系统、物流仓储与配送系统以及客户服务系统。该公司总部共有成品仓库3个，分别是成品一组仓库、成品二组仓库和成品三组仓库，按产品的型号不同将产品分放在不同的仓库：其中成品一组仓库位于一楼，目的是方便进出货，所以它那里存放的货物相对种类比较多，如筒灯、灯盘等。并且所有的外销品也存放在成品一组仓库中。成品二组仓库储存的主要是路轨灯、金卤灯、T4灯、T5灯以及光源。公司的几大光源都存放在成品二组仓库。成品三组仓库主要存放特定的格栅灯、吸顶灯、导轨灯以及其他公司的一些产品。

仓库储存空间分析——仓库仓储系统的主要构成要素包括储存空间、货品、人员及设备等。储存是仓库的核心功能和关键环节，储存区域规划合理与否直接影响到仓库的作业效率和储存能力。因此，储存空间的有效利用成为仓库管理好坏的重要影响因素之一。该公司的产品销量很好，仓库的出入库频率大，货品流量也很大。该公司的仓库空间布局是上货架存放货物，立体的空间利用率不高，所以其仓库机械化程度不是很高，仓库内只有叉车，包括手动叉车和电动叉车。仓库的作业一般都用叉车，很少用人力。对于货物的收发，采用的是物资收发卡，每一次的收发货都会在物资收发卡上做登记，这样就很方便平时查货等的一些后续工作，从目前的工作结果来看效率还比较高，作业还比较方便。所以从整体上看，该公司仓库的作业方法还是比较合理的。而仓库管理员平时会因为储存空间不够用而将货物存放在作业空间的位置上。特别是在产品销售旺季时，仓库产品存放特别拥挤，人在里面工作会感觉压抑。所以仓库的作业环境不怎么合理。该公司仓库的储存成本，据统计的数据看还算合理，因为它的设备费用很少，固定保管费用也不是很高，而储存成本就是由该类费用构成，所以储存成本也就不是很高了。

货位管理的分析——货位管理就是指货品进入仓库之后，针对货品如何处理、如何放置、放置在何处等进行合理有效的规划和管理。而货品如何处理、如何放置，主要由所采取的储存策略决定，货品的具体的存放位置，则要结合相关的货位分配原则来决定。该公司的仓库货位管理的储存方式采用的是定位储存原则。定位储存是指每一类或每一个储存货品都有固定货位，货品不能互用货位。所以，在规划货位时，每一项货品的货位容量不得小于其可能的最大在库量。但在实际操作中，定位储存一般会按照情况不同而做适当的调整。在该仓库的货位管理中，经该公司有关工作人员研究，把理论与实际相结合，实行了定位、定点、定量管理的原则，它的货位容量不是全部按照最大在库量进行定位的。因为该公司的产品是属于季节性差异比较大的产品，如果按照最大在库量设定就会使仓库的空间利用率下降，从而出现资源浪费的情况。由于该公司仓库的所有库位都是用的定位储存原则，按照该公司的仓库现状来看，全部使用定位储存原则是不太合理的，应该按照产品不同特点与存储要求，将产品进行分类，对于重要的产品、数量少品种多的产品使用定位储存。而由于该公司的产品特性几乎都一样，它们的特性是不会相互排斥的，所以从产品特性上看是可以把它们随机放在一起的。

另外，该公司在仓储管理的货位分配上也有一些原则：①先进先出原则，即先入库的货品先出库的原则，该原则一般适用于寿命周期短的货品。②面对通道原则，即指将货品的标志、名称面对通道摆放，以便让作业员容易简单地辨识，这样可以使货品的存取容易且有效率地进行，这也是仓库能流畅作业的基本原则。③重量特性原则，即指按照货品重量的不同来决定货品在保管场所的高低位置。一般而言，重物应该保管于地面上或货架的下层位置，轻的货品则保管于货架的上层位置。如果是人工进行搬运作业，人的腰部以下的高度用于保管重物或大型货品，而腰部以上的高度则用来保管轻的货物或小型货品。这个原则对于采用货架的安全性及人工搬运的作业有很大的意义。根据这个原则，该公司的仓库备货就采用了摘取式。这种方式，对于该公司对仓储要求的现状来说，是非常合理的，而且对于工作人员来说也是很方便的。

要想对库存进行有效的管理和控制，首先就要对存货进行分类，只有这样才能对货物进行更好的管理和控制。因此，经分析后认为，在该公司原仓储设施条件不变的情况下，应采用对货品进行 ABC 分类而实施管理，这样可有效地利用原仓库的空间和货位，即通过对货品的分析，找出主次，分类排队。根据巴雷特曲线所揭示的"关键的少数和次要的多数"在管理中加以应用。因此，可按照产品价值、销售量、缺货成本或订购提前期等指标将产品进行分类。其中 A 类产品是属于价值最高的库存产品，一般它的库存占总库存的15%，而它的价值却占总数的70%~80%；B 类产品是属于价值中等的库存，这些品种占全部库存的30%，价值占总价值的15%~25%；而 C 类产品是价值最低的库存产品，它的价值只占总价值的5%，但它的库存却占了总库存的55%。仓库可以通过货品分类并针对每一类不同的产品制订不同的管理策略，从而实施不同的控制措施。

案例思考题：

根据上述材料，试分析该公司仓储合理化的基本措施和主要内容。

【本章参考文献】

[1]胡建波.物流概论[M].成都：西南财经大学出版社，2017.

[2]刘助忠.物流学概论[M].北京：高等教育出版社，2015：1-33.

[3]姜波.物流基础[M].北京：北京理工大学出版社，2018.

[4]刘刚.物流管理[M].北京：中国人民大学出版社，2018：1-18.

[5]苏少虹.物流基础实务[M].上海：上海交通大学出版社，2017.

[6]全国物流标准化技术委员会，全国物流信息管理标准化技术委员会.物流术语：GB/T 18354—2006[S].北京：中国标准出版社，2007.

第四章 装卸搬运

> 学习目标：①掌握现代装卸搬运的基本概念、作业方式及准则；②熟悉现代化装卸搬运设备的分类；③了解装卸与搬运的意义与目的；④掌握物流环节中装卸搬运的合理化。
>
> 主要概念：装卸；搬运；物流辅助作业；装卸搬运合理化。

第一节 装卸搬运的概念、特点和作用

一、现代装卸搬运的含义

现代物流环节各个阶段之间的活动，都离不开装卸搬运作业。它是发生频率最高的一个环节，忽视装卸搬运往往会造成物流成本居高不下，很多公司就是因为装卸搬运设备现代化程度低，装卸搬运作业不合理造成工作效率低、物流成本居高不下。因此，实现装卸搬运作业的合理化具有非常重要的意义。装卸搬运与运输、储存不同，运输是解决物品空间距离的，储存是解决时间距离的，装卸搬运却没有改变物品的时间价值或空间价值，往往不会引起人们的重视。可是，一旦忽略了装卸搬运，生产和流通领域轻则发生混乱，重则造成生产活动停顿。

(一)装卸搬运的定义

《物流术语》(GB/T 18354—2006)中装卸(loading and unloading)是指物品在指定地点以人力或机械装入运输设备或卸下。而搬运(handling/carrying)的定义是：在同一场所内，对物品进行水平移动为主的物流作业。

习惯上，物流领域常将装卸搬运这一整体活动称为"货物装卸"，在生产领域中又常将这一整体活动称为"物料搬运"，活动内容都是一样的，只是领域不同而已。由此，我们可以认为，在同一地域范围内(如车站范围、工厂范围、仓库内部等)以改变"物"的存放、支承状态为主要内容和目的的活动是装卸，以改变物料的存放状态和空间位置为主要内容和目的的活动是搬运。具体而言，包括装上、卸下、移送、拣选、分类、堆垛、入库、出库等活动。

(二)概念的说明

(1)装卸是指货物的装上和卸下,是在一定地域范围内(如工厂、仓库、堆场等)改变货物的空间状态、支撑状态。搬运是指在一定地域范围内货物的小范围位移,是为了改变货物的空间位置。在实际操作中,装卸和搬运密不可分,是交替动作。因此,在物流过程中,并不过分强调两者的差别,而是把它们作为一种活动对待。

(2)搬运和运输的目的都是为了实现货物的空间位移。但搬运局限于小范围内的货物位置的变动,而运输是在两个不同"小范围"或地点进行。装卸搬运以改变物品的存放状态和空间位置为内容和目标,主要包括装卸、搬运、分类、堆垛、取货、理货或盘点相关的作业。

(3)装卸搬运遍布产品生产—流通—消费的全过程,是衔接生产、运输、保管、包装、流通加工、配送等各个物流环节所必不可少的活动。从原材料供应到商品送到消费者手里,乃至废弃物回收、再生利用等整个循环过程中,装卸搬运出现的频率最多、作业技巧最复杂、科技含量最高、时间和空间移动最短(见表4-1)。也就是说,装卸搬运遍布整个供应链,在每一个小区域(供货商/工厂/港口、仓储、工厂、消费者)都存在装卸搬运过程,而每个小区域之间通过运输连接,也必然产生始发地装的过程和目的地卸的过程。

表 4-1 装卸搬运作业

类型	含义
装卸	物品装上运输机具或从运输机具卸下
搬运	物品在较短距离的物理位移
分类	按发货方向、品种等标准将物品分类
堆垛	物品码放
取货	取出物品
理货或盘点	整理物品

二、装卸搬运的特点、地位与作用

装卸搬运是伴随输送和保管而产生的必要的物流活动,在物流过程中占有重要地位。物流过程中的主要坏节,如运输和存储等,都是靠装卸、搬运活动联结起来的,物流活动其他各个阶段的转换也需要通过装卸搬运联结。在物流过程中,装卸搬运活动是不断出现和反复进行的。它出现的频率高于其他各项物流活动,每次装卸搬运活动都要花费很长时间,装卸搬运往往成为决定物流速度的关键,其决定着物流的运行速度。它的基本动作包括装车(船)、卸车(船)、堆垛、入库、出库以及联结上述各项动作的短程输送。之前提到,装卸搬运作业内容复杂,又是劳动密集型、耗费人力的作业,故所消耗的费用在物流费用中也占有相当大的比重。

装卸搬运活动是影响物流效率、决定物流技术经济效果的重要环节。装卸搬运在物流中的地位与作用主要表现在以下几个方面:

1. 装卸搬运在物流活动转换中，起承上启下的联结作用

在任何其他物流活动互相过渡时，都是以装卸搬运来衔接的，因而，装卸搬运往往成为整个物流的"瓶颈"，是物流各功能之间能否形成有机联系和紧密衔接的关键，而这又是一个系统的关键。建立一个有效的物流系统，关键看这一衔接是否有效。目前比较常见的系统物流方式——联合运输方式，就是着力解决这种衔接的。

2. 装卸搬运是支持、保障性活动

装卸搬运的附属性不能理解成被动的，实际上，装卸搬运对其他物流活动有一定决定性。装卸搬运会影响其他物流活动的质量和速度，例如，装车不当，会引起运输过程中的损失；卸放不当，会引起货物转换成下一步运动的困难。许多物流活动在有效的装卸搬运支持下，才能达到高水平。

3. 装卸搬运是提高物流效率的关键

在物流活动中，装卸活动是不断出现和反复进行的，它出现的频率高于其他各项物流活动，每次装卸活动都要花费很长时间，所以往往成为决定物流速度的关键。例如：美国与日本之间的远洋船运，一个往返需 25 天，其中运输时间 13 天，装卸时间 12 天。而据我国统计，火车货运以 500 公里为分歧点，运距超过 500 公里的，运输在途时间多于起止的装卸时间；运距低于 500 公里的，装卸时间则超过实际运输时间。

4. 装卸搬运在物流成本中占有较高比重

装卸活动所消耗的人力很多，所以装卸费用在物流成本中所占的比重也较高。以我国为例，铁路运输的始发和到达的装卸作业费占运费的 20% 左右，船运中占 40% 左右。因此，要降低物流费用，装卸是个重要环节。

5. 装卸搬运影响物流活动的质量

在物流活动中，进行装卸操作时往往需要接触货物，因此，这是在物流过程中造成货物破损、散失、损耗、混合等损失的主要环节。例如袋装水泥纸袋破损和水泥散失主要发生在装卸过程中，玻璃、机械、器皿、煤炭等产品在装卸时最容易造成损失。

6. 装卸搬运能提高生产力

顺畅的装卸搬运系统能够消除瓶颈，以维持及确保生产水平，使人力得到有效利用，减少设备闲置。

7. 装卸搬运作业量大

据 2018 年的调查数据，我国机械工厂生产 1 吨产品，需要进行 252 次的装卸搬运。我国年产煤炭十几亿吨，年产钢材上亿吨，有 30 多万亿元的工业增加值、6 万多亿元的农业总产值。在这些生产结果的背后和生产过程中，装卸搬运的作业量是根本无法算清的。在同一地区生产和消费的产品，物资的运输量会因此而减少，然而物资的装卸搬运量却不一定减少。在远距离的供应与需求过程中，装卸搬运作业量会随着运输方法的变更、仓库的中转、货物的集疏和物流的调整等而大幅度提高。

8. 装卸搬运是附属性、伴生性的活动

装卸搬运是物流活动中每一项活动开始及结束时必然发生的活动，因而有时常被人忽视，有时被看作其他操作不可缺少的组成部分。例如，一般而言的"汽车运输"，就实际包含了相随的装卸搬运，仓库中泛指的保管活动，也含有装卸搬运。

9. 装卸搬运对象较复杂

在物流过程中，货物是多种多样的，它们在性质上(物理、化学性质)、形态上、重量上、体积上以及包装方法上都有很大区别。即使是同一种货物在装卸搬运前的不同处理方法也可能会产生完全不同的装卸搬运作业。单件装卸和集装化装卸，水泥的袋装装卸搬运和散装的装卸搬运都存在着很大差别。从装卸搬运的结果来看，有些货物经装卸搬运后要进入储存，有些物资经装卸搬运后将进行运输。不同的储存方法和不同的运输方式，在装卸搬运设备运用、装卸搬运方式的选择上都有不同的要求。

10. 装卸搬运作业不均衡

在生产领域中，由于生产活动要有连续性、比例性和力求均衡，故企业内装卸搬运相对比较均衡。然而，物资一旦进入流通，由于受到商品产需衔接和市场机制的制约，物流量便会出现较大的波动性。商流是物流的前提，某种货物的畅销和滞销、远销和近销，销售批量的大与小，围绕货物实物流量便会发生巨大变化。从物流领域内部观察，运输路线上的"限制口"、"跑在中间、窝在两头"的现象广泛存在，装卸搬运量也会出现忽高忽低的现象。从另一方面看，各种运输方式由于运量上的差别、运速的不同，使得港口、码头和车站等不同物流结点也会出现集中到货或停滞等待的不均衡装卸搬运。

11. 装卸搬运对安全性要求高

装卸搬运作业需要人与机械、货物和其他劳动工具相结合，工作量大，情况变化多，很多作业环境复杂，这些都导致了装卸作业中存在着不安全的因素和隐患。应创造装卸搬运作业适宜的作业环境，改善和加强劳动保护，根除任何可能导致不安全的现象，防患于未然。装卸搬运的安全性一方面直接涉及人身，另一方面涉及物资。在装卸搬运中，发生机毁人亡的事故已屡见不鲜，造成货物损失的数量也要以亿元计。装卸搬运同其他物流环节相比安全系数较低，因此，更要提高装卸搬运的安全生产要求。

三、装卸搬运作业

(一)装卸搬运作业的主要内容

装卸搬运作业的主要内容包括装车(船)、卸车(船)、入库、堆垛、分拣、备货、出库以及联结上述各项动作的短程运输，是随运输和保管等活动而产生的必要活动。具体来说，有以下四种作业内容：

1. 商品装货卸货作业

向载货汽车、铁路货车、货船、飞机等运输工具装货以及从这些运输工具上卸货的活动。

2. 货物搬运移送作业

对货品进行短距离的移动活动，包括水平、垂直、斜行搬运或由这几种方式组合在一起的搬运移送活动。显然，这类作业是改变物品空间位置的作业。

3. 堆垛、拆垛作业

堆垛是将物品整齐、规则地摆放成货垛的作业活动。拆垛是与堆垛相反的作业活动。

4. 分拣配货作业

分拣是在堆垛、拆垛作业之前发生的作业，它是将物品按品种、出入库先后顺序进行分门别类堆放的作业活动。配货是指把物品从所定的位置，按品种、作业先后顺序和发货对象等整理分类进行的堆放拆垛作业，把分拣出来的物品按规定的配货分类集中起来的作业和以一定的批量移动到一端的分拣场指定位置的作业。

（二）装卸搬运作业的基本要求

为提高物流质量和效率，装卸作业还应当注意以下几个基本要求：

1. 减少不必要装卸环节

从物流过程分析，装卸作业环节不仅不增加货物的价值和使用价值，反而有可能增加货物破损的可能性和相应的物流成本。系统地分析研究物流过程各个装卸作业环节的必要性，取消、合并装卸作业和次数，避免进行重复作业，是减少不必要装卸环节的重要保证。

2. 提高装卸作业的连续性

必须进行的装卸作业应按流水作业原则运作，各工序间应密切衔接，必须进行的换装作业，也应尽可能采用直接换装方式。

3. 相对集中装卸地点

装载、卸货地点的相对集中，可以提高装卸工作量，易于采用机械化作业方式。在货物堆场上，应将同类货物的作业集中在一起进行，以便于采用装卸作业的机械化、自动化作业。

4. 力求装卸设备、设施、工艺等标准化

为了促进物流各环节的协调，就要求装卸作业各工艺阶段间的工艺装备、设施、效率与组织管理工作相协调。装卸作业的工艺、装备、设施、货物单元或包装、运载工具、集装工具、信息处理等作业的标准化、系列化、通用化，这是装卸作业实现机械化、自动化的基本前提。

5. 提高货物集装化或散装化作业水平

成件货物集装化、粉粒状货物散装化是提高作业效率的重要方向。所以，成件货物尽可能集装成托盘系列、集装箱、货捆、货架、网袋等货物单元再进行装卸作业。各种粉粒状货物尽可能采用散装化作业，直接装入专用车、船、库。不宜大量化的粉粒状货物也可装入专用托盘箱、集装箱内，提高货物活化指数，便于采用机械设备进行装卸作业。

6. 做好装卸现场组织工作

装卸现场的作业场地、进出口通道、作业线长度、人机配置等布局设计合理，能使现有的和潜在的装卸能力充分发挥或发掘出来。应避免由于组织管理工作不当造成装卸现场拥挤、阻塞、紊乱现象，确保装卸工作能够安全顺利地进行。

四、装卸搬运作业的分类

装卸搬运作业的分类如表4-2所示。

表 4-2　装卸搬运作业的分类

序号	分类依据	类别	特点
1	按物流设施、设备对象分类	仓库装卸	配合出库、入库、维护、保养等活动进行，并且以堆垛、上架、取货等操作为主
		铁路装卸	对火车车皮的装进及卸出，是一次作业就实现一车皮的装进或卸出，很少有像仓库装卸时出现的整装零卸整卸的情况
		港口装卸	包括码头前沿的装船和后方支持性装卸，有时还采用小船在码头与大船之间"过驳"的办法，因而其装卸的流程较为复杂，往往经过几次的装卸及搬运作业才能最后实现船与陆地之间货物过渡的目的
		汽车装卸	一般一次装卸批量不大，由于汽车的灵活性，可以少进行或根本不进行搬运活动，而直接、单纯利用装卸作业达到车与物流设施之间货物过渡的目的
		飞机装卸	批量较小，对装卸设备要求较高，灵活性强
2	按机械及其作业方式分类	"吊上吊下"方式	采用各种起重机械从货物上部起吊，依靠起吊装置的垂直移动实现装卸，并在吊车运行的范围内或回转的范围内实现搬运或依靠搬运车辆实现小搬运
		"叉上叉下"方式	采用叉车从货物底部托起货物，并依靠叉车的运动进行货物位移，搬运完全靠叉车本身，货物可不经中途落地直接放置目的地
		"滚上滚下"方式	利用叉车或半挂车、汽车承载货物，连同车辆一起开上船，到达目的地后再从船上开下。利用叉车在船上卸货后，叉车必须离船，利用半挂车、平车或汽车，则拖车将半挂车、平车拖拉至船上后，拖车开下离船，而载货车辆连同货物一起运到目的地，再原车开下或拖车上船拖卜。"滚上滚下"方式需要有专门的船舶，对码头也有不同要求，这种专门的船舶称"滚装船"
		"移上移下"方式	在两车之间(如火车及汽车)进行靠接，不使货物垂直运动，而靠水平移动从一车辆上推移到另一车辆上。"移上移下"方式需要使两种车辆水平靠接，对站台或车辆货台需进行改变，并配合移动工具实现
		"散装散卸"方式	对散装货物进行装卸，一般从装点直到卸点，中间不再落地，这是集装卸与搬运于一体的装卸方式
3	按货物运动形式分类	垂直装卸	呈垂直运动状态，上述"吊上吊下"方式即为垂直装卸
		水平装卸	呈水平运动状态，上述"叉上叉下"方式即为水平装卸

续表4-2

序号	分类依据	类别	特点
4	按对象分类	散装货物装卸	装卸物呈散装状态,如煤、沙子等
		单件货物装卸	货物状态为单件包装状态
		集装货物装卸	已将单件货物集装在一起,可将集装在一起的几件货物同时进行装卸与搬运
5	按作业特点分类	连续装卸	主要是同种大批量散装或小件杂货通过连续输送机械,连续不断地进行作业,中间无停顿,货间无间隔。在装卸量较大、装卸对象固定、货物对象不易形成大包装的情况下适用这一方式
		间歇装卸	有较强的机动性,装卸地点可在较大范围内变动,主要适用于货流不固定的各种货物,尤其适用于包装货物、大件货物,散粒货物也可采取此种方式

第二节 装卸搬运设备

一、装卸搬运设备的分类

装卸搬运设备主要有以下几种类型。

1. 起重机械类

起重机械类,主要包括较小起重设备,如电葫芦、绞车;升降机、电梯;起重机,如桥式类型起重机、门式类型起重机、臂式类型起重机、梁式类型起重机等。本类设备的特点是重复循环,短时载荷,升降运动。

2. 输送机械类

输送机械类,主要包括有牵引构件的输送机,如带式输送机、板式输送机、悬挂输送机、斗式提升机、自动快梯、板式提升机、链式输送机等;无牵引构件的输送机,如螺旋输送机、振动输送机、辊子输送机等;气力输送装置,分为悬浮式和推送式两种。这类设备的特点是连续动作,循环运动,持续载荷,路线一定。

3. 工业车辆类

工业车辆类,主要包括叉车,如前移式叉车、插腿式叉车、平衡重式叉车、侧面式叉车等;单斗装载机;牵引车;挂车、底盘车。这类设备的特点是在轮式无轨底盘上装有起重、输送、牵引或承载装置,进行流动作业。

4. 专用机械类

专用机械类,主要包括翻车机、堆取料机、堆垛机、拆垛机、分拣专用机械设备、集装箱专用装卸机械、托盘专用装卸机械、船舶专用装卸机械、车辆专用装卸机械等。这类设备的特点是带专用取物装置的起重、输送机械与工业车辆相结合,一般进行专门作业。

二、叉车

(一) 叉车的概念

叉车是一种以货叉作为主要取物工具，依靠液压起升机构实现对货物托取和升降，由轮胎行走机构实现货物水平搬运的装卸车辆。

叉车主要用来对各种货物进行装卸、堆垛、拆垛和短距离搬运。它具有适用性强、机动灵活、效率高等优点，不仅可以将货物叉起进行水平运输，还可以叉取货物进行垂直堆码。叉车类型和规格多种多样，取物工具(属具)种类繁多，作业方式机动灵活，结构紧凑，尺寸小，重量轻，轮胎式无轨行走，机动性好。因此，叉车的应用十分广泛，是世界上保有量最大的装卸机械之一，也是车站、码头、仓库和货场广泛用来承担装卸、搬运、堆码作业的一种搬运车辆。叉车还可以对载货汽车、挂车、半挂车等进行辅助装车或卸车作业，专用叉车也可以对船舶进行滚上、滚下装卸作业。

(二) 常见典型叉车及叉车属具

1. 平衡重式叉车

平衡重式叉车是最通用的基本型叉车，它的工作装置位于叉车的前段，货物载于前端的货叉上，其后部附加有平衡重块，以平衡货物的倾翻力矩，因而得名。平衡重式叉车是目前应用最广泛的叉车，占叉车总量的80%左右。平衡重式叉车车体前部有标准货叉，可以自由地插入托盘取货和放货，并能沿门架升降，随着门架前倾或后倾。前倾的目的是方便取货和卸货，后倾的目的是保证货物在运行的过程中不会从货叉上滑落。叉车具有良好的动力性能，根据工作需要，叉车的前进和后退的最大速度相同，前进挡和后退挡的挡数相同。平衡重式叉车车体上方设有护顶架，部分设有司机室，目的是防止货物跌落砸伤司机，如图4-1所示。

由于平衡重式叉车结构上无支撑臂，而是以较长轮距和平衡重块来平衡载荷的，因此叉车的重量和尺寸较大，作业时需要较大的空间。同时，货

图4-1　平衡重式叉车

叉直接从前方叉取货物，对所叉货物的体积一般没有要求。平衡重式叉车的动力较大、底盘较高，具有较强的地面适应能力和爬坡能力，适宜于室外作业。

2. 前移式叉车

前移式叉车的特点是具有两条前伸的支腿，支腿前端有两个轮子，取货时货叉伸出，卸下货物后或带货移动时，货叉退回接近车体的位置。因此，叉车行驶时的稳定性很好。

前移式叉车有门架前移式和货叉前移式两种，如图4-2所示。门架前移式叉车的门架带着起升机构(包括货叉)沿着支腿内侧轨道前移，便于叉取货物。叉取完货物后，起升一小段高度后，门架又沿着支腿内侧的轨道回到原来的位置。货叉前移式叉车的门架则不动，货叉借助伸缩机构单独前伸。前移式叉车一般以蓄电池为动力，起重量在3吨以下。它具有平衡

重式叉车和电动堆垛机的共同特征。当门架向前升至顶端时，载荷重心落在支点的外侧，此时相当于平衡重式叉车；当货叉完全收回时，载荷重心落在支点的内侧，此时相当于电动堆垛机。两种性能的结合，使得这种叉车具有操作灵活性和高载荷的优点，并且其车身小、重量轻、转弯半径小、机动性好，但有行走速度慢的缺点，主要用于室内作业。

3. 侧面式叉车

侧面式叉车的门架、起升机构和货叉位于车体的中部，如图4-3所示。其货叉位于叉车的侧面，侧面还有货物平台。当叉车取物时，门架向外伸出，叉取货物后货叉起升，门架退

图4-2 前移式叉车

回，然后下降货叉，货物即自动放置在叉车的货物平台上。

侧面式叉车的特点是货物沿纵向放置，适于搬运条形长尺寸货物；货叉位于侧面，使得叉车在出入库作业的过程中，车体进入通道，货叉面向货架或货垛，这样在进行装卸时不必先转弯然后作业；货物放置在货物平台上，叉车行驶时稳定性好；司机的视野比平衡重式叉车好。其缺点是门架和货叉只能向一侧伸出，当需要在对侧卸货时，必须将叉车驶出通道，掉头后才能卸货。侧面式叉车适合于窄通道作业。

图4-3 侧面式叉车

4. 其他常见的叉车

（1）插腿式叉车。插腿式叉车的特点是前方带有小轮的支腿能与货叉一起伸入货物底部叉货，然后由货叉提升货物，如图4-4所示。由于货物重心位于前后轮之间，因此叉车的稳定性好。其作业特点是起重量小、车速低、结构简单、外形小巧，但对地面条件的要求较高，

适合在狭窄的通道内工作。

(2)高货位拣选式叉车。高货位拣选式叉车的主要作用是高位拣货,适用于多品种、少量出入库的特选式高层货架仓库,如图 4-5 所示。

(3)三向堆垛式叉车。三向堆垛式叉车如图 4-6 所示。

图 4-4　插腿式叉车　　　　图 4-5　高货位拣选式叉车　　　图 4-6　三向堆垛式叉车

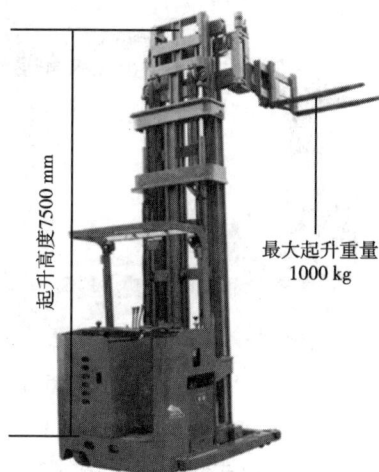

(三)起重机械

1.起重机械的定义

起重机械是一种以间歇作业方式对物料进行起升、下降和水平移动的搬运机械。起重机械的作业通常带有重复循环的性质,一个完整的作业循环一般包括取物、起升、平移、下降和卸载等环节。经常启动、制动和正反向运动是起重机械的基本特点。它被广泛地应用于工业、交通运输业、建筑业、商业和农业等。

2.几种主要的起重机械

(1)悬臂起重机。悬臂起重机的取物装置悬挂在臂端或悬挂在可沿悬臂运行的起重小车上,悬臂可回转,但不能俯仰的臂架型起重机称为悬臂起重机,广泛用于机床、生产线等的工件装卡和搬运、码垛等,如图 4-7 所示。

(2)梁式起重机。起重小车(一般是电葫芦)在单根工字梁或其他简单组合断面上运行的桥架型起重机。具体来说,按驱动方式可分为手动式和电动式;按支撑方式可分为支撑式和悬挂式;按操作方式可分为地面操作和司机室操作。梁式起重机如图 4-8 所示。

图 4-7　悬臂起重机

(3)桥式起重机。桥式起重机由桥架和起重小车两大部分组成,桥架两端通过运行装置,直接支承在高架轨道上,沿轨道纵向运行;

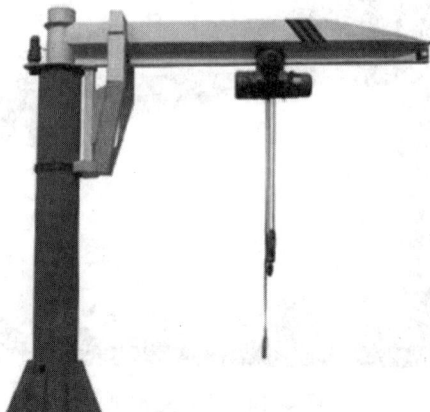

其中小车在桥架主梁上沿轨道横向运行。具体可分为单(主)梁桥式起重机,即具有一根主梁的桥式起重机;双(主)梁桥式起重机,即具有两根主梁的桥式起重机;葫芦双桥式起重机,即采用电动葫芦作为小车上起升装置的桥式起重机。桥式起重机如图4-9所示。

图4-8 梁式起重机

图4-9 桥式起重机

(4)门式起重机。门式起重机又称为龙门起重机,是桥架通过两侧支腿支撑在地面轨道上的桥架型起重机,如图4-10所示。

(5)手拉葫芦。手拉葫芦是以焊接环链作为柔性承载件的起重工具,它也可以与手动单轨小车配套组成起重小车,用于手动梁式起重机或者架空单轨运输系统,如图4-11所示。

(6)环链电动葫芦。环链电动葫芦是以焊接圆环链作为承载的电动葫芦。与钢丝绳电动葫芦相比,其结构更加轻巧,价格更加便宜,如图4-12所示。

图4-10 门式起重机

图4-11 手拉葫芦

图4-12 环链电动葫芦

(7)钢丝绳电动葫芦。钢丝绳电动葫芦是以钢丝绳作为承载的电动葫芦,其结构紧凑、自身轻、效率高、操作简便,配备运行小车可作为架空单轨起重机和电动单梁、电动悬挂等起重机的起升机构, 如图4-13所示。

(四)手推车

手推车轻便灵活, 广泛用于仓库、物流中心、生产工厂、百货公司、货运站、机场等场所。由于一般手推车无提升能力, 因此承载能力通常在500 kg以下。手推车根据其用途及负荷能力可分为二轮手推车(图4-14)、多轮手推车(图4-15)和物流笼车(图4-16)三类。

(五)固定平台搬运车

固定平台搬运车是室内经常使用的短距离的搬运车辆。在一般情况下, 固定平台搬运车采用蓄电池或电动机作为动力进行驱动, 有三轮和四轮两种形式, 如图4-17所示。

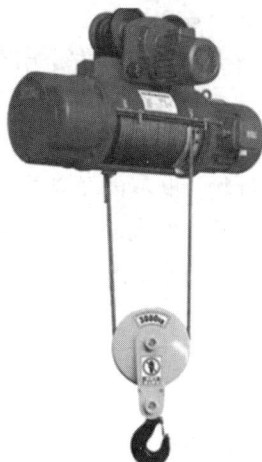

图4-13　钢丝绳电动葫芦

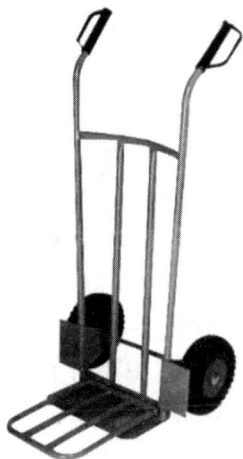

图4-14　二轮手推车　　　图4-15　多轮手推车　　　图4-16　物流笼车

图4-17　固定平台搬运车

（六）牵引车

牵引车是指具有牵引装置，专门用于牵引载货挂车进行水平搬运的车辆。牵引车没有取物装置和载货平台，不能装卸货物，也不能单独搬运货物。牵引车根据动力的大小可分为普通牵引车和集装箱牵引车。普通牵引车可以拖挂平板车，用于装卸区内的水平搬运；集装箱牵引车用于拖挂集装箱挂车，用于长距离搬运集装箱。当平板车或集装箱挂

图 4-18　牵引车

车被拖到指定的地点装卸货物后，牵引车就会拖开这些挂车与其他挂车结合，如图 4-18 所示。

根据所提供的动力的不同，牵引车可分为内燃牵引车和电动牵引车。内燃牵引车一般采用经济性良好的柴油机进行驱动，只有小型牵引车才采用汽油机进行驱动。内燃牵引车的底盘结构形式与普通汽车类似，主要用于室外的牵引作业。电动牵引车采用蓄电池和直流电动机进行驱动，主要用于室内的牵引作业。

（七）输送机系统

输送机是按照规定路线连续或间歇地运送散料物料和成件物品的搬运机械。输送机系统是由两个以上的输送机及其附件，组成一个比较复杂的工艺输送系统，完成物料的搬运、装卸分拣等功能。输送机广泛应用于工厂企业的流水生产线、物料输送线，以及流通中配送中心物料的快速拣选和分拣。

1. 带式输送机

带式输送机是一种利用连续而具有柔性输送带连续地输送物料的输送机，主要用于输送各种散状物料，以及在装配、检验和测试等生产线上输送单位质量不太大的成件物品，如图 4-19 所示。

2. 滚柱输送机

滚柱输送机是指以滚柱来取代辊道的输送机，其主要特点是结构简单，一般用于无动力驱动，适用于成件包装货物或者整底面物料的短距离搬运，如图 4-20 所示。

图 4-19　带式输送机

图 4-20　滚柱输送机

3. 辊道输送机

辊道输送机是指利用辊子的转动来输送成件物品的输送机。它可沿水平或曲线路径进行输送，结构简单，而且安装、使用和维护方便，对于不规则的物品，可放在托盘或者托板上进行输送，如图 4-21 所示。

4. 链式输送机

链式输送机是指利用链条牵引、承载，或由链条上安装的板条、金属网和辊道等承载物料的输送机，如图 4-22 所示。

图 4-21 辊道输送机

图 4-22 链式输送机

5. 悬挂输送机

悬挂输送机属于链条(也可为钢索)牵引式的连续输送机。它是规模较大的工厂使用的综合机械化输送设备，广泛地应用于大量或者成批生产的工厂，作为车间之间和车间内部的机械化、自动化连续输送设备。在汽车、家电、服装、屠宰和邮政等行业得到了广泛应用，如图 4-23 所示。

6. 单轨(小车)输送机

单轨(小车)输送机是指在特定的空中轨道上运行的电动小车，可组成一个

图 4-23 悬挂输送机

承载的、全自动的物料搬运系统，广泛应用于汽车、邮电行业，以及工厂企业的装配线、检测线等。

7. 垂直输送机

垂直输送机能连续地垂直输送物料，使不同高度上的连续输送机保持不间断的物料输送。也可以说，垂直输送机是把不同楼层间的输送机系统连接成一个更大的、连续的输送机系统的重要设备。垂直输送机又称连续垂直输送机或折板式垂直输送机，如图 4-24 所示。

（八）装卸搬运设备的选择

不同种类的货物，不同的装卸搬运场所，所需要的装卸搬运设备也不尽相同。合理选择装卸搬运机械，无论是在降低装卸搬运费用上，还是在提高装卸搬运效率上，都有着重要的意义。装卸搬运设备的选择，应本着经济合理、提高效率、降低费用的总要求。

1. 以满足现场作业为前提

装卸机械，首先，要符合现场作业的性质和物资特点、特性要求。例如，在有铁路专用线的车站、仓库等，可选择门式起重机；在库房内，可选择桥式起重机；在使用托盘和集装箱作业的仓库等室内环境下，可选择悬挂输送机等；其次，机械的作业能力（吨位）与现场作业量之间要形成最佳的配合状态。装卸机械吨位的具体确定，应对现场要

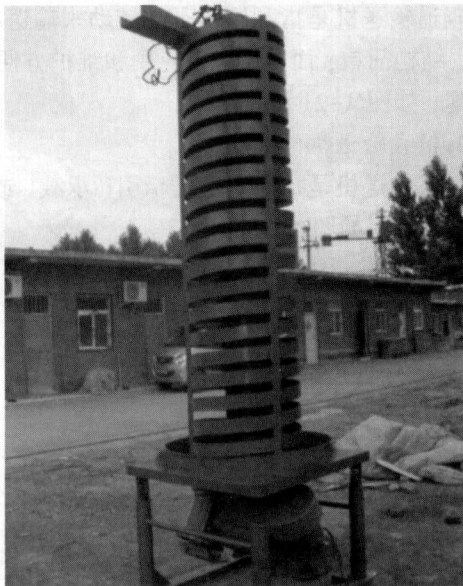

图 4-24　垂直输送机

求进行周密的计算、分析。在能完成同样作业效能的前提下，应选择性能良好、节省能源、便于维修、利于配套、成本较低的装卸机械。最后，还应该考虑其他的影响条件。一般而言，影响物流现场装卸作业量的最基本因素是吞吐量，此外还要考虑堆码、卸垛作业量、装卸作业的高峰量等因素的影响。

2. 以控制作业费用为目的

装卸机械作业发生的费用主要有设备投资额、装卸机械的运营费用和装卸作业成本等项。

（1）设备投资额。设备投资额是平均每年机械设备投资的总和（包括购置费用、安装费用和直接相关的附属设备费用）与相应的每台机械在一年内完成装卸作业量的比值。

（2）装卸机械的运营费用。装卸机械的运营费用是指某种机械一年运营总支出（包括维修费用、劳动工资、动力消耗、照明等）和机械完成装卸量的比值。

（3）装卸作业成本。装卸作业成本是指在某一物流作业现场，机械每装卸一吨货物所支出的费用，即每年平均设备投资支出和运营支出的总和与每年装卸机械作业现场完成的装卸总吨数的比值。

3. 装卸搬运机械的配套

装卸搬运机械的配套是指根据现场作业的性质、运送形式、速度、搬运距离等要求，合理选择不同类型的相关设备。

按装卸作业量和被装卸物资的种类进行机械配套，在确定各种机械生产能力的基础上，按每年装卸 1 万吨货物需要的机械台数和每台机械所担任装卸物资的种类，以及每年完成装卸货物的吨数进行配套。

此外，还可以采用线性规划方法来设计装卸作业机械的配套方案，即根据装卸作业现场的要求，列出数个线性不等式，并确定目标函数，然后求出各种设备最优的台数。

第三节　装卸搬运作业合理化

一、装卸搬运的基本原则

装卸搬运的基本原则是指装卸搬运活动应当遵循的原则或要求达到的目标。根据装卸搬运活动的特征和作用，为了提高装卸搬运作业的效率和经济效益，在长期实践中总结出装卸搬运的基本原则，可以归纳为如下几点：

1. 减少环节、简化流程

减少环节、简化流程是指根据物流规律，设法取消、合并装卸搬运环节和次数，杜绝重复性、不必要作业；必须进行的作业，尽可能流水作业。

2. 文明装卸、科学运营

文明装卸、科学运营是指杜绝"野蛮装卸"，保证货物、装卸设施、设备安全；针对不同的装卸作业，科学组织管理。

3. 集中作业、集散分工

集中作业、集散分工主要是指装载点和卸载点要尽量集中，同一类货物尽量集中在一起。"集散分工"是指成件货物集装化作业，粉粒状、袋装货物散装化作业，要作为装卸搬运作业的两个发展方向。

4. 协调兼顾、标准通用

协调兼顾、标准通用是指装卸搬运与其他物流环节之间，装卸搬运各工序、工步之间，要相互协调，实行通用标准化管理。

5. 步步活化、省力节能

步步活化、省力节能主要指提高装卸搬运工序之间的装卸活性。

6. 巧装满载、牢固稳定

巧装满载、牢固稳定是指充分利用运输工具的装载利用率；货物装上车船或在货场、仓库堆码要稳固，减少货损。

上述原则都是一些基本性要求。但落实起来涉及面广，难度很大，也不是装卸搬运行业自身所能解决的。应当从物流系统的整体上统筹规划，合理安排，各个环节要紧密配合，才有助于这些原则的落实。

二、装卸搬运合理化的措施

装卸搬运合理化的措施可以从以下几方面考虑：

(一)防止无效装卸

无效装卸的含义是消耗于有用货物必要装卸劳动之外的多余劳动。一般装卸操作中，无效装卸具体反映在以下几方面：

1. 过多的装卸次数

物流过程中，货损发生的主要环节是装卸环节。而在整个物流过程中，装卸作业又是反复进行的。从发生的频数来讲，装卸作业超过任何其他活动，所以过多的装卸次数必然导致损失的增加。从发生的费用来看,一次装卸的费用相当于几十公里的运输费用,因此,每增加一次装卸,费用就会有较大比例的增加。此外,装卸又是影响物流速度的重要因素。

2. 过大、过重的包装装卸

包装过大、过重,在装卸时实际上反复在包装上消耗较大的劳动,这一消耗不是必需的,因而形成无效装卸。

3. 无效物质的装卸

进入物流过程的货物,有时混杂着没有使用价值或对用户来讲使用价值不符的各种掺杂物,如煤炭中的矸石、矿石中的表面水分、石灰中的未烧熟石灰及过烧石灰等。在反复装卸时,实际对这些无效物质反复消耗劳动,因而形成无效装卸。

由此可见,装卸搬运如能防止上述无效装卸,则大大节约装卸劳动,使装卸合理化。

(二)充分利用重力和消除重力影响,进行少消耗的装卸

在装卸时考虑重力因素,可以利用货物本身的重量,进行有一定落差的装卸,以减少或根本不消耗装卸的动力,这是合理化装卸的重要方式。例如,从卡车、铁路货车卸物时,利用卡车与地面或小搬运车之间的高度差,使用溜槽、溜板之类的简单工具,可以依靠货物本身重量,从高处自动滑到低处,这就无须消耗动力。如果采用吊车、叉车将货物从高处卸到低处其动力消耗虽比从低处装到高处小,但是仍需消耗动力,两者比较,利用重力进行无动力消耗的装卸显然是合理的。

在装卸时尽量消除或削弱重力的影响,也会求得减轻体力劳动及其他劳动消耗的合理性。例如在进行两种运输工具的换装时,可以采取落地装卸方式,即将货物从甲工具卸下并放到地上,一定时间之后,或搬运一定距离之后再从地上装到乙工具之上,这样起码在"装"时,要将货物举高,这就必须消耗改变位能的动力。如果进行适当安排,将甲、乙两工具进行靠接,从而使货物平移,从甲工具转移到乙工具上,这就能有效消除重力影响,实现装卸合理化。

在人力装卸时,一装一卸是爆发力,而搬运一段距离,这种负重行走,要持续抵抗重力的影响,同时还要行进,因而体力消耗很大,是出现疲劳的环节。所以,人力装卸时如果能配合简单机具,做到"持物不步行",则可以大大减轻劳动量,做到装卸合理化。

(三)充分利用机械,实现规模装卸

规模效益早已是大家所接受的,在装卸时也存在规模效益问题。主要表现在一次装卸量或连续装卸量要达到充分发挥机械最优效率的水准。为了更多降低单位装卸工作量的成本,对装卸机械来讲,也有规模问题,装卸机械的能力达到一定规模,才会有最优效果。追求规模效益的方法,主要是通过各种集装实现间断装卸时一次操作的最合理装卸量,从而使单位装卸成本降低,也通过散装实现连续装卸的规模效益。

(四)提高货物的装卸搬运活性

装卸搬运活性的含义是,从物的静止状态转变为装卸搬运运动状态的难易程度。如果很容易转变为下一步的装卸搬运而不需过多做装卸搬运前的准备工作,则活性就高;如果难于转变为下一步的装卸搬运,则活性低。为了对活性有所区别,并能有计划地提出活性要求,使每一步装卸搬运都能按一定活性要求进行操作,对于不同放置状态的货物做了不同的活性规定,这就是"活性指数",分为0~4共5个等级。

散乱堆放在地面上的货物,如若要进行下一步装卸必须进行包装或打捆,或者只能一件件操作处置,因而不能立即实现装卸或装卸速度很慢,这种全无预先处置的散堆状态,定为"0"级活性;将货物包装好或捆扎好,然后放置于地面,在下一步装卸时可直接对整体货载进行操作,因而活性有所提高,但操作时需支起、穿绳、挂索,或支垫入叉,因而装卸搬运前预操作要占用时间,不能取得很快的装卸搬运速度,活性仍然不高,定为"1"级活性;将货物形成集装箱或托盘的集装状态,或对已组合成捆、堆或捆扎好的货物,进行预垫或预挂,装卸机具能立刻起吊或入叉,活性有所提高,定为"2"级活性;将货物预置在搬运车、台车或其他可移动挂车上,动力车辆能随时将车、货拖走,这种活性更高,定为"3"级;如果货物就预置在动力车辆或传送带上,即刻进入运动状态,而不需做任何预先准备,活性最高,定为"4"级。

活性指数分为 0~4 共 5 个等级,如表 4-3 所示。

表 4-3　不同放置状态货物的活性指数

放置状态	需要进行的作业				活性指数
	整理	架箱	提起	拖运	
散放地上	需要	需要	需要	需要	0
置于一般容器	0	需要	需要	需要	1
集装化	0	0	需要	需要	2
无动力车	0	0	0	需要	3
动力车辆或传送带	0	0	0	0	4

(五)提高货物的运输活性

装卸搬运操作有时是直接为运输服务的,下一步直接转入运输状态,因而只有进行合理的装卸操作,将货物预置成容易转入运输的状态,装卸搬运才称得上合理。将这种活性的质量用货物的运输活性指数表示。很明显,运输活性越高,货物越容易进入运输状态,可能带来直接缩短运输时间的效果。

(六)选择最好的搬运方式或节省体力消耗

在物流领域,即使是现代化水平已经很高了,也仍然避免不了要有人力搬运的配合,因此,人力搬运合理化问题也是很重要的。

(七)单元化原则

单元化原则是指将物品集中成一个单元进行装卸搬运的原则。单元化是实现装卸合理化的重要手段。物流作业中广泛使用托盘,通过叉车与托盘的结合提高装卸搬运的效率。单元化不仅可以提高作业效率,而且可以防止损坏和丢失,数量的确认也变得更加容易。

(八)机械化原则

机械化原则是指在装卸搬运作业中用机械作业代替人工作业的原则。实现作业的机械化是实现省力化和效率化的重要途径,通过机械化改善作业环境,将人从繁重的体力劳动中解放出来。机械化的程度除了技术因素外,还与物流费用的承担能力等经济因素有关。机械化原则同时也包含了将人与机械合理地组合到一起,发挥各自的长处。在许多场合,简单机械的配合同样可以达到省力化和提高效率的目的。片面强调全自动化会造成物流费用过剩,在经济上增加企业的成本。

(九)系统化原则

系统化原则是指将各个装卸搬运活动作为一个有机的整体实施系统化管理。也就是说，运用综合系统化的观点，提高装卸搬运活动之间的协调性，提高装卸搬运系统的柔性，以适应多样化、高度化物流需求，提高装卸搬运效率。

根据科学研究的结论，采用不同搬运方式和不同移动重物方式，其合理使用体力的效果不同。科学地选择一次搬运重量和科学地确定包装重量也可促进人力装卸的合理化。

(1)降低装卸搬运成本：减少每人及每单位货品的搬运成本，并减少延迟、损坏及浪费。

(2)提高库存周转率，以降低存货成本：有效地装卸搬运，可加速货品移动及缩减搬运距离，进而减少总作业时间，使得库存成本及其他相关成本得以降低。

(3)改善工作环境，增加人员、货品搬运的安全性：良好的装卸搬运系统能使工作环境大为改善，不但能保证物品搬运的安全，减少保险费用，而且能使员工保持良好的工作情绪。

(4)提高产品品质：良好的装卸搬运可以减少产品的毁损，提升产品品质，减少客户投诉。

(5)促进配销效率：良好的装卸搬运可增进系统作业效率，不但能缩短产品总配销时间，提高客户服务水平，还能提高空间利用率，从而提高公司的营运水平。

由此可见，装卸活动是影响物流效率、决定物流技术经济效果的重要环节。

【本章小结】

装卸搬运是指在同一地域范围内进行的，以改变物的存放状态和空间位置为主要内容和目的的活动，具体包括装上、卸下、移送、拣选、分类、堆垛、入库、出库等活动。装卸搬运在物流活动中起承上启下的联结作用。装卸搬运活动的基本动作包括装车(船)、卸车(船)、堆垛、入库、出库以及联结上述各项动作的短程输送，是随运输和保管等活动而产生的必要活动。本章简要介绍了装卸搬运的概念、分类，装卸搬运的特点，展示了装卸搬运的一般工具以及装卸搬运的意义与目的，最后对装卸搬运合理化进行建议。

【复习思考习题】

扫一扫，看参考答案

一、单项选择题

1.把物料和物料的存放状态随装卸搬运的作业的难易程度称为(　　)。

A.搬运指数 　　　B.搬运活性指数 　　C.灵活性指标 　　　D.状态

2.将物品放在托盘或支架上，其搬运活性指数为(　　)。

A.0级 　　　　　B.1级 　　　　　　C.2级 　　　　　　D.3级

3.装卸搬运中提高机械性原则是使货物处于搬运活性指数(　　)的状态。

A.低 　　　　　　B.运动 　　　　　　C.静止 　　　　　　D.高

4.放于搬运车、台车或其他可移动挂车上的货物，其搬运活性指数为(　　)。

A.0级 　　　　　B.1级 　　　　　　C.2级 　　　　　　D.3级

5.物流每一项活动开始及结束时必然发生的活动是(　　)。

A. 装卸搬运　　　B. 配送　　　C. 分拣　　　D. 配装

6. 在同一场所内,(   )是改变物品存放、支承状态的活动,而搬运是改变物品空间位置的活动。

A. 装卸　　　　　B. 运输　　　　　C. 配送　　　　　D. 仓储

7. 为提高装卸效率,通常与托盘器作用的机械设备是(   )。

A. 叉车　　　　　B. 吊车　　　　　C. 铲车　　　　　D. 分拣车

8. 与集装箱相比较,托盘在使用过程中的主要缺点是(   )。

A. 装卸成本高　　　　　　　　B. 对货物的保护性差

C. 装卸作业困难　　　　　　　D. 无法实现

9. 仓库中物料搬运的基本原则是(   )。

A. 成本最小化原则　　　　　　B. 效率最高原则

C. 成本与效率平衡原则　　　　D. 成本与效率背反原则

二、多项选择题(至少两项)

1. 装卸搬运在物流中是(   )的活动。

A. 附属性、伴生性　　　　　　B. 支持、保障性

C. 衔接性　　　　　　　　　　D. 主导性

2. 装卸搬运的作业方法按作业对象(货物形态)分类,可分为(   )方法。

A. 单件作业法　　B. 集装作业法　　C. 散装作业法　　D. 托盘作业法

3. 先将货物集零为整(集装化)再行装卸搬运的方法称为集装作业法。它包括(   )、滑板作业法及挂车作业法等。

A. 集装箱作业法　　B. 托盘作业法　　C. 网袋作业法　　D. 货捆作业法

三、填空题

1. 装卸是指物品在指定地点以_____或从_____卸下的活动。

2. 搬运是指_____物流活动。

3. 装卸搬运主要有_____、_____、_____、_____四种作业内容。

4. 按装卸搬运的机械及其作业方式分类,装卸搬运可分为_____、_____、_____、_____和_____五种类型。

5. 装卸搬运设备主要有_____、_____、_____和_____四种类型。

6. 目前应用最广泛的是_____叉车。

7. 手推车根据其用途及负荷能力可分为_____、_____和_____三种类型。

四、简答题

1. 简述装卸搬运作业的内容。

2. 如何选择装卸搬运机械设备?

3. 装卸搬运合理化的途径有哪些?

五、名词解释

装卸　搬运　叉车　无效工作　装卸搬运活性

六、案例阅读与分析题

振华货运公司的装卸搬运问题该如何解决?

振华货运公司的主营业务是零担配送、仓储、整车运输、西安物流专线、西安货运专线。振华货运公司在西安有4个收货点收取货物,在晚上进行统一的装车,发往相对应的目的地。振华货运公司的货物运到公司堆场后,公司的装卸搬运工按照地点的不同将发货人随意摆放的货物通过手工作业或者利用叉车和手动叉车配合托盘的方式,将货物放置在正确的位置。在西安总部大明物流中心也有许多客户,一部分客户需要发货时,便打电话通知振华货运公司前去取货。客户会说明其货物的规格及数量,以方便振华货运公司派员工去收货。

有关人士曾经指出,当前美国产品的全部生产时间只有5%用于加工制造,而95%的时间都是在装卸搬运、存储和运输等物流过程中消耗掉的。据统计,在运输的全部作业过程中,装卸搬运所占的时间约为50%,费用约占总费用的25%。同时,装卸搬运也需要消耗大量的人力、物力、财力,其成本在物流总成本中占有相当大的比例,因此,使装卸搬运合理化是降低物流成本的关键手段。装卸搬运是连接物流各环节的桥梁,而在目前的运输组织下,装卸搬运费用占运输总费用的1/4。装卸搬运也是生产或流通的重要环节。据统计,在振华货运公司整个物流作业过程中,装卸搬运的时间为8个小时,运输的时间为5个小时,装卸搬运占物流作业总时间的57%,装卸搬运比运输的时间要长3个小时。装卸搬运过程中所支付的人工费用所占整个物流总成本的30%。在短期内,工人的费用较低,但对于振华货运公司长期发展来看,人工费用将越来越高。由此可以看出在物流作业过程中,装卸搬运是必不可少的重要环节,装卸搬运优化是提高物流作业效率和降低成本最有效的措施。而该公司存在一些无效装卸搬运情况。例如,进行粘贴条形码和装卸货物的时候存在过多的无效作业活动,主要包括以下两个:一是在粘贴数字编号的条码时翻动货物,在发货人较多的时候,发货人先将货物卸载堆放在货场,财务人员给发货人开具发票,条码也会随之打印出来,放置在一旁。等财务人员开完所有的发票之后,再一一核对发票上的货品、数量和条码数目是否一致,然后再将条码粘贴在相对应的货物上。由于货物堆积在一起,财务人员在粘贴条码时,需要搬动货物以方便粘贴,最后再将货物堆积在一起。在此过程中,存在无效的装卸搬运活动。二是装车时货物在车上的位置不确定,在装进一部分货物时,装卸搬运工觉得这样的配载方式装不下今天的货物,就会在车厢内将已装车的货物重新摆放,便会卸下一部分已装车的货物,进行二次装车。在此过程中也出现了无效的装卸搬运,使得装卸搬运时间加长,装卸搬运效率降低。另外,大多数的货物采用工人手抱肩扛的作业方式进行装卸搬运作业,这是由于货场的作业空间有限,在极其狭窄的空间中,只有人可以通过,因此该小型物流企业的装卸搬运大部分靠人力进行。例如,在装发往洛川的货物时,七个人同时作业,车厢内两个人,其他人在货场上将发往洛川的货物全部依靠人力装车,车厢内的人员进行摆放。在装车过程中,由于五个人装车,两个人摆放货物,因此容易造成货物在车厢口堆积,此时,货场上的工人便会停止作业,等到车厢内的工人将车上的货物全部摆放好后再进行装车,造成工作的间断,导致效率低下。在卸车时,主要采用叉车与人力相结合的方式或者纯手工作业的方式,没有考虑利用货物自重进行卸车,这也导致过多地使用人力进行作业。在振华货运公司也一样，装卸和搬运难以区分，而且振华货运公司的装卸搬运主要依靠人力和叉车进行作业，在作业过程中，振华货运公司有一辆叉车，工人将货物放置在叉车的托盘上。在叉车将货物放置货场的这段时间，车上的装卸搬运工就处于空闲期，装卸搬运工作间断，因不能很好地利用货物自重进行装卸搬运，严重消耗劳动力，导致装卸搬运时间延长。在实地考察时，对两辆 12 m 的低平板半挂车进行装卸搬运作业情况对比，一辆低平板半挂车使用滑梯、叉车和五个工人，另一辆低平板半挂车使用叉车，五个工人协助进行装卸搬运。在对比中发现，使用滑梯进行装卸搬运的车辆可以提前一小时完成工作，振华货运公司在装卸搬运方面没有使用滑梯，而是采用叉车和人力结合的方式，装卸搬运作业时间较长，而且员工在装卸搬运较重货物的时候，作业强度大，消耗体力快，在装卸搬运过程中可能随时中断。但是采用滑梯后，装卸搬运员工的作业强度会减少，能减少装卸搬运时间，降低装卸搬运工的作业强度，提高装卸搬运效率。

[来源文献：李宁，刘铮.基于物流视角下的装卸搬运研究——以振华货运公司为例[J].商场现代化，2017(05).]

案例思考题：

1.振华货运公司目前的运营成本较高，主要是什么环节导致的？目前公司发现的问题大致有哪些？

2.对于这些环节，公司采取了哪些手段或解决方法？若你是公司负责人，是否还发现有关装卸搬运的其他问题，该如何解决？

【本章参考文献】

[1]代海涛.物流管理基础与实务[M].北京：电子工业出版社，2012.

[2]刘助忠.物流学概论[M].北京：高等教育出版社，2015：1-33.

[3]杨蓉.物流学基础[M].北京：清华大学出版社，2017.

[4]刘伟.物流管理概论[M].3 版.北京：电子工业出版社，2011.

[5]全国物流标准化技术委员会，全国物流信息管理标准化技术委员会.物流术语：GB/T 18354—2006[S].北京：中国标准出版社，2007.

第五章 包 装

第一节 包装概述

　　包装是生产与物流必不可少的环节。一般产品的生产是以包装结束，而其物流则是以包装开始，它既是生产的终点也是物流的起点。所以，完成包装后的产品一方面具备商品宣传、销售的功能，让客户从包装中了解更多信息；另一方面则对产品起到保护作用，使其具备完成物流的能力。

　　在做包装管理决策时，还需要考虑包装的材料、人力等成本，虽然包装成本比运输成本低，但也占到了整个物流成本的10%左右。另外，包装在物流中所增加的运输、存储的空间和重量也是必须考虑的内容。因此，物流企业可以通过协调包装模数与物流模数，采用机械化包装作业、大型化和集装化包装、轻薄化包装、标准化包装作业、包装循环利用、周转包装等办法最大限度地发挥包装的优点以实现其合理化。

一、包装的定义与分类

(一)包装的定义

　　《物流术语》(GB/T 18354—2006)对包装的定义是：为在流通过程中保护产品、方便储运、促进销售，按一定技术方法而采用的容器、材料及辅助物等的总体名称。也指为了达到上述目的而采用容器、材料和辅助物的过程中施加一定技术方法等的操作活动。目前，这也是国内对包装这一概念最具影响力的提法。

　　美国对包装的定义为："包装是使用适当的材料、容器而施于技术，使物品安全到达目的地。即在物品运送过程中的每一个阶段，不论遇到怎样的外来影响，都能保护物品完好，不影响物品价值。"

　　日本对包装的定义为："包装是指在物品运输、保管交易或使用当中，为了保护其价值与原状，用适当的材料、容器等加以保护的技术和状态。"

其他国家对包装的定义在表述上虽然略有不同，但核心内容都是通过包装物与包装技术来实现包装的功能作用。因此，我们对包装的理解，可从两方面入手：第一是包装物，包括盛装商品的容器、材料等；第二是包装技术，包括实施盛装的方法、包扎技术等。

(二) 包装的分类

按照包装的分类标准不同，可将其类型细分如下：

1. 按照包装在流通过程中的作用分类

按照在流通过程中的作用不同，包装可以分为销售包装和运输包装。

(1) 销售包装。销售包装也可称为商业包装，是直接接触商品并随商品进入零售店和消费者直接见面的包装(GB/T 18354—2006)。它是一种以促销为目的的装饰包装，在市场竞争中起到广告媒介的作用。它一般画面精美，包含必要的文字说明以及商品的条形码等信息。包装单位适于顾客的购买量以及商店陈设的要求。在流通过程中，商品越接近顾客，越要求包装有促进销售的效果。

(2) 运输包装。运输包装也可称为工业包装，是以满足运输、仓储要求为主要目的的包装(GB/T 18354—2006)。为了保护商品的数量、品质且使其便于存储、运输而进行的外层包装中，通常可以采取单件包装和集合包装两种形式。单件包装是指在运输过程中可作为一个计件单位的包装，例如箱、盒、袋、包、桶、瓶、卷、捆等计件单位。集合包装是一种将单件包装组合成一种大包装的形式，能适应运输、存储工作的要求，对提高效率、节约成本有重大意义。集合包装常见的形式有集装箱、集装包、集装袋、托盘等，这些包装形式也广泛应用于现代物流活动的过程当中。

2. 按照包装的形态分类

按照包装的形态不同，包装可分为单个包装、内包装和外包装。

(1) 单个包装。单个包装也称为小包装，是物品送到使用者手中的最小单位。单个包装是用袋或其他容器对物体的一部分或全部包裹起来的状态，并且印有作为商品的标记或说明等信息资料。这种包装一般属于销售包装，更注重美观，能起到促进销售的作用。

(2) 内包装。内包装是将物品或单个包装，或 至数个归整包装，或置于中间容器中，往往形成一个单件，主要对物品及单个包装起保护作用。

(3) 外包装。外包装是基于物品输送的目的，要起到保护作用并且考虑输送搬运作业方便，一般置入箱、袋之中，根据需要对容器有缓冲防震、固定、防温、防水的技术措施要求。一般外包装有密封、增强功能，并且有相应的标识说明。

部分内包装与外包装属于运输包装范畴，其包装作业过程可以认为是物流领域内的活动。而单个包装作业一般属于生产销售领域活动。

3. 按照包装适用的广泛性分类

按照包装适用的广泛性不同，可以将其分为专用包装和通用包装。

(1) 专用包装。专用包装是指根据被包装物的特点进行专门设计、专门制造，只适用于某种专门产品的包装。例如：定制化生产后的产品包装。

(2) 通用包装。通用包装是指产品包装不进行专门的设计制造，而根据标准系列尺寸制造的包装，用以包装各种标准尺寸的产品。例如，啤酒生产商使用的标准玻璃瓶包装。

4.按照包装技术分类

按照包装技术的不同，可以将包装分为防潮包装、防锈包装、防虫包装、防腐包装、防震包装、集合包装、拉伸包装、收缩包装与危险品包装等。

5.按照容器进行分类

按照包装容器的不同，可以将包装分为包装袋、包装箱、包装盒、包装瓶及包装罐等。

6.按照包装使用的次数分类

按照包装使用的次数不同，可以将包装分为一次性包装、多次包装和周转用包装。一次性包装只能使用一次，不再回收使用。多次包装指的是回收后经适当加工整理仍可使用的包装。周转用包装是专门设计和制作的能够反复使用的包装容器。

7.按照包装材料进行分类

按照包装材料的不同，可以将包装分为木质包装、纸质包装、塑料包装、金属包装、陶瓷包装、玻璃包装、草制包装、纤维包装和复合材料包装等。

8.按照产品的经营习惯分类

按照产品的经营习惯不同，可以将包装分为内销包装、出口包装和特殊商品包装。

二、包装的功能

包装的功能体现在对物品流通过程中的保护作用和促进商品销售作用上。然而为了达到这两个目的，往往需要对物品进行综合包装。在这个过程中，包装的功能得到了拓展，具体体现在以下几个方面：

1.保护功能

保护物品是包装的基本功能。产品在生产流通中，要经过多次装卸搬运、存储、运输，甚至拆卸和再包装等作业，要承受各种各样的外力冲击、碰撞、摩擦。另外，包装能够使产品与外界细菌或有毒物质有效隔离，一定程度上减少二次污染，使其性质保持稳定，也能防止物品在恶劣环境中受到有害物质的侵蚀。为了保护产品、使各类损失降到最低点，需要采取一定方法的包装。

2.销售功能

设计精美，印有各类图形、文字的销售包装能起到广告宣传的效果，吸引消费者或用户的注意，激发其购买欲望，从而达到促销目的，成为产品推销的一种主要工具和有力的竞争手段。产品包装后，可与同类竞争产品相区别。另外，采取特殊设计的包装，还可起到防伪的功能，有利于保持企业的信誉。

3.便利功能

流通领域的物品往往状态各异(固体、液体、气体)，大小不同，形状上有块状与粉末状、有硬与软等各种特性。良好的包装能有利于不同形态的物品承载于有限的运输工具中，使各个环节处理方便。例如运输环节，包装尺寸、重量和形状，最好能适合运输、搬运设备的尺寸和载重量，以便于搬运和保管；对仓储环节来说，包装则应方便保管、移动简单、标志鲜明、容易识别、具有充分的强度。管理工作中的劳动生产率指标一般都用包装后所组成的货物单元来描述，我们可以称这种货物单元为成组化包装。

成组化包装提高了物品的储运效率。一方面，货物的统一包装能使货物的堆放、清点变得更加容易，从而提高仓储工作的效率。另一方面，成组化包装能提高机械设备的利用效率，缩短运输过程中的搬运和装卸作业时间，减轻人工劳动强度。

现代包装一般结合条码与 RFID 技术，实现物品在流通过程中的自动识别与跟踪，使收货、储存、取货、运输等各个过程阶段信息可查。如将印有时间、品种、货号、编组编号等信息的条形码标签贴在物品上供电子仪器识别，能使生产厂家、批发商和仓储企业迅速准确地采集、处理和交换有关信息，加强对货物的控制，减少物品在流通过程中的货损率，提高跟踪管理的能力和效率，增加物品管理的便利性。

第二节 包装技术与标识

一、常用包装材料与包装容器

(一) 常用包装材料

常用包装材料包括主要包装材料、辅助包装材料和环保包装材料等。

1. 主要包装材料

主要包装材料有纸、塑料、木材、金属、玻璃、复合类材料等。

(1)纸及纸制品，质地较轻，易折叠，具有一定的吸水性，是很普遍的包装材料和缓冲材料。

(2)塑料以及塑料制品，包括聚乙烯、聚丙烯、聚苯乙烯、聚氯乙烯、钙塑制品等。此类材料多数质地较轻，化学性稳定，不会锈蚀，耐冲击，绝缘且导热低，但耐热性差、易燃烧。

(3)木材以及木材制品。木材一般具有强重比高、弹性好、导热性好、绝缘、易加工等特性。

(4)金属材料，包括镀锌薄板、涂铁板、铝合金等。此类材料多数耐热性好，不易燃烧，性质受温度影响小，耐久不易受损伤，但会锈蚀。

(5)玻璃、陶瓷制品等。其具备高透明度和高硬度的特点，美观且容易造型，但耐冲击性较差。

(6)复合材料，一般由两种或两种以上材料，经过一次或多次复合工艺而组合在一起，从而构成一定功能的复合材料。例如多层复合聚乙烯材料。

2. 辅助包装材料

辅助包装材料主要有黏合剂、黏合带、捆扎材料等。

(1)黏合剂。黏合剂是一种具有黏性的物质，可将两种分离的材料黏合到一起，一般包括天然黏合剂和人工黏合剂。根据包装材料的不同，黏合剂又可分为纸基材料黏合剂、塑料黏合剂、木材黏合剂等。

(2)黏合带。常用的黏合带有橡胶带、热敏带、黏结带三种。橡胶带遇水溶解，结合力强，黏结后完全固化，封口结实；热敏带加热活化，便产生黏结力，一旦结合，不好揭开且不易老化；黏结带是在带的一面涂上压敏性黏合剂，如纸带、布带、玻璃纸带、乙烯树脂带等，也有两面涂胶的双面胶带，这种带子用手压便可结合，十分方便。

(3)捆扎材料。捆扎是将货物通过打捆、压缩、缠绕等方法束扎在一起，以起到提高强度、封口防盗、便于处置和防止破损等作用。现在已很少用天然捆扎材料，而多用聚乙烯绳、聚丙烯绳、聚丙烯带、钢带、尼龙布等。

3. 环保包装材料

环保包装材料包括可再生利用包装材料、可食性包装材料和可降解材料等。

(1)可再生利用包装材料。聚酯瓶在回收之后,可用两种方法再生。物理方法是指直接彻底净化粉碎,无任何污染物残留,经处理后的塑料再直接用于再生包装容器;化学方法是指将回收的 PET 包装材料粉碎后,用解聚剂在碱性催化剂作用下,使其全部或部分解聚为单体或低聚物,纯化后再重新聚合成再生的 PET 树脂包装材料。

包装材料的重复利用和再生,仅仅延长了塑料等高分子材料作为包装材料的使用寿命,当达到其使用寿命后,仍要面临废弃物的处理和环境污染问题。

(2)可食性包装材料。可食性包装材料指可以食用的包装材料,常用的有蛋白质、淀粉、多糖、植物纤维、可食性胶质等。例如可食性包装膜,是具有多孔网络结构的包装薄膜,此类包装薄膜具有质轻、卫生、无毒无味、保质、保鲜、可直接食用且不影响食品风味等诸多优点。糯米纸及包装冰激凌的玉米烘烤包装杯都是典型的可食性包装。

人工合成可食性包装膜中比较成熟的是 20 世纪 70 年代已工业化生产的普鲁兰树脂,它是无味、无臭、非结晶、无定形的白色粉末,在水中容易溶解,可为黏性、中性、非离性的不胶化水溶液,经干燥或热压能制成透明、无色、无臭、无毒,具有韧性、高抗油性,能食用的薄膜,也可做仪器包装。可食性包装材料在食品工业,尤其在果蔬保鲜方面,具有广阔的应用前景。

(3)可降解材料。可降解材料指在特定时间内造成性能损失的特定环境下,其化学结构发生变化的一种塑料。可降解塑料包装材料既具有传统塑料的功能和特性,又可以在完成使用寿命之后,通过阳光中紫外线的作用或土壤和水中的微生物作用,在自然环境中分裂降解和还原,最终以无毒形式重新进入生态环境中,回归大自然。

可降解塑料主要分为合成光降解塑料、添加光敏剂的光降解塑料和生物降解塑料,以及多种降解塑料复合在一起的多功能降解塑料。

(二) 常用包装容器

包装容器是包装材料经过相关工艺造型后的产物,其表现形式多样,包括各类袋、盒、罐、瓶和箱等。现代物流领域常用的包装箱主要有瓦楞纸箱、木箱、托盘集合、塑料周转箱和集装箱等。具体如下:

1. 纸质容器

(1)运输用大型纸袋:可用 3~6 层牛皮纸多层叠合而成,也可用牛皮纸和塑料薄膜做成复合多层构造。

(2)运输用纸箱:原料是各种规格的白纸板和瓦楞纸板,但要求其强度和耐压能力必须达到一定指标,在选材和尺寸设计时应加以注意。

2. 塑料制品容器

塑料包装制品的应用日益广泛,形式多样,塑料袋及塑料交织袋已成为牛皮纸袋的代用品。塑料制品还用于酒、食用油等液体运输容器的革新,开发了纸袋结合包装,其方法是将折叠塑料袋容器放入瓦楞纸箱中,以代替传统的玻璃瓶、金属罐、木桶等。塑料成型容器也得到广泛的应用,如聚乙烯容器,包括箱、罐等,特别是颜料和食品业等塑料通用箱发展很快。

3. 木制容器

木制容器包括木箱、胶合板箱及木桶。为了节省木材，常使用框架箱、栅栏箱或木条胶合板箱，为了增加强度也有加铁箍的。对于重物包装，常在底部加木制垫货板。

4. 金属容器

输送用的金属容器有罐和箱，材料有镀锌铁板等。罐用于装食品、化学药品、牛奶、油脂类物品，而桶则主要用于装以石油为主的非腐蚀性的半流体及粉体、固体。

5. 托盘

托盘是一种在运输、搬运和存储过程中，将物品规整为货物单元时，作为承载面并包括承载面上辅助结构件的装置，如图5-1所示。其是一种集装设备，广泛应用于运输、仓储和流通等领域，通常与叉车配套使用，实现物品包装的单元化、规范化和标准化。

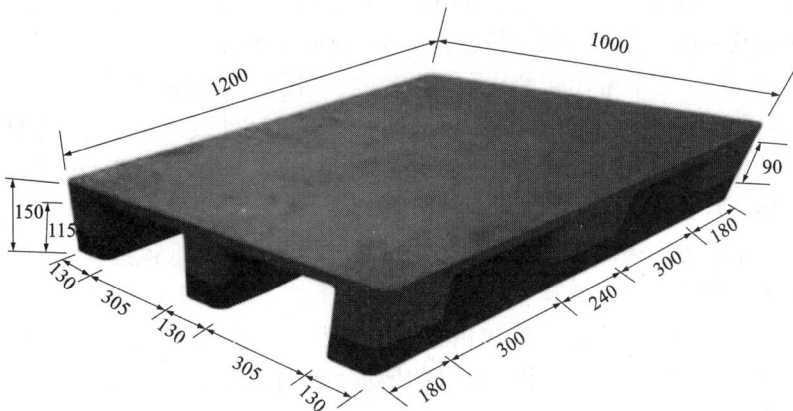

图5-1　塑料托盘(单位：mm)

由于托盘在实际作业中与存储的货架、搬运设施、集装箱等有直接关系，因此托盘的规格尺寸要充分考虑到与其他物流设施尺寸的匹配。例如：托盘横梁货架的横梁宽度最常见的有 2300 mm 和 2700 mm 两种，前者可以承放两个 TP3-1000 mm×1200 mm 的托盘，后者承放三个 TP2-800 mm×1200 mm 的托盘。

6. 集装箱

集装箱是具有足够的强度，可长期反复使用的适用于多种运输工具而且容积在 1 m³ 以上的集装单元器具。其设计是专门为运输周转使用并便于装卸机械操作的大型货物容器。由于集装箱与货物的外包装和其他容器不同，使用集装箱转运货物，可以直接在发货人的仓库装货，运到收货人的仓库卸货，中途更换车船时，无须把货物从箱内取出，所以它既是一种包装容器，又是一种运输工具。

二、包装技法

包装技法是指包装操作时所采用的技术和方法。通常包括置放、排列、加固、捆扎等操作，以及包装操作中所采用的缓冲、保鲜、防潮、防霉、防锈等技术手段。某些特殊包装还需要相应的包装设备，以及辅助材料和衬垫材料、防潮材料、防锈材料、包扎材料等。

整体来说，我们可以将包装技法归纳如下：

（一）一般包装技法

1. 对内装物的合理放置、固定和加固

在成组化包装过程中，往往需要在一个包装单元内装入不同大小、尺寸和形态的物品，为了最大限度地利用空间，一般对内装物进行合理置放、打包、隔离、固定和加固是必不可少的。例如，对于有规则外形的产品，要注意套装；对于薄弱的部件，要注意加固；包装内重量要注意均衡；产品与产品之间要注意隔离和固定。

2. 将松泡产品进行压缩包装

对于一些松泡类物品，包装时所占用容器的容积大，浪费运输空间和储存空间，增加了运输储存费用。一般可采用真空包装设备，压缩松泡物品的体积，压缩率可达 50%~85%。

3. 合理选择内、外包装尺寸和形状

大批货物集装过程中，存在包装件与集装箱之间的尺寸配合问题。如果配合得好，就能在装箱时不出现空隙，有效地利用箱容，并有效地保护商品。包装尺寸的合理配合主要指容器底面尺寸的配合，即应采用包装模数系列。至于外包装高度的选择，则应由商品特点来决定，松泡商品可选高一些，沉重的商品可选低一些。包装件装入集装箱只能平放，不能立放或侧放。在外包装形状尺寸的选择中，要注意避免过高、过扁、过大、过重的包装。过高包装会重心不稳，不易堆码；过扁包装会给标志印刷和标志辨认带来困难；过大包装不易销售，而且体积大也给流通带来困难；过重包装更容易破损，尤其是纸箱包装。

内包装形状尺寸的合理选择：内包装的形状、尺寸，要与外包装的形状、尺寸相配合，即内包装的底面尺寸必须与外包装模数相协调。当然，内包装主要是作为销售包装，更重要考虑的是要有利于商品的销售，有利于商品的展示、装潢、购买和携带。

4. 捆扎包装

外包装捆扎的直接目的是将单个物件或数个物件捆紧，以便于运输、储存和装卸。此外，捆扎还能防止失盗而保护内装物，能压缩容积而减少保管费和运输费，能加固容器，一般合理捆扎能使容器的强度增加 20%~40%。捆扎的方法有多种，一般根据包装形态、运输方式、容器强度、内装物重量等不同情况，可以采用井字、十字、双十字和平行捆等不同方法。对于体积不大的普通包装，捆扎一般在打包机上进行，而对于集合包装，用普通捆扎方法费工费力，一般采用收缩薄膜包装和拉伸薄膜包装等特殊包装技术（此内容在特种包装中介绍）。

（二）特殊包装技法

不同物品由于自身特性不同，在流通过程中受到外界的各种因素影响，使其形态、性质会发生不好的变化。例如，受潮、发霉、受震动冲击而损坏等。因此，可以采取一些特殊的包装技术和方法来保护产品，减少甚至避免此类影响。我们把这一类技术和方法称为特殊包装技法。它所包括的范围包括缓冲、保鲜、防潮、防锈、脱氧、充气、灭菌等。

1. 缓冲包装

缓冲包装或称防震包装，如图 5-2。是解决包装物品免受外界的冲击力、振动力等作用，从而防止损伤的包装技术和方法。常见的缓冲包装方法如下：

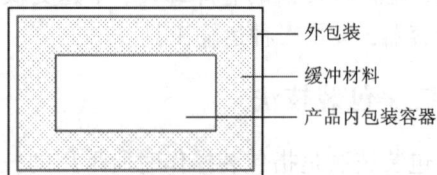

外包装
缓冲材料
产品内包装容器

图 5-2　缓冲包装

（1）全面防震包装方法。全面防震包装方法是指产品或内包装的整个表面都用缓冲材料（如泡沫颗粒）衬垫的包装方法。

（2）部分防震包装方法（图5-3、图5-4）。对于整体性较好的产品和有内容器的产品，仅在产品或内包装的拐角或局部地方采用缓冲材料衬垫即可满足防震的要求，常用的包装材料有泡沫塑料防震垫、充气型塑料薄膜防震垫、橡胶弹簧，部分缓冲可以有天地盖、左右套、四棱衬垫、八角衬垫和侧衬垫等。

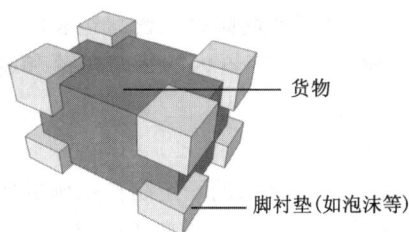

图5-3 八角衬垫包装

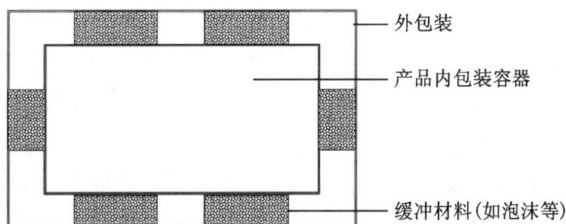

图5-4 侧衬垫包装

（3）悬浮式缓冲防震包装方法（图5-5）。对于某些贵重易损的物品，为了有效地保证在流通过程中不被损坏，外包装容器比较坚固，采用绳、带、弹簧等将被装物悬吊在包装容器内，使其悬浮吊起，内装物都被稳定地悬吊而不与包装容器发生碰撞，从而减少损坏。这种方法适用于极易受损且要求确保安全的产品，如精密机电设备、仪器、仪表等。

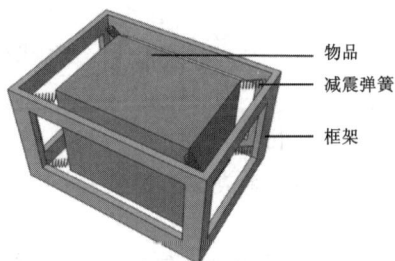

图5-5 悬浮防震包装

2. 防潮包装

防潮包装是指使用具有一定隔绝水蒸气能力的包装材料对产品进行包封，隔绝外界湿度对产品的影响，同时使包装内的相对湿度满足物品需求。符合这一要求的材料有金属、塑料、陶瓷、玻璃，以及经过防潮处理的纸、木材、纤维制品等。一般塑料和铝箔使用较广泛。

常采取的基本防潮方法是：以防潮性能良好的密封容器或薄膜包装材料将已干燥的物品密闭起来，也可在包装内增加适量干燥剂加以辅助。

3. 防锈包装

防锈包装技法是指在运输储存金属制品与零部件时，为了防止其生锈而降低使用价值或性能所采用的包装技术和方法。目的是消除和减少致锈的各种因素，采取适当的防锈处理。

（1）防锈油（黄油）防锈蚀包装技术。大气锈蚀是空气中的氧、水蒸气及其他有害气体等作用于金属表面引起电化学作用的结果。如果使金属表面与引起大气锈蚀的各种因素隔绝，即将金属表面保护起来，就可达到防止金属大气锈蚀的目的。防锈油包装技术就是根据这一原理在金属表面上涂覆防锈油(俗称黄油)，使金属表面与空气和水隔绝，以达到防锈的目的。用防锈油封装金属制品，要求油层有一定厚度、涂层完整。不同类型的防锈油要采用不同的方法进行涂覆。

(2)气相防锈包装技术。气相防锈包装技术就是用气相缓蚀剂(挥发性缓蚀剂)，在密封包装容器中对金属制品进行防锈处理的技术。气相缓蚀剂是一种能减慢或完全停止金属在侵蚀性介质中的破坏过程的物质，它在常温下即具有挥发性。气相缓蚀剂储存在密封包装的容器中。在很短的时间内挥发或升华出的缓蚀气体就能充满整个包装容器内的每个角落和缝隙，同时吸附在金属制品的表面上，从而起到抑制大气对金属锈蚀的作用。

4.防霉包装

防霉包装是为了防止因霉菌侵袭内装物长霉而影响产品质量所采取的一定防护措施的包装技术。防霉包装可采用防潮包装、耐低温包装和高封密包装。包装防霉烂变质的措施，通常是采用冷冻包装、真空包装或高温灭菌的方法。有些经干燥处理的食品包装，应防止水汽浸入以防霉腐，可选择防水汽和气密性好的包装材料，采取真空或充气包装。为防止货物发霉，还可使用防霉剂。例如，食品则必须选用无毒防霉剂。

5.防虫包装

防虫包装常用的是驱虫剂，即在包装中放入有一定毒性和臭味的药物，利用药物在包装中挥发气体杀灭和驱除各种害虫。常用驱虫剂有萘、对位二氯化苯、樟脑精等。也可采用真空包装、充气包装、脱氧包装等技术，使害虫无生存环境，从而防止虫害。

6.危险品包装

危险品有上千种，根据国联规定的物质不同危险性，将其分为九大基本类：第一类是爆炸品；第二类是压缩气体和液化气体；第三类是易燃液体；第四类是易燃固体；自然物品和遇湿易燃物品；第五类是氧化剂和有机过氧化物；第六类是毒害品和感染性物品；第七类是放射性物品；第八类是腐蚀品；第九类是杂类。有些物品同时具有两种或以上危险性，将进行再次分类。

危险品包装相对比较复杂，不同性质的物品包装方法也有不同。例如，有毒物品包装必须严密且不漏气。有腐蚀性的物品，要防止其与包装材料发生化学反应。对于易燃、易爆商品，防爆炸包装的有效方法是采用塑料桶，然后将塑料桶装入铁桶或木箱中，并应有自动放气的安全阀。另外，危险品的外包装上都要明显地标示危险品标志。

7.特种包装

(1)充气包装。充气包装是指采用保护性气体(一般为 N_2、CO_2 等)置换包装容器中的空气，然后将包装密封，使产品在弱氧或无氧环境下弱化甚至停止生化反应，从而达到防止产品腐败的一种包装技术方法，因此也称为气体置换包装。这种包装方法的根据是：好氧性微生物需要氧代谢，在密封的包装容器中改变气体的组成成分，降低氧气的浓度，可以抑制微生物的生理活动、酶的活性和鲜活商品的呼吸强度，达到防霉、防腐和保鲜的目的。

(2)真气包装。真气包装也称减压包装或排气包装，是将物品装入气密性容器后在容器封口之前抽真空，使密封后的容器内基本没有空气的一种包装方法。这种方法可阻挡外界的水汽进入包装容器内，有效防止降温时潮湿空气的结露现象。一般的肉类商品、谷物加工商品以及某些容易氧化变质的商品都可以采用真空包装。真空包装不但可以避免或减少脂肪氧化,而且抑制了某些霉菌和细菌的生长。同时在对其进行加热杀菌时,由于容器内部气体已排除,因此加速了热量的传导,提高了高温杀菌效率,但由于气体的膨胀容易使包装容器破裂,因此采用真空包装法时要注意避免过高的真空度,以免损伤包装材料。

(3)收缩包装。收缩包装就是采用收缩薄膜物品(或内包装件)进行裹包,然后对薄膜进行适当加热处理,使薄膜收缩而紧贴于物品(或内包装件)的包装技术方法。收缩膜是一种经过特殊拉伸和冷却处理的聚乙烯薄膜,由于薄膜在定向拉伸时产生残余收缩应力,这种应力受到一定热量后便会消除,从而使其横向和纵向均发生急剧收缩,同时使薄膜厚度增加,收缩率通常为30%~70%,收缩力在冷却阶段达到最大值,并能长期保持。

(4)拉伸包装。拉伸包装是20世纪70年代开始采用的一种新包装技术,它是由收缩包装发展而来的。拉伸包装是依靠机械装置在常温下将弹性薄膜围绕被包装件拉伸、紧裹,并在其末端进行封合的一种包装方法。由于拉伸包装不需进行加热,所以消耗的能源只有收缩包装的1/20。拉伸包装可用于捆、包单件物品,也可用于托盘的集合包装。

(5)脱氧包装。脱氧包装是在密封的包装容器中,使用能与氧气起化学作用的脱氧剂,从而除去包装容器中的氧气,以达到保护包装内物品的目的。脱氧包装方法适用于某些对氧气特别敏感的物品,适用于即使有微量氧气也会促使品质变坏的食品包装中。

(三)常用包装操作技法

1.充填

充填是将商品装入包装容器的操作,分为装放、填充与灌装三种形式。

2.封口

封口是将包装的敞口处密封的技术,实际操作中,可以手工捆扎完成也可使用专用封口器械。

3.裹包

裹包是用一层挠性材料包覆商品或包装件的操作。

4.加标和检重

加标就是将标签粘贴或拴挂在商品或包装件上,标签是包装装潢的标志,因此加标也是很重要的工作。检重是检查包装内容物的重量,目前大多采用电子检重机进行检测。

三、包装标志

包装标志是物流系统中较早实现标准化的系统之一。采用标记的识别办法,最主要的目的是引起人们的注意,简明扼要地提示人们正确地处理各项物流作业。因此,标记必须牢固、醒目、简单、正确、方便阅读,便于掌握要领。

物流系统中常见的包装标识主要有储运标志和危险物标志。

(一)储运标志

《包装储运图示标志》(GB/T 191—2008)规定了包装储运图示标志的名称、图形符号、尺寸、颜色及应用方法,适用于各种货物的存储和运输包装。储存标志主要有易碎物品标志、禁用手钩标志、向上标志、怕晒标志等17种图案,具体如图5-6所示。

例如:"易碎物品"表明运输包装件内包装易碎物品,搬运时应小心轻放。"禁用手钩"表明搬运运输包装件时禁用手钩。各种储运标志含义如表5-1所示。

易碎物品	禁用手钩	向上	怕晒	怕辐射	怕雨
易碎物品标志	禁用手钩标志	向上标志	怕晒标志	怕辐射标志	怕雨标志
重心	禁止翻滚	此面禁用手推车	禁用叉车	由此夹起	此处不能卡夹
重心标志	禁止翻滚标志	此面禁用手推车标志	禁用叉车标志	由此夹起标志	此处不能卡夹标志

"最大一千克"

堆码质量极限	堆码层数极限	禁止堆码	由此吊起	温度极限
堆码质量极限标志	堆码层数极限标志（图中n表示层数）	禁止堆码标志	由此吊起标志	温度极限标志

图5-6　储运标志

表5-1　储运标志名称及含义

标志名称	含义	标志名称	含义
易碎物品标志	表明运输包装件内包装易碎物品，搬运时应小心轻放	禁用叉车标志	表明不能用升降叉车搬运的包装件
禁用手钩标志	表明搬运运输包装件时禁用手钩	由此夹起标志	表明搬运货物时可用夹持的表面
向上标志	表明该运输包装件在运输时应竖直向上	此处不能卡夹标志	表明搬运货物时不能用夹持的面
怕晒标志	表明该运输包装件不能直接照晒	堆码质量极限标志	表明该运输包装件所能承受的最大质量极限
怕辐射标志	表明该物品一旦受辐射会变质或损坏	堆码层数极限标志	表明可堆码相同运输包装件的最大层数
怕雨标志	表明该运输包装件怕雨淋	禁止堆码标志	表明该包装件只能单层放置
重心标志	表明该包装件的重心位置，便于起吊	由此吊起标志	表明起吊货物时挂绳索的位置
禁止翻滚标志	表明搬运时不能翻滚该运输包装件	温度极限标志	表明该运输包装件应该保持的温度范围
此面禁用手推车标志	表明搬运货物时此面禁止放在手推车上		

储运标志外框是长方形,其中图形符号外框为正方形,印刷尺寸一般有四种,如表5-2所示,颜色一般为黑色。如果包装的颜色使得标志显得不清晰,则应用对比色突显标志,例如黑色标志最好以白色作为底色。必要时标志也可以使用其他颜色,除非另有规定,一般不要使用红色、橙色和黄色,以避免和危险物标志混淆。

表 5-2　储运标志尺寸

尺寸	标志图形符号/mm	标志外框/mm
尺寸一	50×50	50×70
尺寸二	100×100	100×140
尺寸三	150×150	150×210
尺寸四	200×200	200×280

(二)危险物标志

凡是危险物品包装均应印刷醒目的危险物标志。危险物包括爆炸性物质、易燃气体、非易燃无毒气体、有毒气体、易燃液体、易燃固体、易自燃物质、氧化物质、有毒物质、腐蚀性物质、放射性物质等,此类标志如图5-7所示。颜色多以醒目的红色、黄色、橙色以及高对比度的黑白色为主,形状为正方形,常见尺寸有四种,见表5-3。各类标志的详细信息读者可自行查阅《危险货物包装标志》(GB 190—2009)。

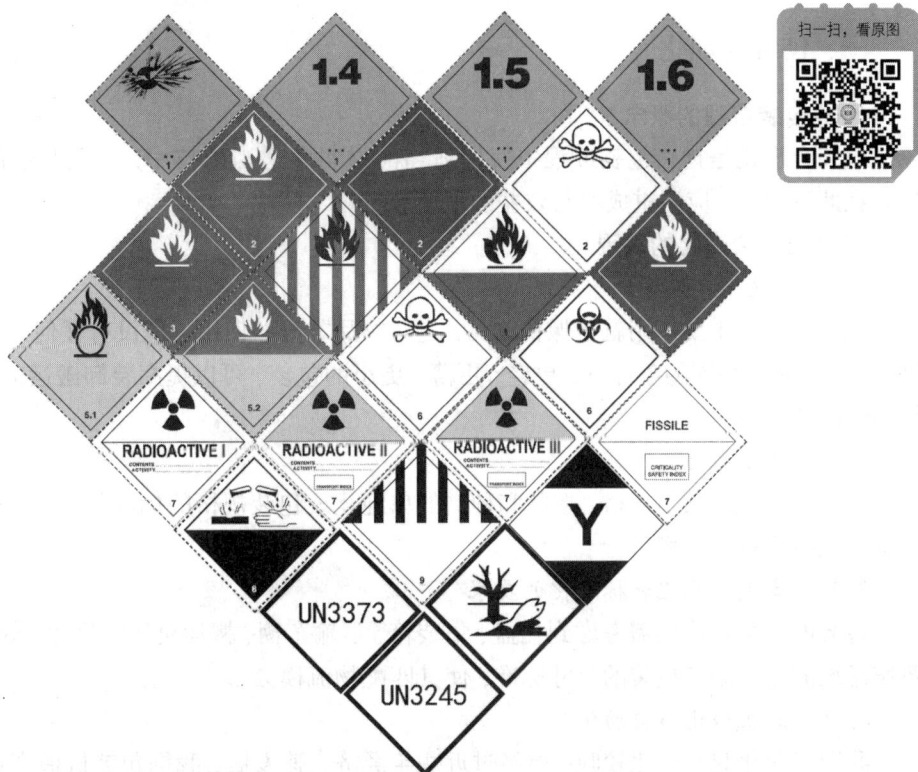

图 5-7　危险物标志

113

表 5-3　危险物标志尺寸

尺寸	长/mm	宽/mm
尺寸一	50	50
尺寸二	100	100
尺寸三	150	150
尺寸四	250	250

除此之外还有其他识别标志，包括主要标志、批数与件数号码标志、目的地标志、体积重量标志、附加标志和运输号码标志等。在现代物流实践过程中，往往需要将包裹的各类信息录入计算机系统，同时也包括标记信息，而图形化的标记不利于计算机的数据采集，因此出现了标志加条码的方式进行标识。条码有更大的数据存储空间，可以将相关物流信息完整地表示，且方便被各类读取设备识别，能够迅速地录入计算机系统。条码与标志的联合使用，使人机配合更加高效。

第三节　包装合理化与标准化

一、包装合理化

(一)包装合理的概念

包装合理化是指在包装过程中使用适当的材料和适当的技术，制成与物品相适应的容器。在此过程中，应注重成本与效益的平衡。

(二)包装合理化的表现

1. 包装的轻薄化

包装的一个主要作用就是保护物品，它对物品本身的使用价值没有任何意义。所以在强度、寿命、成本相同的条件下，更轻、更薄、更小的包装，可以提高装卸搬运的效率，更节约储运空间和成本。

2. 包装的单纯化

包装单纯化包括了规格、形状和种类的单纯化。包装规格的标准化、形态的单纯化有利于提高包装作业的效率。

3. 符合集装单元化和标准化的要求

包装的规格往往还需考虑到托盘、集装箱、运输车辆、搬运机械的尺寸、规格等因素，从系统思维的角度制定包装的尺寸标准，使其匹配物流模数。

4. 包装的机械化与自动化

我国工业化起步虽比较晚，但经过近些年经济高速发展，我国包装机械产业以每年16%的速度增长。自动化包装机械的设计与开发，能够大大提高物流活动的效率，也是现代化物流的重要体现。目前我国包装行业位居世界第二。

5. 注意与其他环节的配合

从物流活动的角度看，包装作用于装卸搬运、运输、仓储等环节，因此需要具有一定的整体视角，综合地考虑这些活动因素，全面协调。

6. 有利于环保

包装过程中，往往产生大量废弃物，如何正确地处理好这些废弃物，是包装合理化的一个重要课题。另外，在包装容器和材料的选择上，要选可重复再利用的容器，对环境、人体无害的材料，即"绿色包装"。

(三) 包装不合理的表现

下面列举几项不合理包装现象。

1. 包装不足无法保护内装商品

包装不足主要体现在以下几个方面：包装强度不足、包装材料水平不足、包装容器的层次及容积不足、包装成本过低。由于这些问题使包装的防护功能下降，容易在运输理货时给内容物造成损伤。

2. 包装过剩

包装过剩主要体现在包装设计过于复杂、包装材料选择标准过高、包装技术成本过高等方面。例如，纸板就能够满足需求的包装，却使用了镀锌、镀锡等材料。总之，过剩的包装往往会降低装卸搬运的效率，浪费运输空间和包装成本。

3. 包装标志不清楚

包装标志能够有效地指导储运工作，尤其是危险物标志，客观上能够对作业人员起保护作用。各类包装标志印刷不清或缺失，容易造成不必要的物品损失或给作业带来一定风险。

4. 包装模数问题

包装模数是指关于包装基础尺寸的标准化及系列尺寸选定的一种规定。包装模数标准确定之后，各种进入流通领域的商品便需按模数规定的尺寸进行包装，按模数包装货物可以随意组合，有利于小包装的集合，有利于集装箱用托盘装箱、装盘。包装模数如能和仓库设施、运输设施尺寸等物流模数统一化，也有利于运输和保管。包装模数尺寸的标准化，有一定局限性，大部分工业产品，尤其是散杂货可以实现包装标准化，有些产品则无法实现其标准化。

5. 不利于环保

不合理的包装容易产生大量废弃物，造成环境污染，无法反复多次使用或回收再生利用；某些包装材料还会对人体健康产生影响，对环境造成污染。例如，很难降解的塑料制品，大量存在于海洋和陆地，对生态环境造成了严重影响。

二、包装合理化设计

(一) 包装设计要求

从物品流通的角度考虑，包装设计一般要符合以下要求。

1. 保护性要求

保护性要求即包装是否能够达到货物的保护要求。

2. 装卸性要求

装卸性要求即货物包装在运输工具上装卸及仓库中取存是否方便、高效。

3. 作业性要求

作业性要求即对货物的包装作业是否简单容易操作。

4. 便利性要求

便利性要求即货物开包是否方便,包装物处理是否容易。

5. 标志性要求

标志性要求即包装物内物品的有关信息(如品名、数量、重量、装运方法、保管条件等)是否清楚。

6. 经济性要求

经济性要求即需要控制包装成本。

(二)包装设计策略

应从物流作业的不同角度出发,确定最优的包装方案。

1. 从装卸的角度看

不同的装卸方法应配合不同的包装。例如机械化作业的情况下,可以使用托盘等设施包装。在采用人工装卸的情况下,外包装形式就需要适合人工操作。

2. 从仓储保管的角度看

应根据不同的保管条件和方式采用适合的包装。

3. 从运输的角度看

应根据运输工具的类型、运输距离以及道路状况等确定包装。

三、包装标准化

包装标准化是实现包装合理化需要研究的重要课题。它是对包装类型、规格、材料、结构、造型、标志及包装实验等所做的统一规定以及相关的技术政策和技术措施,其中主要包括统一材料、统一规格、统一容量、统一标志和统一封装方法。

商品包装标准化主要内容是使商品包装实用、牢固、美观,达到定型化、规格化和系列化。对同类或同种商品包装,需执行"七个统一",即:统一材料、统一规格、统一容量、统一标志、统一结构、统一封装方法和统一捆扎方法。

推行标准化是任何国家的一项重要技术经济政策,它适应于日益扩大的国际贸易发展的需要,成为产品走向国际市场的重要条件之一。若包装不按现行国际标准执行,产品的国际集装袋、集装箱运输就会受到影响,最终影响产品的出口。

目前,我国的产品包装标准主要包括建材、机械、电工、轻工、医疗器械、仪器仪表、中西药、食品、农畜水产、军工等 14 大类。

(一)商品包装标准化的内容

1. 包装材料标准化

商品包装材料应尽量选择标准材料,少用或不用非标准材料,以保证材料质量和材料来源的稳定。要经常了解新材料的发展情况,结合企业生产的需要,有选择地采用。

包装材料主要有纸张、塑料、金属、木材、玻璃、纤维织物等。对这几大类包装材料的强度、伸长每平方米重量、耐破程度、水分等技术指标应做标准规定,以保证包装材料制成包装容器后能够承受流通过程中各种损害商品的外力和其他条件。

2. 包装容器标准化

包装容器的外形尺寸与运输车辆的内部尺寸和包装商品所占的有效仓库容积有关。因此，应对包装外形尺寸做严格规定。运输包装的内尺寸和商品中包装的外尺寸也有类似的关系，因此对运输包装的内尺寸和商品中包装的外尺寸，也应做严格规定。为了节约包装材料和便于搬运、堆码，一般情况下，包装容器的长与宽之比为3∶2，高与长相等。

3. 包装工艺标准化

凡是包装箱、桶等，必须规定内装商品数量、排列顺序、合适的衬垫材料，并防止包装箱、桶内空隙太大、商品游动。如木箱包装箱，必须规定箱板的木质、箱板的厚度、装箱钉子的规格、相邻钉子距离、包角的技术要求及钉子不得钉在夹缝里等。纸箱必须规定封口方式、腰箍的材料、腰箍的松紧及牢固度等。布包则要规定针距及捆绳的松紧度等。回收复用的木箱、纸箱及其他包装箱也都必须制定标准。

4. 装卸作业标准化

在车站、港口、码头、仓库等处装卸物时，都要制定装卸作业标准，要搞好文明操作。机械化装卸要根据商品包装特点选用合适的机具，如集装袋、托盘等。工业、商业、交通运输部门交接货物时，要实行验收责任制，以做到责任分明。

5. 集合包装标准化

集合包装既适合机械化装卸，又能保护商品安全。我国集合包装近几年有较快的发展，并制定了部分国家标准，其中，20吨以上的集装箱采用国际标准。托盘的标准应和集装箱的标准规定的尺寸相配套。

（二）包装标准的分类

根据不同的包装标准内容，包装标准可概括为以下几类：

1. 包装基础标准和方法标准

包装基础标准和方法标准是包装工业基础性的通用标准，包括包装通用术语、包装尺寸系列、运输包装件实验方法等。

2. 产品包装标准

产品包装标准是对产品（包括工业品和农副产品）包装的技术要求和规定。一种是产品质量标准中对产品包装、标志、运输、储存等做的规定；另一种是专门单独制定的包装标准。

3. 包装工业的产品标准

包装工业的产品标准是指包装工业产品的技术要求和规定，如普通食品包装袋、高压聚乙烯重包装袋、塑料打包带等。

（三）包装标准化的意义

包装的标准化不仅只为提高物流效率、减少损失，同时也是运输工具和运输机械标准化的基础。当今世界各国交流密切，国际贸易活动频繁，包装标准化对国际物流的发展和国际物资流通范围的扩大具有很重要的意义。我们可以将它的作用概括为以下几个方面。

1. 有利于包装工业的发展

包装标准化是有计划发展包装工业的重要手段，是保证国民经济各部门生产活动高度统一、协调发展的有利措施。商品质量与包装设计、包装材料或容量、包装工艺、包装机械等有着密切关系。由于商品种类繁多，形状各异，为了保证商品质量，减少事故的发生，根据各方面的需要，制定行业标准及互相衔接标准，逐步形成包装标准化体系，有利于商品运输、装卸和贮存；有利于各部门、各生产单位有机地联系起来，协调相互关系，促进包装工业的发展。

2. 有利于提高生产效率，保证商品安全可靠

根据不同商品的特点，制定相应的标准，使商品包装在尺寸、重量、结构、用材等方面都有统一的标准，使商品在运转过程中免受损失，同时也为商品贮存养护提供了良好的条件，使商品质量得到保证。特别是在运输危险品和有危险的商品时，如果包装比较适宜、妥当，能减少发热、撞击，运输安全就能得到保证。

3. 有利于合理利用资源、减少材料损耗、降低商品包装成本

包装标准化可使包装设计科学合理，包装型号规格统一。过去，纸箱规格参差不齐，质量不好，实行包装标准化以来，纸箱统一简化为27种规格，降低半成品损耗千分之五。沪、津两市，仅针织内衣包装实行标准化，一年就可降低包装费上百万元。

4. 有利于包装的回收复用，减少包装、运输、贮存费用

商品包装标准的统一，使各厂各地的包装容器可以互通互用，便于就地组织包装回收复用，能节省回收空包装容器在地区间的往返运费，并降低包装贮存费用。

5. 便于识别和计量

标准化包装，能简化包装容器的规格，统一包装的容量，明确规定了标志与标志书写的部位，便于从事商品流通的工作人员识别和分类。同时，整齐划一的包装，每箱中或者每个容器中的重量一样、数量相同，对于商品使用计量非常方便。

6. 包装标准化

包装标准化对提高我国商品在国际市场上的竞争力、发展对外贸易有重要意义。

四、包装发展趋势

(一)包装的大型化和集装化

包装大型化和集装化有利于物流系统在装卸、搬运、保管等过程的机械化；有利于加快这些环节的作业速度从而加快全物流过程的速度；有利于减少单位包装，节约包装材料的包装费用；还有利于保护货体。可以认为，为实现物流过程的机械化、自动化，提高物流效率，包装的大型化和集装化是必不可少的。

采用大型和集装方式还要考虑大型包装和集装这种运输包装形态和销售的结合。办法是，使大型包装和集装的货物个体的工业包装实现商业包装化，即货物个体由于大型包装和集装的保护作用，可省去单独的工业包装，而使之商业包装化，从大型包装或集装中取出后，拆除工业包装即可成为销售单位并有促销效果。

(二)包装的多次、反复使用和废弃包装处理

包装产业现今已是世界各国的重要产业之一，在有的国家已占到国民经济的5%。这么大的产业，资源消耗巨大，因而资源回收利用、梯级利用、资源再循环是包装领域现代化的重要课题。

在这方面，有许多有效的管理措施：

1. 通用包装

通用包装指按标准模数尺寸制造瓦楞纸、纸板及木制、塑料制通用外包装箱，这种包装箱不用专门安排回返使用，由于其通用性强，无论在何处落地，都可转用于其他包装。

2.周转包装

有一定数量规模并有较固定供应流转渠道的产品,可采用周转包装多次反复周转使用的办法。

3.梯级利用

梯级利用指一次使用后的包装物,用毕转作他用或用毕后进行简单处理转作他用。

4.再生利用

再生利用指对废弃的包装经再生处理,转化为其他用途或制成新材料。

(三)绿色包装

绿色包装是一种理念,它包含两个方面的含义:一是保护环境,二是节约资源。在社会经济得到发展的同时,如何减少资源的消耗,如何减少对环境的污染,走可持续发展的道路,已成为当今各行各业关心的重点,绿色包装就是顺应了这种趋势而发展起来的。绿色包装就是指在包装设计、包装材料的应用等方面要充分考虑资源的尽可能少的消耗,尽可能避免环境的污染,走可持续发展的道路。在中国的物流及包装行业的素质不断提高、包装材料多样化发展、包装设备与技术不断更新改进的今天,我们更应该大力提倡绿色物流。

我国绿色包装发展面临的主要困难和问题是:环境污染问题还没有引起足够的重视;缺少与国外包装法规相配套的法规和条例;行业管理散乱;包装材料受限;废弃包装回收利用技术和力度不到位。结合中国的国情,应采取变革绿色包装观念、完善产业服务体系、组织技术开发、寻求政策支持等对策。通过绿色包装促进绿色包装材料的推广普及是一个重要的措施。

【拓展阅读】

近年我国包装行业概况

我国制造业规模不断扩大,已成为名副其实的"世界工厂"和世界制造业第一大国。包装业是为其他制造业服务的,目前我国也成为全球发展最快、规模最大、最具潜力的包装市场。

2019年,纸和纸板容器细分行业营业收入2897.17亿元,占比28.88%;塑料薄膜行业营业收入2704.93亿元,占比26.96%;塑料包装箱及容器行业营业收入1592.39亿元,占比15.87%;金属包装容器及材料行业营业收入1167.30亿元,占比11.64%;塑料加工专用设备行业营业收入650.81亿元,占比6.49%;玻璃包装容器行业营业收入610.15亿元,占比6.08%;软木制品及其他木制品制造行业营业收入409.77亿元,占比4.08%。其中纸类包装在包装行业中一直占据主要地位,塑料薄膜产量增长最快。2019年各类包装材料市场占比如图5-8所示。2019年塑料薄膜产量为1594.62万吨,同比增长16.35%;箱纸板产量1301.56万吨,同比增长6.62%。

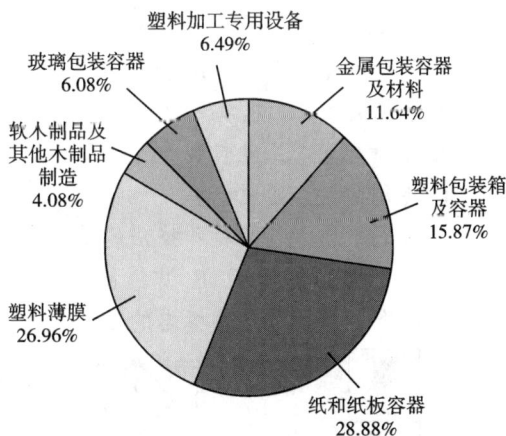

图5-8 2019年各类包装材料市场占比

尽管我国纸包装行业市场规模总量大,但是与发达经济体相比,我国纸包装行业呈现出明显的行业分散、集中度低的竞争格局。经过多年的发展,我国包装企业由少到多、由小变大，但是以利润总额和企业规模为指标衡量，小型包装企业仍然是国内包装企业的主流，占比达到 65.29%，中小型企业的合计占比达到 92.39%。龙头企业合兴包装、美盈森 2018 年营业收入分别为 100.24 亿元、31.48 亿元，市场占有率分别为 3.43%、1.08%，合计市场占有率为 4.51%。

中国仍是全球最大的瓦楞纸生产及消费国。亚太地区瓦楞纸市场需求的增速将领跑全球，其中中国和印度是增量的主要来源。预计在未来几年内，以瓦楞纸箱为代表的纸及纸板容器行业仍然有稳健的增长空间。

（材料来源：http://www.chyxx.com/industry/202006/876897.html）

【本章小结】

在现代物流观念中，包装处于生产过程的终点，同时也是社会物流的起点。从这个角度来看，我们一般把包装分为生产销售包装和运输包装，那么它的作用自然也应从两方面来看。在营销活动中，包装是"无声的推销员"，它通过商标、形状、图案和色彩等因素向消费者提供产品的信息，同时吸引消费者购买该产品。在储运活动中，包装的作用是保护物品，使物品的形状、性能、品质在物流过程中不受损坏。

本章从概念、分类、作用、材料、方法、标志、合理化以及标准化等角度阐述物流活动中的包装过程。相信读者朋友对包装有了一个基本的认知和理解，明确了包装在整个物流活动中的作用与意义。

【复习思考习题】

扫一扫，看参考答案

一、不定项选择题

1. 包装一般可以分为运输包装和（　　　）。

A. 防潮包装　　　　B. 防锈包装　　　　C. 危险品包装　　　　D. 销售包装

2. 按包装形态，包装可分为（　　　）。

A. 消费包装、工业包装　　　　　　　　B. 单个包装、内包装、外包装

C. 专用包装、通用包装　　　　　　　　D. 硬包装、软包装

3. 以下不属于包装特殊技法的是（　　　）。

A. 全面防震包装　　　B. 防锈包装　　　C. 捆扎包装　　　D. 防虫包装

4. 以下不属于危险物标志的是（　　　）。

A. 小心轻放　　　　B. 一级放射性物品 1　　　　C. 易燃液体 3　　　　D. 有毒气体 2

5. 包装设计时往往考虑制造和市场营销方面的要求而忽视物流要求的包装是（　　　）。

A. 消费包装　　　　B. 工业包装　　　　C. 集中包装　　　　D. 运输包装

6. 常用的包装材料有（　　　）。

A. 纸质材料　　　　B. 木材　　　　C. 塑料

D. 金属材料　　　　E. 玻璃

7.特种包装技术包括( )。

A.充气包装　　B.拉伸包装　　C.收缩包装　　D.脱氧包装　　E.真空包装

8.常用包装操作有( )。

A.充填　　　　B.裹包　　　　C.封口　　　　D.加标　　　　E.检重

二、简答题

1.谈谈你对包装的理解。

2.请简述包装的作用。

3.合理化包装表现在哪些方面?

三、案例阅读与分析题

简约的小米手机包装盒

早期的小米手机外盒包装设计十分简约,基本采用的是原色纸张,没有过多的印刷,这就保证了回收再利用时没有油墨的污染,同时也减少了印刷成本。

这种包装盒理论上可承受 300 kg 的压力不破。正是因为这个承重特点引起了很多"米粉"的兴趣,网上也流传了不少针对它的实验。那么这款包装到底有什么特点呢?

首先,这款包装由比较昂贵的加拿大原产液态硫酸盐针叶浆制造,纸面处理非常光滑、平整,属于浅色全木浆牛卡纸产品。纸张内部结合度非常牢固,具有很强的拉力度和耐破度,这也是它能承受 300 kg 压力的原因。

其次,整个包装的印刷,仅有"MI"字 logo。虽然这种印刷方式跟小米公司文化追求简洁和卓越的性能有关,但也客观地减少了印刷成本。

最后,包装的内部结构,采用牛卡纸的折纸设计实现手机的放置,且贴合度很高。这样一来,整个包装盒的内部空间布置就相当灵活,而且内卡形成了一个手机的安全防护区。

有了这样结实的包装,对于运输手机这段路程来说,小伙伴就无须担心路途的颠簸与快递小哥的"暴力分拣"啦!

案例思考题:

1.你觉得小米手机这款包装的优点有哪些?

2.为什么这款包装仅出现在小米手机的早期产品中,现在却不用了?谈谈你的看法。

【本章参考文献】

[1]柳健.物流管理概论[M].北京:电子工业出版社,2017.

[2]刘助忠.物流学概论[M].北京:高等教育出版社,2015.

[3]全国物流标准化技术委员会,全国物流信息管理标准化技术委员会.物流术语:GB/T 18354—2006[S].北京:中国标准出版社,2007.

[4]全国包装标准化技术委员会.包装储运图示标志:GB/T 191—2008[S].北京:中国标准出版社,2008.

[5]全国危险化学品管理标准化技术委员会.危险货物包装标志:GB 190—2009[S].北京:中国标准出版社,2009.

第六章　流通加工

第一节　流通加工概述

流通加工是物品从生产领域流通到消费领域过程中，为了维护其质量、提高物流效率，促进销售，对物品进行的加工活动。

流通加工通常包括简单的组装、剪切、套裁、贴标签、刷标志、分类、检量、弯管、打孔等作业，往往使物品在物理形态上或化学性质上发生一定变化。随着我国经济增长、国民收入增多，消费者的需求多样化是必然现象，流通领域的加工活动正是在需求多样化的背景下产生的。目前，流通加工业务存在于世界许多国家和地区的物流中心或仓库经营活动中。

一、流通加工概念

《物流术语》（GB/T 18354—2006）对流通加工（distribution processing）的描述为：根据顾客的需要，在流通过程中对产品实施的简单加工作业活动（如包装、分割、计量、分拣、刷标志、拴标签、组装等）的总称。

二、产生的原因

"流通加工"活动的产生根源，一方面是现代的生产与消费方式，另一方面是物流领域相关概念的转变。具体来说，有以下几个：

1. 集中化的现代生产方式

规模化、大型化生产是现代生产方式的发展趋势之一，企业依靠单品种、大批量的生产方式降低生产成本获得规模经济效益，在规模经济效益的驱使下，生产的集中度越来越高，然而过于集中的生产方式进一步引起产需之间的分离。产需分离的表现首先为人们认识的空间、时间及人的分离，即生产及消费不在同一个地点，而是有一定的空间距离；生产及消费在时间上不能同步，而是存在着一定的"时间差"；生产者与消费者并不处于一个孤立封闭的圈内，而是时刻保持着角色互换，人们在生产的同时也在进行消费。而弥补上述分离的手段则是运输、储存及交换。

近年来，人们进一步认识到，现代生产引起的产需分离并不局限于上述三个方面，这种分离是深刻而广泛的。第四种重大的分离就是生产及需求在产品功能上的分离。尽管"用户第一"等口号成了许多生产者的主导思想，但是，生产毕竟有生产的规律，尤其在强调大生产的工业化社会，大生产的特点之一就是"少品种、大批量、专业化"，产品的功能(规格、品种、性能)往往不能和消费需要密切衔接。弥补这一分离的方法就是流通加工。所以，流通加工的诞生实际是现代生产发展的一种必然结果。

2.大工业和网络经济时代的发展

流通加工的出现与现代社会消费的个性化有关。消费的个性化和产品的标准化之间存在着一定的矛盾，使本来就存在的产需第四种形式的分离变得更加严重。本来，弥补第四种分离可以采取增加一道生产工序或消费单位加工改制的方法，但在个性化问题十分突出之后，采取上述弥补措施将会使生产及生产管理的复杂性及难度增加，按个性化生产的产品难以组织高效率、大批量的流通。所以，在出现了消费个性化的新形势及新观念之后，就为流通加工开辟了道路。

3.人们对流通作用观念的转变

在社会再生产全过程中，生产过程是典型的加工制造过程，是形成产品价值及使用价值的主要过程。再生产型的消费本质上和生产过程一样，通过加工制造消费了某些初级产品而生产出深加工产品。历史上在生产不太复杂、生产规模不大时，所有的加工制造几乎全部集中于生产及再生产过程中，而流通过程只是实现商品价值及使用价值的转移而已。

在社会生产向大规模生产、专业化生产转变之后，社会生产越来越复杂，生产的标准化和消费的个性化出现，生产过程中的加工制造常常满足不了消费的要求。而由于流通的复杂化，生产过程中的加工制造也常常不能满足流通的要求。于是，加工活动开始部分地由生产及再生产过程向流通过程转移，在流通过程中形成的某些加工活动，就是流通加工。

流通加工的出现使流通过程明显具有了某种"生产性"，改变了长期以来形成的"价值及使用价值转移"的旧观念。这就从理论上明确了，流通过程从价值观念来看是可以主动创造价值和使用价值的，而不单是被动地"保持"和"转移"的过程。因此，人们必须研究流通过程中孕育着多少创造价值的潜在能力，这就有可能通过努力在流通过程中进一步提高商品的价值和使用价值，同时以很少的代价实现这一目标。这样，就引起了流通过程从观念到方法的巨大变化，流通加工则为适应这种变化而诞生。

4.效益观念的树立

20世纪60年代后，效益问题逐渐引起人们的重视，人们盲目追求高技术，引起了燃料、材料投入的大幅度上升，结果虽然采用了新技术、新设备，但往往是得不偿失。20世纪70年代初，第一次石油危机的发生证实了效益的重要性，使人们牢牢树立了效益观念，流通加工可以以少量的投入获得很大的效果，是一种高效益的加工方式，自然获得了很大的发展。所以，流通加工从技术上来讲，可能不需要采用什么先进技术，但这种方式是现代观念的反映，在现代的社会再生产过程中起着重要作用。

三、流通加工的特点

流通加工可以认为是生产加工的一种补充，在加工方法、加工组织以及管理方面与生产型加工的区别并不明显，但是在加工对象、加工程度、加工责任人、加工目的、价值观等方面和生产型加工有一定区别。因此，流通加工与生产加工相比有它自身的特点：

1. 从加工对象看

流通加工的对象是商品，而生产加工的对象不是最终产品，而是原材料、零配件或半成品。因此，加工对象具有商品属性，是流通加工区别生产加工中各环节的重要特点。

2. 从加工程度看

流通加工是对生产加工的一种辅助及补充，属于简单程度的加工作业。一般来说，生产过程会完成大部分加工活动，流通加工仅在产品出厂进入流通领域后，对其进行必要的简单辅助加工。如果需要进行复杂加工才能形成人们所需的商品，那么，这种复杂加工应该专设生产加工过程。特别需要指出的是，流通加工绝不是对生产加工的取消或代替。

3. 从加工组织实施看

从加工单位来看，流通加工由商业或流通企业完成，而生产加工则由生产企业完成。流通加工的组织者是从事流通工作的人员，能密切结合流通的需要进行加工活动。

4. 从加工目的看

流通加工的目的可以归纳为两个：一个是为了完成商品的销售，另一个则是为了商品的流通。为交换和消费而进行的流通加工，这一点与商品生产有共同之处。但是以自身流通为目的，纯粹是为流通创造条件，这种为流通所进行的加工与直接为消费进行的加工在目的上是有所区别的，这也是流通加工不同于一般生产加工的特殊之处。

5. 从价值观看

生产加工的目的在于创造使用价值和价值，而流通加工的目的则在于保护或完善其使用价值，并在不做大的改变的情况下提高价值。

四、流通加工的作用

1. 提高原材料利用率

利用流通加工环节进行集中下料，可将生产厂直接运来的简单规格产品，按使用部门的要求下料。集中下料可以优材优用、小材大用、合理套裁，取得很好的技术经济效果。如北京、济南、丹东等城市对平板玻璃进行流通加工(集中裁制、开片供应)，使玻璃利用率从60%左右提高到85.95%。

2. 方便用户

用量小或临时需要的使用单位，缺乏进行高效率初级加工的能力，依靠流通加工可省去进行初级加工的设备及人力，从而得到便利。目前发展较快的初级加工有：将水泥加工成生混凝土，将原木或板方材加工成门窗，冷拉钢筋及冲制异型零件，钢板打孔等。

3. 提高加工效率及设备利用率

流通加工面向社会，一般加工数量大、范围广、任务多。可以通过建立集中加工点的方式，加以采用高效、技术先进、适合大量加工的专门机具和设备，这样一方面提高了加工质量、设备利用率、加工效率，另一方面降低了加工费用及原材料成本。

五、流通加工的地位

流通加工尽管可以创造物品性质和形态的使用效能，但是还是应该从物流机能拓展的角度将其看作物流的构成要素。它在物流中的地位表现在以下几个方面：

1. 有效地完善了物流

虽然流通加工不是物流的主要功能要素，无法和存储、运输相比，甚至很多物流活动无须流通加工作业，但是它所具备的对物流活动的补充、完善、提高和增强的作用是不能忽视的。所以流通加工的地位可以描述为提高物流水平、促进流通向现代化发展。

2. 物流的重要利润来源

流通加工是一种低投入、高产出的加工形式，往往以简单的加工解决大问题。例如可以通过流通加工改变商品的包装，使商品档次升级。有的流通加工，还能够改变物品的形状，使其使用效率大大提高。实践证明，流通加工提供的利润不亚于从运输、仓储中挖掘的利润。

3. 国民经济中重要的加工形式

流通加工在整个国民经济的组织和运行中是一种重要的加工形式，对推动国民经济发展和完善经济产业结构有一定意义。

第二节　流通加工的形式与内容

一、流通加工的形式

流通加工的目的不同，表现形式也有所不同。

1. 为适应多样化需要的流通加工

市场需求的多样化特点，往往使得产品不能完全满足用户的要求。为了满足用户对产品多样化的需要，以及保证高效率的大生产，可将生产出来的单一化、标准化的产品进行多样化的改制加工。例如，对钢材卷板的舒展、剪切加工；对平板玻璃按需要规格的开片加工；将木材改制成枕木、板材、方材等的加工。

2. 为方便消费、省力的流通加工

根据下游生产的需要将商品加工成生产直接可用的状态。例如，根据需要将钢材定尺、定型，按要求下料；将木材制成可直接投入使用的各种型材；将水泥制成混凝土拌合料，使用时只需稍加搅拌即可等。

3. 为保护产品的流通加工

在物流过程中，为了保护商品的使用价值，延长商品在生产和使用期间的寿命，防止商品在运输、储存、装卸搬运、包装等过程中遭受损失，可以采取稳固、改装、保鲜、冷冻、涂油等方式。例如，水产品、肉类、蛋类的保鲜、保质的冷冻加工、防腐加工等；丝、麻、棉织品的防虫、防霉加工等。还有，如为防止金属材料的锈蚀而进行的喷漆、涂防锈油等措施，运用手工、机械或化学方法除锈；木材的防腐朽、防干裂加工；煤炭的防高温自燃加工；水泥的防潮、防湿加工等。

4. 为弥补生产加工不足的流通加工

由于受到各种因素的限制，许多产品在生产领域的加工只能到一定程度，而不能完全实现终极的加工。例如，木材如果在产地完成成材加工或制成木制品的话，就会给运输带来极大的困难，所以，在生产领域只能加工到原木、板、方材这个程度，进一步的下料、切裁、处理等加工则由流通加工完成；钢铁厂大规模的生产只能按规格生产，以使产品有较强的通用性，从而使生产能有较高的效率，取得较好的效益。

5. 为促进销售的流通加工

流通加工也可以起到促进销售的作用。比如，将过大包装或散装物料分装成适合依次销售的小包装的分装加工；将以保护商品为主的运输包装改换成以促进销售为主的销售包装，以起到吸引消费者、促进销售的作用；将蔬菜、肉类洗净切块以满足消费者要求等。

6. 为提高加工效率的流通加工

许多生产企业的初级加工由于数量有限，加工效率不高。而流通加工以集中加工的形式解决了单个企业加工效率不高的弊病。它以一家流通加工企业的集中加工代替了若干家生产企业的初级加工，促使生产水平有一定的提高。

7. 为衔接不同运输方式的流通加工

在干线运输和支线运输的结点设置流通加工环节，可以有效解决大批量、低成本、长距离的干线运输与多品种、少批量、多批次的末端运输和集货运输之间的衔接问题。在流通加工点与大生产企业间形成大批量、定点运输的渠道，以流通加工中心为核心，组织对多个用户的配送，也可以在流通加工点将运输包装转换为销售包装，从而有效衔接不同目的的运输方式。比如，散装水泥中转仓库把散装水泥装袋、将大规模散装水泥转化为小规模散装水泥的流通加工，就衔接了水泥厂大批量运输和工地小批量装运的需要。

8. 生产——流通一体化的流通加工

这种一体化的流通加工形式，主要存在于生产与流通紧密结合的企业中，实现对生产与流通环节的统筹安排，合理规划、组织、分工。这种形式可以促成产品结构及产业结构的调整，充分发挥企业集团的经济技术优势，是目前流通加工领域的新形式。

9. 为实施配送的流通加工

这种流通加工形式是配送中心为了实现配送活动，满足客户的需要而对物资进行的加工。例如，混凝土搅拌车可以根据客户的要求，把沙子、水泥、石子、水等各种不同材料按比例要求装入可旋转的罐中。在配送路途中，汽车边行驶边搅拌，到达施工现场后，混凝土已经均匀搅拌好，可以直接投入使用。

二、流通加工的内容与方法

(一) 输送水泥的熟料在使用地磨制水泥的流通加工

在需要长途调入水泥的地区，变调入成品水泥为调进熟料这种半成品，在该地区的流通加工据点(粉碎工厂)粉碎，并根据当地资源和需要掺入混合材料及外加剂，制成不同品种及标号的水泥，供应当地用户，是水泥流通加工的重要形式之一。在国外，较多情况采用这种物流形式。

在需要经过长距离输送供应的情况下，以熟料形态代替传统的粉状水泥，有很多优点：

1. 可以大大降低运费、节省运力

调运普通水泥和矿渣水泥约有 30% 以上的运力消耗在运输矿渣及其他各种加入物上。在我国水泥需用量较大的地区，工业基础大都较好，当地又有大量工业废渣，如果在使用地区对熟料进行粉碎，可以根据当地的资源条件选择混合材料的种类，这样就节约了消耗在混合材料上的运力和运费。

2. 根据实际情况供应

可按照当地的实际需要，大量掺加混合材料，生产廉价的低标号水泥，发展低标号水泥的品种，在现有生产能力的基础上，更大限度地满足需要。我国大、中型水泥厂生产的水泥，平均标号逐年提高，但是目前我国使用水泥的部门大量需要较低标号的水泥，而大部分施工部门没有在现场加入混合材料来降低水泥标号的技术力量和设备，因此，不得已使用标号较高的水泥，造成很大浪费。如果以熟料为长距离输送的形态，在使用地区加工粉碎，就可以按实际需要生产各种标号的水泥，减少水泥长距离输送的数量。

3. 容易以较低的成本实现大批量、高效率的输送

从国家的整体利益来看，利用率比较低的输送方式显然不是发展方向。如果采用输送熟料的形式，既可以充分利用站、场、仓库现有的装卸设备，又可以利用普通车皮装运，比之以散装水泥的方式更具有好的技术经济效果，更适合我国的国情。

4. 可以大大降低水泥的输送损失

水泥的水硬性在充分磨细之后才表现出来，而未磨细的熟料，抗潮湿的稳定性很强。输送熟料，可以基本防止由于受潮而造成的损失。此外，颗粒状熟料不像粉状水泥那样易于散失。

5. 能更好地衔接产需，方便用户

水泥厂通过采用长途输送熟料的方式，就可以和有限的熟料粉碎工厂之间形成固定的直达渠道，以实现经济效果较好的物流。用户也可以不出本地区，直接向当地的熟料粉碎工厂订货，因而更容易沟通产需关系，具有明显的优越性。这对于加强计划性、简化手续、保证供应等方面都有利。

(二) 集中搅拌供应商品混凝土

水泥的运输与使用，以往习惯上以粉状水泥供给用户，由用户在建筑工地现制现拌混凝土使用。而现在可以将粉状水泥输送到使用地区的流通加工据点(混凝土工厂或称生混凝土工厂)集中搅拌，在那里搅拌成生混凝土，然后供给各个工地或小型构件厂使用。这是水泥流通加工的另一种重要方式。它具有很好的技术经济效果，因此，受到许多工业发达国家的重视。这种流通加工的形式有以下优点：

1. 把水泥的使用从小规模的分散形态，改变为大规模的集中加工形态

可以充分应用现代化的科学技术，组织现代化的大生产；可以发挥现代设备和现代管理方法的优势，大幅度地提高生产效率和混凝土质量。集中搅拌可以采取准确的计量手段和最佳的工艺；可以综合考虑添加剂、混合材料的影响，根据不同需要，大量使用混合材料，拌制不同性能的混凝土；还可以有效控制骨料质量和混凝土的离散程度，在提高混凝土质量、节约水泥、提高生产率等方面获益，具有大生产的一切优点。

2. 降低功耗与成本

在相等的生产能力下，集中搅拌的设备在吨位、设备投资、管理费用、人力及电力消耗

等方面较分散搅拌都能大幅度降低。由于生产量大,可以采取措施回收使用废水,防止各分散搅拌点排放洗机废水的污染,有利于环境保护。由于设备固定不动,还可以避免因经常拆建所造成的设备损坏,延长设备的寿命。

3. 采用集中搅拌的流通加工方式,可以使水泥的物流更加合理

在集中搅拌站(厂)与水泥厂或水泥库之间,可以形成固定的供应渠道,这些渠道的数目大大少于分散使用水泥的渠道数目,在这些有限的供应渠道之间,就容易采用高效率、大批量的输送形态,有利于提高水泥的散装率。在集中搅拌场所内,还可以附设熟料粉碎设备,直接使用熟料,实现熟料粉碎及拌制生混凝土两种流通加工形式的结合。

另外,采用集中搅拌混凝土的方式,有利于新技术的推广应用,同时大大简化了工地材料的管理,能节约施工用地。

(三)钢板剪板及下料加工

热连轧钢板和钢带、热轧厚钢板等板材最大交货长度常可达 7~12 m,有的是成卷交货,对于使用钢板的用户来说,大、中型企业由于消耗量大,可设专门的剪板及下料加工设备,按生产需要剪板、下料。但对于使用量不大的企业和多数中、小型企业来讲,单独设置剪板、下料的设备,设备闲置时间长、人员浪费大、不容易采用先进方法。钢板的剪板及下料加工可以有效地解决上述弊端。剪板加工是在固定地点设置剪板机,下料加工是设置各种切割设备,将大规格钢板裁小,或切裁成毛坯,便利用户。

钢板剪板及下料的流通加工有如下几项优点:

(1)由于可以选择加工方式,加工后钢材的晶相组织较少发生变化,可保证原来的交货状态,有利于进行高质量加工。

(2)加工精度高,可减少废料、边角料,也可减少再进行精加工的切削量,既可提高再加工效率,又有利于减少消耗。

(3)由于集中加工可保证批量及生产的连续性,可以专门研究此项技术并采用先进设备,从而大幅度提高效率和降低成本。

(4)使用户能简化生产环节,提高生产水平。

圆钢、型钢、线材的集中下料和线材冷拉加工与钢板的流通加工类似。

(四)木材的流通加工

1. 磨制木屑压缩输送

磨制木屑压缩输送是一种为了提高流通(运输)效益的加工方法。木材容重小,车船满装情况下并不能满载,同时,装车、捆扎也比较困难。从林区外送的原木中,有相当一部分是造纸材料,美国采取在林木产地就地将原木磨成木屑,然后压缩,使之成为容重较大、容易装运的形状,然后运至靠近消费地的造纸厂,取得了较好的效果。采取这种办法比直接运送原木节约一半的运费。

2. 集中开木下料

在流通加工点将原木锯裁成各种规格的锯材,同时将碎木、碎屑集中加工成各种规格板,甚至还可进行打眼、凿孔等初级加工。用户直接使用原木,不但加工复杂、加工场地大、设备多,更严重的是资源浪费大,木材平均利用率不到 50%,平均出材率不到 40%。实行集中下料,按用户要求供应规格下料,可以使原木利用率提高到 95%,出材率提高到 72% 左右,有相当大的经济效果。

(五)煤炭及其他燃料的流通加工

1. 除矸加工

除矸加工是以提高煤炭纯度为目的的加工形式。矸石有一定发热量，煤炭混入一些矸石是允许的，也是较经济的。但在运力十分紧张的地区，要求充分利用运力，多运"纯物质"，少运矸石，在这种情况下，可以采用除矸的流通加工排除矸石。

2. 为管道输送煤浆进行的加工

煤炭的运输方法主要是容器载运，运输中损失浪费较大，又容易发生火灾。采用管道运输，是近代兴起的一种先进技术，目前，某些发达国家已开始投入运行。有些企业内部也采用这一方法进行燃料输送。

在流通的起始环节将煤炭磨成细粉，再用水调和成浆状，使之具备流动性，可以像其他液体一样进行管道输送。这种方式输送连续、稳定而且快速，是一种经济的运输方法。

3. 配煤加工

在使用地区设置集中加工点，将各种煤及一些其他发热物质，按不同配方进行掺配加工，生产出各种不同发热量的燃料，称作配煤加工。这种加工方式可以按需要发热量生产和供应燃料，防止热能浪费或者发热量过小的情况出现。工业用煤经过配煤加工，还可以起到便于计量控制、稳定生产过程的作用，在经济及技术上都有价值。

4. 天然气、石油气的液化加工

由于气体输送、保存都比较困难，天然气及石油气往往只好就地使用，如果有过剩往往就地燃烧掉，易造成浪费和污染。天然气、石油气的输送可以采用管道，但因投资大、输送距离有限，也受到制约。在产出地将天然气或石油气压缩到临界压力之上，使之由气体变成液体，可以用容器装运，使用时机动性也较强。这是目前采用较多的形式。

(六)平板玻璃的流通加工

平板玻璃的"集中套裁，开片供应"是重要的流通加工方式。这种方式是在城镇中设立若干个玻璃套裁中心，按用户提供的图纸，统一开片，供应用户成品。在此基础上，可以逐渐形成从工厂到套裁中心的稳定的、高效率的、大规模的平板玻璃"干线输送"，以及从套裁中心到用户的小批量、多户头的"二次输送"的现代物流模式。这种方式的好处有以下几个：

1. 提高利用率

平板玻璃的利用率可由不实行套裁时的 62%~65% 提高到 90% 以上。

2. 促进包装改革

从工厂向套裁中心运输平板玻璃，如果形成固定渠道，便可以大规模集装，这样，节约了大量包装用木材，同时防止了流通中的大量破损，促进了平板玻璃包装方式的改革。

3. 简化规格

套裁中心按需要裁制，有利于玻璃生产厂简化规格，搞单品种、大批量生产。这不但能提高工厂生产率，而且能简化工厂切裁、包装等工序，使工厂集中力量解决生产问题。此外，现场切裁玻璃劳动强度大、废料也难以处理，搞集中套裁，可以广泛采用专用设备进行裁制，废玻璃相对数量少，并且易于集中处理。

(七)生鲜食品的流通加工

1. 冷冻加工

为解决鲜肉、鲜鱼在流通中保鲜及搬运装卸的问题，采取低温冻结方式的加工。这种方式也用于某些液体商品、药品等。

2.分选加工

农副产品离散情况较大，为获得一定规格的产品，采取人工或机械分选的方式加工，称为分选加工。广泛用于果类、瓜类、谷物、棉毛原料等。

3.精制加工

精制加工是在产地或销售地设置加工点，去除农、牧、副、渔等产品的无用部分，甚至可以进行切分、洗净、分装等加工。这种加工不但大大方便了购买者，而且，还可对加工的淘汰物进行综合利用。比如，鱼类的精制加工所剔除的内脏可以制某些药物或饲料，鱼鳞可以制成高级黏合剂，头尾可以制成鱼粉等；蔬菜的加工剩余物可以制饲料、肥料等。

4.分装加工

许多生鲜食品零售起点量较小，而为保证高效输送，出厂包装可较大，也有一些是采用集装运输方式运达销售地区的。这样，为了便于销售，在销售地区按所要求的零售起点量进行新的包装，即大包装改小包装、散装改小包装、运输包装改销售包装，这种方式称为分装加工。

(八)机械产品及零配件的流通加工

1.组装加工

自行车及机电设备储运困难较大，主要是不易进行包装，如进行防护包装，包装成本过高，并且运输装载困难、装载效率低、流通损失严重，但装配较简单，装配技术要求不高，主要功能已在生产中形成，装配后不需要进行复杂检测及调试。所以，为解决储运问题，降低储运费用，以半成品(部件)高容量包装出厂或在消费地拆箱组装。组装一般由流通部门进行，组装之后随即进行销售。这种流通加工方式近年来已在我国广泛采用。

2.石棉橡胶板的开张成型加工

石棉橡胶板是机械装备、热力装备、化工装备中经常使用的一种密封材料，单张厚度3 mm左右，单张尺寸有的达4 m，在储运过程中极易发生折角等损失。此外，许多用户所需的垫塞圈，规格比较单一，不可能安排不同尺寸垫圈的套裁，利用率也很低。石棉橡胶板开张成型加工，是按用户所需垫塞物体尺寸裁制，不但方便用户使用及储运，而且可以安排套裁，提高利用率，减少边角余料损失，降低成本。这种流通加工套裁的地点，一般设在使用地区，由供应部门组织。

第三节　流通加工管理

一、流通加工的生产管理

在物流系统和社会生产系统中，经过可行性研究确定设置流通加工中心后，组织与管理流通加工生产是运作的关键。流通加工的生产管理与运输、存储等方法有较大区别，而与生产组织和管理有许多相似。流通加工的组织和安排的特殊性，在于内容及项目很多，而不同的加工项目有不同的加工工艺。一般而言，都有如劳动力、设备、动力、财务、物资等方面的管理。对于套裁型流通加工而言，其最具特殊性的生产管理是出材率的管理。这种主要流通加工形式的优势在于利用率高、出材率高，从而获取效益。为提高出材率，需要加强消耗定额的审定及管理，并应采取科学的方法，进行套裁的规划及计算。

二、流通加工的质量管理

流通加工的质量管理主要是对加工产品的质量控制。由于加工成品，一般是国家质量标准上没有的品种规格，因此，进行这种质量控制的依据主要是用户要求。各用户要求不一，质量宽严程度也不一，流通加工据点必须能进行灵活的柔性生产才能满足质量要求。

此外，全面质量管理中采取的工序控制、产品质量监测、各种质量控制图表等，也是流通加工质量管理的有效方法。

三、流通加工合理化

流通加工合理化(rationalization of distribution processing)的含义是实现流通加工的最优配置，在满足社会需求这一前提的同时，合理组织流通加工生产，并综合考虑运输与加工、加工与配送、加工与商流的有机结合，以达到最佳的加工效益。

(一)不合理流通加工的几种主要形式

流通加工是在流通领域中对生产的辅助性加工，从某种意义上讲，它有效地补充和完善了生产产品的使用价值。但是，设计不当，会对生产加工和流通加工产生负效应，所以应尽量避免不合理的流通加工。

不合理的流通加工主要表现在以下方面：

1. 流通加工地点设置不合理

流通加工地点设置是流通加工过程是否有效的重要因素。一般情况下，流通加工地点应设置在进入社会物流环节之前的产出地，如果将其设置在物流之后的消费地，则不仅没有方便物流，还增加了中转的环节，因此不合理。

2. 流通加工作用不大，形成多余环节

有的流通加工过于简单，或对生产及消费者作用都不大，甚至有时流通加工盲目，同样未能解决品种、规格、质量、包装等问题，相反却实际增加了环节与成本，这也是流通加工设置(无论设置在何地)不合理而容易被忽视的一种形式。

3. 流通加工方式选择不当

流通加工方式包括流通加工对象、流通加工工艺、流通加工技术、流通加工程度等。流通加工方式的确定实际上是与生产加工的合理分工。分工不合理即本来应由生产加工完成的，却错误地由流通加工完成，都会造成不合理。

流通加工不是对生产加工的代替，而是一种补充。所以，一般而言，如果工艺复杂、技术装备要求较高，或加工可以由生产过程延续，都应由生产加工完成。如果流通加工方式选择不当，就会出现与生产加工争夺市场、争夺利益的恶果。

4. 流通加工成本过高，效益不好

流通加工之所以能够有生命力，重要优势之一是有较大的产出投入比，因而有效起着补充完善的作用。如果流通加工成本过高，则不能实现以较低投入实现更高使用价值的目的。除了一些必需的、从政策要求进行的加工外，都应看成不合理的流通加工。

(二)实现流通加工合理化的途径

1.加工和合理运输相结合

在干、支线运输转运点设置流通加工,既充分利用了干、支线转换本来就必须停顿的环节,又可以大大提高运输效率及运输转载水平。

2.加工和配送相结合

将流通加工设置在配送点中,一方面按用户和配送的需要进行加工,另一方面加工又是配送业务流程中分货、拣货、配货之一环,加工后的产品直接投入配货作业,这就无须单独设置一个加工中心环节,使流通加工有别于独立的生产,而使流通加工与中转流通紧密地结合起来。同时,配送之前有加工,可使配送服务水平大大提高。这是当前对流通加工做合理选择的重要形式,如煤炭、水泥等产品的流通中已表现得较为突出。

3.加工和配套相结合

在流通中往往有"配套"需求,而配套的主体来自各个生产单位,但全部依靠现有的生产单位有时无法实现完全配套,如进行适当流通加工,可以有效促成配套,大大提高流通的桥梁与纽带作用。

4.加工和商流相结合

通过加工有效促进销售,使商流合理化,也是流通加工合理化的考虑方向之一。

5.加工和节约相结合

节约能源、节约设备、节约人力、节约耗费是流通加工合理化考虑的重要因素,也是目前我国设置流通加工,考虑其合理化较普遍的形式。

对于流通加工合理化的最终判断,是看其是否能实现社会和企业本身的效益,而且是否取得了最优效益。对流通加工企业而言,与一般生产企业有一个重要的不同之处,即流通加工企业更应树立以社会效益为第一的观念,只有这样才有生存价值和发展空间。

四、流通加工的技术经济指标

衡量流通加工的可行性,对流通加工环节进行有效的管理,可考虑采用以下两类指标:

1.流通加工建设项目可行性指标

流通加工仅是一种补充性加工,规模、投资都必须远低于一般生产性企业,其投资特点是投资额较低、投资时间短、建设周期短、投资回收速度快且投资收益较大。因此,投资可行性可采用静态分析法。

2.流通加工环节日常管理指标

由于流通加工的特殊性,不能全部搬用考核一般企业的指标。例如,在八项技术经济指标中,对流通加工较为重要的是劳动生产率、成本及利润指标,此外,还有反映流通加工特殊性的指标。

(1)增值指标:反映经流通加工后,单位产品的增值程度,以百分率计。增值率指标可以帮助管理人员判断投产后流通加工环节的价值变化情况,并以此观察该流通加工的寿命周期位置,为决策人提供是否继续实行流通加工的依据。

$$增值率 = \frac{产品加工后价值 - 产品加工前价值}{产品加工前价值} \times 100\%$$

(2)品种规格增加额及增加率:反映某些流通加工方式在满足用户、衔接产需方面的成就,品种规格增加额等于加工后品种规格数量与加工前品种规格数量之差。

$$品种规格增加率 = \frac{品种规格增加额}{加工前品种规格} \times 100\%$$

（3）资源增加量指标：反映某些类型流通加工在增加材料利用率、出材率方面的效果指标。这个指标不但可提供证实流通加工的重要性数据，而且可具体用于计算微观及宏观经济效益。其具体指标分为新增出材率和新增利用率两项：

$$新增出材率 = 加工后出材率 - 原出材率$$
$$新增利用率 = 加工后利用率 - 原利用率$$

【本章小结】

流通加工是一种低投入加工形式，可增加商品附加值。本章介绍了流通加工产生的原因、作用与流通加工的形式；详细阐述了水泥、钢材、木材、玻璃、食品、煤炭、组装部件等典型的流通加工方法以及流通加工的管理相关内容；在此基础上分析了多种不合理流通加工形式以及实现流通加工合理化的途径。

【复习思考习题】

一、不定项选择题

1. 以下哪项并不是所有配送中心都必备的作业环节？（　　）。
   A.拣选　　　　　　B.分货　　　　　C.流通加工　　D.保管　　　　　E.配送
2. 下面说法不正确的是（　　）。
   A.流通加工的对象是进入流通过程的商品，具有商品的属性
   B.流通加工程度大多是简单加工，而不是复杂加工
   C.从价值观点看，流通加工在于完善产品使用价值并在不做大改变情况下提高价值
   D.从加工单位来看，流通加工由商业或物资流通企业完成，而生产加工则由生产企业完成
   E.以上说法都不对
3. 流通加工是（　　）。
   A.生产加工的补充与完善　　　　　B.残次品的返工　　　　　C.回收旧货的改造
   D.满足客户个性化需求的商品再加工　　　　　E.流通过程中的加工活动
4. 下面对流通加工表述正确的是（　　）。
   A.配煤加工　　　　　　　　　　　　　B.分装加工
   C.输送水泥的熟料在使用地磨制水泥的流通加工　　　D.钢板的剪板及下料加工

二、简答题

1. 流通加工与生产加工的区别是什么？
2. 流通加工的作用是什么？
3. 流通加工的形式主要有哪些？
4. 实现流通加工合理化的主要途径有哪些？
5. 通常哪些情况的流通加工被认为是不合理的？

三、案例阅读与分析题

汽车个性化定制改装将迎来历史性的发展机遇

供给侧改革的不断深化及工匠精神的倡导，将在综合环境方面对国内产业结构及消费结构的优化调整起到引导及助推作用，汽车个性化定制改装将迎来历史性的发展机遇。

RA联盟2015年度行业统计结果显示，2015年全年汽车定制改装行业的市场销售额为183亿元，其中商务定制改装增加值达到120亿元；越野皮卡定制改装市场销售额为25亿元，定制改装配件的市场销售额为32亿元，内饰定制改装(包括材料)市场销售额为30亿元。

一款定制改装车的品质取决于三个方面：整体设计、材料应用、工艺水平。应该肯定，近年来国内汽车定制改装的整体品质有了大幅度的提高，以前的设计方案基本靠仿、材料配件基本靠凑、改装技工基本靠挖，经过十余年的充分市场竞争以及不断试错，汽车定制改装市场日趋成熟，并开始呈现出多层次变局：

(1)定制改装汽车产品两极化将成为市场主宰，一极是高价格、高品质的终极版定制改装，另一极是以实用、美观为目的的普及版定制改装。前者以利润为导向，卖点在于独特、稀有；后者以规模为导向，卖点是实惠、时尚。

(2)下一时期的定制改装必将是围绕整车的性能与功能而进行的全方位、一体化的整体解决方案，定制改装内容涉及外观、内饰、实用功能、舒适性、豪华性、安全性、行驶性能、动力性能、科技配置等。总之，个性鲜明、功能独特、内外兼修、小量窄众将成为定制改装汽车的专属符号。

(3)市场代有新品出，各领风骚约一年。未来定制改装产品的生命周期更短、个性化程度更高，因此设计开发能力强、经营方式灵活、敢于快速推陈出新的改装企业将更加具有竞争力，市场格局将进入新一轮的动态调整。

(4)商务定制、越野定制、内饰定制、专属功能定制将是未来市场的热点，同时跨界融合式改装必将走向新的阶段，房车+越野、越野+内饰、商务+外观、皮卡+房车、商务+旅居等定制改装形式成为新的市场需求。

山雨欲来风满楼。嗅觉敏锐的国际定制改装大牌已经捕捉到这种前所未有的机遇并开始着力布局市场。从近几年的RA上海国际汽车定制改装博览会上，可以清晰地看到行业趋势的走向，除了国内30余家一线商务定制品牌每年均在RA发布年度新品之外，越来越多的越野改装及轿车改装品牌开始参与整车定制，包括劳伦士定制、一号车酷定制、任我通内饰定制、泰卡特定制、运良越野定制、勇达行内饰定制、钧天定制、劳斯野马定制、DMAX皮卡定制、卡沃皮卡定制、恺之越野定制、盎睿皮卡定制等，2016年的RA改博会基本实现了展车全面定制，从而彻底完成了汽车定制产业坐标平台的转型。

(引用自：https://baijiahao.baidu.com/s? id=16126346521533366167&wfr=spider&for=pc)

案例思考题：

1.你认为汽车的个性化定制改装属于流通加工的范畴吗？为什么？

2.谈谈你对流通加工的理解。

【 **本章参考文献** 】

[1]刘助忠.物流学概论[M].北京：高等教育出版社，2015：1-33.

[2]全国物流标准化技术委员会，全国物流信息管理标准化技术委员会.物流术语：GB/T 18354—2006[S].北京：中国标准出版社，2007.

第七章 配 送

本章学习导引

学习目标：①掌握配送的概念；②了解配送的特点、分类与功能；③理解现代配送的两种模式；④熟悉配送中心的功能与规划；⑤掌握配送中心的作业流程和组织设计；⑥了解配送合理化的表现形式。

主要概念：配送；配送中心；配送中心设计；配送合理化。

第一节 配送概述

一、配送概念及特点

(一)配送的概念

"配送"这个词是我国参照日本对英语"delivery"的意译，目前各国对配送的概念理解还存在一定的差异。本书采用《物流术语》(GB/T 18354—2006)的定义，即配送(distribution)是"在经济合理区域范围内，根据客户要求，对物品进行拣选、加工、包装、分割、组配等作业，并按时送达指定地点的物流活动"。

(二)配送的特点

1. 配送是运输功能的延伸

配送属于物流的末端活动。它输送距离较短，一般处于支线运输、二次运输或末端运输的位置，解决的是货物到消费者手中"最后一公里"的问题。

2. 配送的成本低

配送是"配"与"送"的结合，不能单纯把配送理解为送货。"配"的过程是以合理集货为前提，利用有效的分拣、配货等理货工作，使送货达到一定的规模，从而降低送货成本，减少开支。

3. 配送是物流活动的缩影

一般配送活动包括装卸搬运、临时仓储、运输，有些较完善的配送中心甚至还具备包装、流通加工等功能。因此，可以把配送看成是一种小范围的物流活动，基本涵盖了物流活动的各个要素。

4.配送是一种服务

配送是一种门到门的服务形式，是将多品种的物品交给大量客户的过程。如何保障物品能够按照客户的要求，按时、按量、按质地送达，是配送追求的效果，让客户满意是它的目标。

5.信息时代配送的个性化

信息时代由于信息传递的加速与共享，有效地提高了效率，甚至使其能根据用户的不同需求提供一对一的个性化配送服务。个性化服务的实现依赖于基于统计学理论的大数据筛选技术和神经网络匹配等技术的发展，共同筛选技术可以把用户个人习惯、喜好的配送方式相互做横向纵向对比，以确立其下一次对配送的具体要求。神经网络匹配技术通过基于统计学的算法计算，识别复杂数据中的隐含关系，指导配送服务者更好地满足用户提出的特殊配送要求。

二、配送的分类

(一) 按经营形式分类

根据经营形式的不同，可以把配送分为以下几种形式：

(1)销售配送。销售配送指生产企业、流通企业售出产品或商品的配送过程，也指生产者或持有者对商品到用户的配送，属于商品经营的末端。例如，商店的送货上门服务属于销售配送。通常此类配送的对象不固定，具体根据市场情况而定。其配送的经营状况也取决于销售市场状况，因此，这种形式的配送市场性较强。

(2)供应配送。供应配送指用户为了自己的供应需求所采取的配送形式。例如，生产企业的原材料、零部件配送行为；流通企业由买方发起的交易行为所引发的配送行为；连锁商店的货物供应配送。以配送方式进行货物供应，是保证企业生产水平、商业流通供应水平，降低库存风险与成本，提高经济效益的重要方式。

(3)供销一体化配送。供销一体化配送指销售企业在进行销售的同时也是在为用户提供有计划的配送服务，其配送服务的用户和产品都是基本固定的。这种既是供货代理人又是配送服务者的双重身份，有利于形成长期稳定的供需关系，有利于供应企业提高技术管理手段。因此供销一体化配送更能保证流通渠道稳定畅通，是配送经营的重要形式。

(4)代存代供配送。代存代供配送指用户将属于自己的货物委托给配送企业代存、代供，有时还委托代订，在有需求时配送企业为委托方提供配送服务。我们可以理解为这是用户租用的一种短途仓储运输服务，在这种配送服务方式下，商品的最终所有权不发生转移，配送企业只是用户的物流委托代理人，且从代存、代送中获取服务收益，不参与商品的销售经营，所以这是一种商物分流的配送方式。

(二) 按配送时间及数量不同分类

(1)定时配送。定时配送指配送服务提供方与客户按约定时间或时间间隔进行配送。例如为生产企业固定间隔时间配送原材料，这种配送方式方便提前安排各类工作，尤其是车辆调度。但如果出现需求突发事件，也会使配送出现困难。通常，此类困难的出现原因主要是市场因素，销售发生较大范围的变动，突然大幅增加或减少，一般也会导致配送时间的变更。

目前来讲，常见的定时配送又包括日配和准时—看板配送两种形式。

①日配。日配是常用的定时配送方式，即从订货到收货的时间在 24 小时内。一般上午

订货下午可送达，下午订货第二天上午可送达。日配方式适合小型商店、连锁店、果蔬生鲜类等产品，可以使用户基本保持"零库存"状态，减少存储成本。

②准时—看板配送。准时—看板配送一般服务于企业用户，是可以根据生产企业的需求精准配送的一种方式，往往与生产同步。与日配方式相比，准时—看板配送更加精确，时间间隔根据生产规律可以精确到小时，因此对配送系统的要求更高。

（2）定量配送。定量配送指配送服务提供方与用户方按照规定的批量，在一个指定的时间范围内进行配送。这种配送方式数量固定，备货工作简单。通常根据托盘、集装箱、车辆等设施的装载能力定量。由于配送时间具备一定弹性，因此可以将不同用户所需的物品利用集装方式凑成整车后配送，效率较高。对于用户来说，每次接货都处理同等数量的货物，有利于人力、物力的准备工作。

（3）定时定量配送。定时定量配送指按照所规定的配送时间和配送数量进行配送。这种方式兼有定时、定量两种方式的优点，但是其特殊性强，计划难度大，因此适合采用的对象不多，不是一种普遍的方式。

（4）定时、定路线配送。定时、定路线配送指在规定的运行路线上，制定时间表，按运行时间表进行配送，用户则可按规定路线设置站点及规定的时间接货以及提出配送要求。但这种配送方法应用领域有限。

（5）即时配送。即时配送指完全按照用户突然提出的时间、数量、地址等方面的配送要求，随即进行配送，这是一种具备高灵活性的应急配送方式。通常情况下，这种配送方式往往为快销产业，如餐饮服务的即时配送。

（三）按配送商品种类及数量不同分类

（1）少品种、大批量配送。一般来讲，对于工业企业需要量较大的商品（原材料），由于单独一个品种或几个品种就可达到较大输送量，所以可以实行整车运输。例如，钢铁企业对铁矿石的需求，即属于此类。这种情况配送量大，可以采用较大载重的载具降低单位成本。此类配送常发生在原材料供应企业对生产需求企业的物流过程中，如果不影响生产企业的库存效益，则采用直送方式效果更好。

（2）多品种、少批量配送。在企业生产过程中，往往同时存在主要原材料和辅助原材料两种原料配送需求，主要原料物资需求量大，一般采取少品种、大批量的配送，辅助原材料物资需求的特点是品种较多但批次需求量不大，如果也采取大批量的配送方式，必然造成用户库存增加、管理难度增大甚至浪费等问题。类似的情况在生活消费品的零售方面也存在，我们知道零售消费品种类繁多，一般零售店补货需求量并不大，因此也应采用多品种、少批量配送方式。

多品种、少批量配送在实际操作中需要注意车载量利用率，一般将各类物品配备齐全后凑整装车再配送至用户，这种形式也出现在地区及配送中转中心。多品种、少批量配送的特点是配送频度较高，对配送中心的组织能力、设备、配送人员素质等要求也比较高。

多品种、少批量的配送方式是符合现代社会多样化、个性化的消费理念的。尤其是电商的发展，更是把这种配送方式运用到了极致。

（3）配套（成套）配送。配套（成套）配送常见于装配型生产企业。企业根据自己的生产需要，把单位产品所需的零部件配齐打包，再按照自身每一批次的产量目标将成套零部件按批量、按时地送达生产线进行产品装配。

这种配送方式与多品种、少批量的配送方式类似，只在具体操作流程上有细微差别。

(四)按加工程度不同分类

(1)加工配送。加工配送指与流通加工相结合的配送，即在配送据点中设置流通加工环节，或是流通加工中心与配送中心建立在一起。如果社会上现成的产品不能满足用户需要，或者是用户根据本身的工艺要求，需要使用经过某种初加工的产品时，可以在经过加工后进行分拣、配货再送货到户。例如很多炼钢企业在利用废旧钢铁回收炼钢过程中就要求使用经过压块的炉料，标准的压块一方面方便企业操作管理，另一方面提高库存利用率，而压块一般在废钢铁回收配送点通过压块机完成。

流通加工与配送的结合，使得流通加工更有针对性，减少了盲目性。对于配送企业来说，不但可以依靠送货服务、销售经营取得收益，还可通过加工增值取得收益。

(2)集疏配送。集疏配送指只改变产品数量组成形态而不改变产品本身的物理、化学形态的，与干线运输相配合的一种配送方式。比如大批量进货后小批量、多批次发货，零星集货后以一定批量送货等。

三、配送的功能要素

1. 备货

备货简单地说就是配送前准备货物的过程。配送的一个重要优势就是可以按某些特定的市场需求进行一定规模的备货，它是配送活动的基础准备阶段。其主要活动包括组织订货、购货、结算、验收、储存等。此外，与供需关系有关的备货过程还需要把握市场风向，了解商品供需情况，避免造成库存不当。

2. 储存

储存是采购活动的延续。配送活动中的储存物根据存放时间的不同有暂存和储备两种形态。暂存又有两种形式，一种是具体配送时，按分拣、配货要求，在理货场地所做的少量储存准备。因为总体储存效益取决于储存总量，所以这部分暂存数量只会对工作方便与否造成影响，而不会影响储存的总效益，因而在数量上根据实际工作情况控制并不严格。另一种形式的暂存，是在分拣、配货之后，形成的发送货载的暂存，主要调节配货与送货的节奏，暂存时间不长。配送储备则是按一定的配送规律要求，形成的对配送资源的保证。这种类型的储备数量较大，储备结构也较完善，视货源及到货情况，可以有计划地确定周转储备、保险储备的结构及数量。配送的储备保证有时在配送中心附近单独设库解决。

3. 分拣配货

分拣配货是将物品按品种、数量、出入库顺序、地区等具体用户需求进行分门别类地选取作业，一般从货垛、货架、传送带等设施上取下，搬运到理货场按类分配，属于送货的准备工作。

常见的货物分拣方式包含两种。

(1)摘取式分拣。这种分拣方式就像是在果园中摘果子，具体做法是：作业人员拉着集货箱(或称分拣箱)在仓库货架间巡查走动，按照配送单上所列的品种、规格、数量等信息将客户所需的货物拣选出来并装入集货箱内。例如，在采取订单拣货策略时，拣货人根据每份订单的具体需求，选取相对应的货物。值得注意的是，一次拣选通常只为一个客户配货。

(2)播种式分拣。这种分拣方式就像在田野中播种，具体做法是：将数量较多的同种货物集中运到发货场，再根据每个货物的发送量分别取出货物，并分别投放到每个代表用户的货位上，直到配货完毕。此种方式适合多家用户订单为同一产品不同数量的需求情况。

为了完好无损地运送货物和便于识别配备好的货物，有些经过分拣配货的货物还要重新包装，并贴上标签，记载货物的品种、数量，收货人的姓名、地址及运抵时间等信息，以便送货活动的顺利开展。

分拣和配货是同一工作流程中联系紧密的两项活动，对某一需求的分拣工作完成后，相应地此需求下的配货工作也就完成了。分拣与配货仅仅是货物空间位置一前一后的两个概念。

分拣系统是决定整个配送体系水平的关键，因此可以采用装配自动化分拣设施等自动化技术来提高分拣作业的效率。

4. 配装

配装是指在充分考虑运输工具的载重和容积率情况下，采取合理的方式进行货物装载，主要目的是节约运力、提高配送效率。很多配送活动主要是小批量、多批次的送货任务，这种情况下单个客户的配送数量往往是达不到车辆的有效载运负荷的，因此尽量把同一客户的多种货物或多个客户的货物搭配进行装载，最大化地使用载具负荷，以降低运送成本、减少交通流量。

5. 送货

送货是将配好的货物按照计划路线送达用户指定的地点(有时还指定时间)、用户确认交接的过程。送货虽然属于运输行为，但它在范围上与物流活动的要素之一运输有很大区别。配送运输是较短距离、较小规模、额度较高的运输活动，一般使用汽车做运输工具。与干线运输的另一个区别是，配送运输的路线选择问题是一般干线运输所没有的，干线运输的干线是唯一的运输线，而配送运输由于配送用户多、地点复杂，一般集中在城市内或城郊。由于城市交通路线比较复杂，存在空间和时间上的峰谷交替，如何组合成最佳路线，如何使配装和路线有效搭配等，是配送运输的工作难点，也是配送运输的特点。对于某些大城市复杂的配送线路规划则可采用数学建模的方式来规划整合。

6. 送达服务

送达服务的关键在于圆满地完成货物的移交，包括按用户指定的卸货时间、地点和方式卸货，成功地完成相关手续并结算。送达服务是配送的一项增值服务，目的在于提高客户的满意度。

7. 配送加工

配送加工属于流通加工，其往往根据用户的不同需求进行。例如，有时为了达到增加流通、促销等目的，配送企业要对商品进行套裁、简单组装、分装、贴标等加工活动；有时为了提高配送的效率而对货物进行压缩等以改变其物理形态等。总的来说，配送加工可以大大提高客户的满意程度和配送效率。

四、现代配送的模式

1. 商流、物流一体化的配送模式(图 7-1)

商流、物流一体化的配送模式又称配销模式，配送主体(配送机构)本身是销售企业或生产企业，或是其专门的物流部门。

图 7-1　商流、物流一体化的配送模式

2. 商流、物流相分离的配送模式(图 7-2)

在这种模式下,配送机构不直接参与交易活动,即不参与商流过程。它只是专门为客户提供货物的入库、保管、加工、分拣、送货等物流服务,其业务实质上属于"物流代理"。从组织形式上看,商流与物流活动是分离的,分属于不同的行为主体。在我国的物流实践中,这类模式多存在于由传统的储运企业发展起来的物流企业,其业务是在传统的仓储与运输业务基础上增加了配送服务功能,其宗旨是为市场提供全面的物流保证。

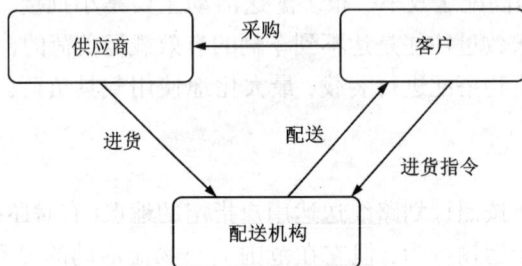

图 7-2　商流、物流相分离的配送模式

第二节　配送中心

一、配送中心的概念与功能

(一) 配送中心的概念

配送中心是物流配送网络中的枢纽,《物流术语》(GB/T 18354—2006)中关于配送中心的定义如下:从事配送业务且具有完善信息网络的场所或组织。应基本符合下列要求:①主要为特定用户或末端客户提供服务;②配送功能健全;③辐射范围小;④提供高频率、小批量、多批次配送服务。

我们可以把配送中心理解为具备一定仓储能力的专门从事货物配备的流通型仓库。

(二) 配送中心的基本功能

配送中心也是集加工、理货、送货等诸多功能于一体的物流据点,综合了集货中心、分货中心和加工中心的功能。从理论上说,配送中心具备如下基本功能。

1. 集散功能

配送中心处于物流网络中的枢纽位置,往往将各地厂商的产品都集中于此,再经过分拣、配装散发给用户。因此,配送中心的"集"与"散"的功能是由它在物流网络中的作用决定的。

2. 运输功能

运输功能是配送中心的重要功能之一。配送中心一般都拥有一定规模的载具,且配送对象不同载具也不同。例如对企业的集中配送,需要专用的运载车辆,而面向零散客户的配送,则仅需小型货车即可。因此,配送中心首先应该选择满足客户需要的运输方式,然后具体组织网络内部的运输作业,在规定的时间内将客户的货物运抵目的地。

3. 储存功能

配送中心无论是从销售还是运输的角度,都需要一定的货物存储区作为缓冲。对于一些直接参与商品销售活动的物流中心而言,存储功能可以保证市场销售活动的开展;而对于单纯运输业务的配送中心而言,存储功能则是货物压力较大情况下的有效缓冲。不管是哪种情况,都应尽可能降低库存量,以减少储存成本。

4. 分拣功能

配送中心的一个工作难点在于服务的对象无论从范围还是数量上都较大,由此形成的客户需求形式多样。分拣功能是保证正确的货物对应正确的客户的基础。

5. 装卸、搬运功能

装卸、搬运是顺利完成货物流通的基本功能。配送中心一般配备专业化的装运机械,包括装载、卸载、提升、运送、码垛等,以提高装卸、搬运作业效率,减少作业对货物造成的破损。

6. 包装功能

配送中心的包装功能主要从方便配载与运输的角度出发,并不改变货物原有包装,在运输配送过程中对货物起到保护作用。

7. 流通加工功能

对于配送中心而言,流通加工是一项增值服务。许多配送中心配备了所需加工设备,具备一定的加工能力,可以按照用户的配送要求,将货物加工成一定尺寸、规格和形状。不但方便了用户,省却了用户不少烦琐的劳动,而且也有利于提高配送效率和配送水平。

8. 物流信息处理功能

物流信息处理功能是现代配送中心服务能力的体现。利用射频、计算机、网络等技术获取物流各作业环节的信息,并对采集到的信息进行实时分析、传递,能有效服务于企业自身、合作伙伴和客户。

二、配送中心的分类

配送中心是为了适应市场"小批量、多频次"的配送需求特点以及降低物流运作成本而出现的。那么按照不同的标准,配送中心可以分类如下:

1. 按功能侧重点分类

配送中心的主要功能有存储、流通加工、分拣等。根据其功能侧重,可以分为存储型配送中心、流通型配送中心和加工型配送中心。

存储型配送中心的功能与仓库非常类似。流通型配送中心的重点业务在集运,多进行整车运输。加工型配送中心以货物流通加工等增值服务为主要业务,比如贴标签、分装等作业。

2. 按服务范围分类

根据配送中心的服务范围的大小,可将其分为城市配送中心、区域配送中心。

城市配送中心是以单个城市为服务范围的配送中心，主要是"多品种、小批量、多用户"的配送。由于运输距离短，运输方式主要采取公路运输，因此反应能力较强。零售商自建的配送中心就属于这种类型。

区域配送中心是以向全省、全国或国际范围内的用户进行配送服务的配送中心，主要特点是配送批量大，辐射范围广，用户多，因此需要较大的存储能力和运输能力。一般区域配送中心是城市配送中心的货品汇集点。

3.按设立者分类

根据配送中心的设立者不同，可以将其分为制造商型配送中心、批发商型配送中心、零售商型配送中心和专业配送中心。

制造商型配送中心由制造类企业自建运营，服务于制造企业本身的生产、销售活动，也可作为原材料的集运点参与企业的物流供应，使企业获得运输上的规模效益。同时，配送中心的专业性也可提高企业的客户服务水平。

批发商型配送中心是由批发商或代理商出资建设的配送中心，批发和代理是商品的重要流通环节，是制造者与消费者的纽带。此类配送中心主要是集中制造企业的产品，然后将产品按需拣选、组合搭配，向消费者或零售商发货，实现产品的汇集和再销售。

当零售企业规模达到一定水平后，企业为了降低成本会通过集中采购和集中运输等手段取得规模效益，当货物集中度和车辆数量增加到一定程度时，配送中心的功能渐渐成型，零售商型配送中心就是在这种需求下由零售商成立的。其主要服务对象是大中型零售企业，这种配送中心在零售商的采购过程中起到集运的作用，然后再通过各种产品的组合，整车地运到需求点。

专业配送中心由专业的物流公司建设。这种配送中心不属于某一特定行业，是社会化的配送中心，由专业的第三方物流公司向社会提供公共配送服务。通常，这种配送中心的运输、配送能力较强，地理位置优越，能迅速地响应企业客户的要求。

三、配送中心的规划设计

配送中心不仅是物流系统的重要节点更是物流系统的缩影且自成体系。它的规划与设计包含很多内容，从确定建设目标、准备相关文档，到选址、基建，再到采购物流设备设施、信息系统建设等，一个配送中心的投入是比较大的。对于一些实力不够雄厚的企业来说，建设风险较高。因此，为避免规划失误而导致的投资风险，规划者必须遵循正确的规划程序对配送中心建设进行项目规划。

我们可以从物流系统、信息系统、运营系统三方面对配送中心进行规划。物流系统规划包括设施布置设计、物流设备规划设计和作业方法设计；信息系统规划是对配送中心信息管理与决策支持系统的规划；运营系统规划则包括组织机构、人员配备、作业标准和规范等的设计。通过系统规划，可以实现配送中心的高效化、信息化、标准化和制度化。

(一)配送中心规划设计的原则

在配送中心规划设计过程中，必须遵守以下四项原则。

1.系统工程原则

配送中心的作业包括进货、搬运、储存、装卸、拣选、流通加工、包装、配送、信息处理，以及与上下游企业的沟通等内容。归纳起来可分为进货入库作业管理、在库保管作业管理、拣选作业管理、流通加工作业管理、出库作业管理和信息系统管理等。如何协调这几个管理过程，是配送中心良好运行的基础，同时也是一个复杂的系统工程。

2.价值工程原则

市场竞争日益激烈，用户对配送的需求在提高，对服务的评判标准也在提高。如何在满足高质量服务的同时，还具备成本优势，是建设配送中心的过程中必须考虑的问题。因此，必须"货比三家"进行多个方案对比，综合考虑建设目标和建设成本，选择适合自己的、最有价值的建设方案。

3.软件先进、硬件适度原则

软件在现代配送中心起到的作用可以用控制中枢来形容，在各项作业中起到承上启下的信息沟通作用。近些年，由于信息技术的飞速发展，软件产业不断迭代更新，与信息高速公路形成了齐头并进的发展态势。物流领域的应用软件也如雨后春笋般涌现，如何选择适合的软件系统是配送中心建设的一个核心问题。首先必须综合考虑配送中心的经济、技术、使用范围、成本等因素，其次要考虑自身预算，要切合实际，合理选择先进软件，充分发挥配送中心高效率、多功能的特点。物流、机械设备等硬件设施则要根据实际情况，选择满足符合作业要求的设施和设备即可。

4.发展原则

市场本身是不断变化发展的，服务于市场经济的配送业务也要适应市场需求不断发展。所以在进行配送中心系统规划的过程中，必须适当考虑到未来物流规模的发展，使配送中心的建设具有一定前瞻性，以适应物流量增大、经营范围扩大的需要。

(二)配送中心规划设计的步骤(图7-3)

配送中心规划设计是一件复杂的工作，其大体步骤如下：

1.前期准备

前期准备工作通常采取网上调研、图书资料调研、现场调研等方法进行，主要收集配送中心规划设计所需的必要基础资料。一般包括：①配送中心建设的内部条件、外部条件及潜在客户情况；②配送中心经营商品的品种、货源、流量及流向；③所选建设地点物流服务的供需情况、物流行业的发展状况等。

2.确定目标

依据前期准备工作的资料，确定配送中心建设的近期、中期和远期目标。目标的确定是配送中心规划设计的第一步。

3.作业功能规划

根据确定的设计目标，规划配送中

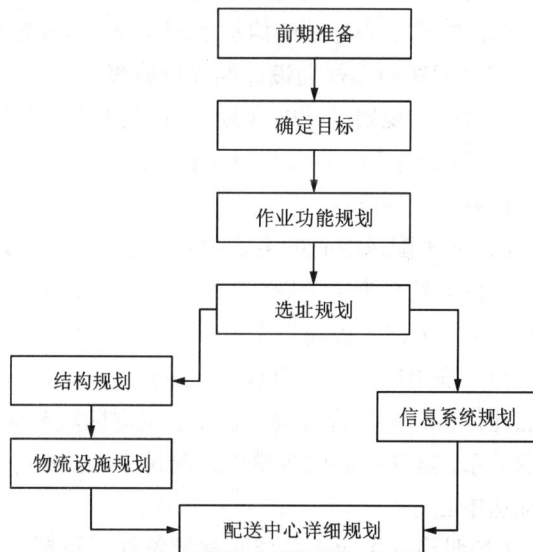

图7-3 配送中心规划步骤

心应该具备的物流功能。这一步要从系统的角度将配送中心的各项作业作为一个整体来考虑，先满足常规的物流功能，再根据自身实际情况，打造具备一定竞争力的特色功能。其中的作业功能规划，需要根据不同实际情况的配送中心确定相应的作业流程，先完成作业区域的功能规划，再完成工作区的作业能力规划。

4. 选址规划

一般配送中心建筑物众多且构筑物、固定机械设备复杂，一旦建成很难搬迁，如果选址不当，将付出长远代价，因而需要高度重视配送中心的选址规划。其主要步骤包括：①影响因素分析，如自然环境、社会经营环境和道路交通等基础设施状况等；②选择选址方法，根据实际情况，一般采用定性和定量相结合的方法；③筛选选址方案，确定选址结果。

5. 结构规划

配送中心各项作业功能规划完成后，根据作业流程、作业区域功能进行区域布置规划和作业区域的区块布置规划，并标示各作业区域的面积、界限范围和其他功能建筑设施等。这部分工作主要包括以下内容：区域布置规划、库房设计、装卸货平台设计、货场及道路实际和其他建筑设施规划。

6. 物流设施规划

配送中心的设施设备是保证配送中心正常运作的必要条件，设施设备规划涉及建筑模式、空间布局、设备安置等多方面，需要运用系统分析的方法求得整体优化，最大限度地减少物料搬运、简化作业流程，创造良好、舒适的工作环境。配送中心的物流设施规划一般包括以下工作：原有设施设备分析（改造型配送中心）、配送中心的功能分区、设施的内部布局、设备规划、公用设施规划。

7. 信息系统规划

这一部分主要包括包：配送中心管理信息系统的功能设计和物流管理信息系统的关键技术与应用两部分。系统既要满足配送中心内部作业的要求，有助于提高物流作业的效率；也要考虑同配送中心外部的信息系统相连，方便配送中心及时获取和处理各种经营信息。

(三)配送中心规划设计的详细流程

配送中心规划设计的详细流程可以分五个阶段，包括筹建准备阶段、系统规划设计阶段、方案评估阶段、详细设计阶段、系统实施阶段。下面详细说明各阶段的工作内容。

1. 筹建准备阶段

(1)明确配送中心的主要功能和建设目标，进行建设可行性分析。在建设的必要性和可行性分析得到初步结论后，一般设立筹建委员会实施具体规划，筹建委员会人员通常来自投资建设方、土建工程建设企业、物流设备制造企业且可包含经验丰富的物流专家顾问。在整个规划过程中应根据企业基本的经营政策方针，进一步确认建设的必要性并选择配送中心的重点建设目标来设计方案。例如，根据区域或城市的实际情况进行选址，明确生产工厂和仓库的关系、配送中心的规模以及配送中心的服务水平标准，是采取集中型配送中心还是分散型配送中心等。

(2)明确待建配送系统的背景条件。包括配送商品的特性，配送对象的地点和数量，配送中心的规模和位置，库存的标准，配送中心的具体作业，配送中心所在地的自然、人文环境等因素。例如商品的品种、规格、形态、重量，每天的进出货量，具体供货时间要求，订货数量费用，服务水平，配送中心所在地的地理环境，法律、法规限制等。在背景条件下还要考虑未来三年、五年甚至十年后的变化。

2. 系统规划设计阶段

本阶段的设计包括基本流程、配送中心的要素和能力、运营系统等的设计。

(1)基本流程设计。设计配送中心作业流程图并设定各作业环节的相关作业方法。如针对集货环节，理顺各类运输方法之前的衔接关系；针对分拣、卸货、装载等环节，规范好人力和机械作业的范围及操作方法。此外，对于仓储、运输、建筑物等设施的作用范围也应进行初步设定。

(2)配送中心的要素和能力设计。要素和功能设计是否合理，直接影响到配送中心能否正常运营。因此，必须合理选择各作业环节要素所需的设备设施类型，使其符合规划的应用能力。例如叉车是系统要素之一，在进行选型时必须根据其应具备的能力决定叉车的规格型号。

(3)运营系统设计。这一部分可以总结为规范与制度的设计。包括作业规范与标准、具体管理方法和规章制度、往来单据的处理规范、设备维护维修制度、系统异常时的应急对策等。

(4)平面布置规划。平面布置规划即规范并确定配送中心各要素功能区域的占地范围及相互关系。根据货物流量、运输流量、搬运设施、货物状态、信息系统设施等因素制作关系图，在平面设计中还需要为未来的业务发展预留空间。

(5)建筑规划。在位置相关图的基础上进行建筑规划，不仅要确定建筑物的类型，如采用平面建筑还是多层建筑，还应对车辆的行驶路线、停车场地等因素进行规划。最后结合有关法规限制与周围环境，决定建筑物的最终形态与配置。

(6)进度计划。对项目的基本设计、详细设计、土建、机器的订货与安装、各类系统的调试与试运转、人员培训等都要制订相应的进度计划。

(7)成本估算。完成以上工作后，根据项目整体规划内容，对各项工程所需费用进行合理估算，并根据实际情况设置一定比例的浮动空间。例如一般项目成本估算会考虑正负10%的浮动比例。

3. 方案评估阶段

方案评估是对多个备选设计方案进行评价筛选，最终确定一个最优方案的过程。基本设计阶段产生的方案往往有多个，一般通过比较各方案的可行性、各种影响因素的协调性，权衡综合效果，分析潜在问题等方法反复对比严密论证，比较各方案的优劣，从而做出决策。

4. 详细设计阶段

此阶段的设计细节较多，概括来说即配送中心所有设备的选型，包括信息系统软硬件设施的流程设计和性能规格，并根据平面布置规划图制订具体施工计划等。具体从以下方面考虑：

(1)设备厂家与品牌的选定。提供设备的厂家一般通过投标竞争的方式选定。确定厂家后，技术方面承建方可参考厂家意见，如有必要可对设计方案进一步优化。

(2)详细设计。在详细设计阶段要编制具体的实施条目和有关设备形式的详细计划，主要有以下各点：装卸、搬运、保管所用的机械和辅助机械的型号、规格；运输车辆的类型、规格；装卸搬运用的容器形状和尺寸；配送中心内部详细的平面布置与机械设备的配置方案；办公与信息系统的有关设施规格、数量等。

5. 系统实施阶段

系统实施阶段应对设计施工所涉及的具体施工内容从安全性、可靠性、性能指标、可操作性、可维护性等方面评审。系统实施前应深入各设备设施厂商调研，调研该厂的质量管理体系、生产环境以及外协件管理体制等方面，发现问题应提出相应要求。同时设备制造期间也需进行现场了解，对质量和交货日期等进行核查，以此保证系统各项功能、目标的完整。

四、配送中心基本作业流程与组织设计

（一）配送中心基本作业流程

配送中心的各项基本作业流程是保证配送功能实现的基础，主要包含以下方面：

1. 客户维护与订单管理

本项作业活动主要包括合同管理、客户关系维护、订单管理以及结算服务等工作。物流管理的目的是提高服务水平，最终目标是满足客户需求。良好的客户服务，可以增加客户黏性，长期积累的大量客户资源有助于企业获得一手市场信息，为企业未来发展决策打下基础，从而更好地为客户服务，提高配送中心信誉，进入一个良性循环的过程。因此，配送中心的客户服务应该成为全局性的战略目标。

2. 入库作业

货物入库时，首先将货车上的货物卸下，由接货人员核对货物数量、状态（数量检查、质量检查、开箱等），进行验收和分类，然后由搬运人员将货物搬运到配送中心指定的储存点，再将货物信息书面化或录入系统等。入库作业可以总结为：货物到达仓储区，经过接运、验收，码放至相应的货位，并完成交割手续的过程。在入库作业中，货物的验收至关重要。

3. 理货作业

理货主要完成货物的储存保管、库存控制、盘点、分拣、补货、再包装等工作，是配送中心的基本作业活动之一。

配送中心的储存保管作业与物流储存保管类似，主要任务是根据货物的特点妥善保存货物，根据货物属性、货物存储对环境的要求等对货物进行不定期检查、保养，善用仓储空间，对环境因素进行调整，科学地确保货物质量和数量完整。

由于库存量是一个动态过程，进出库的货物不断发生变化，久而久之在库货物的数量和状态就很难把控，甚至出现有些货物长期存放被遗忘的现象，最终因产品质量过期、无法满足客户的要求而造成浪费。盘点作业即为了有效解决这一问题而出现，定期的库存清点工作能有效地掌握货物数量和质量的情况。

分拣是按出库单或订单的要求，从储存场所选出货物，并按货物品种、出入库先后顺序进行分门别类堆放的作业。在配送中心的作业范围中，分拣作业是极为核心的一环，其目的在于正确地把客户所需的货物集中起来。

补货是把货物从仓储保管区运送至分拣区的作业，以确保货物能按质按量地送达指定的拣选区。

包装的作用主要体现在保护货物、方便物流、促进销售等方面。在配送中心的运作过程中，包装作业更是有力地促进了物流的合理化。

4. 装卸搬运作业

配送过程中，装卸、搬运是货物流通各环节连接成一体的接口，是配送运输、保管、包装

等物流作业得以顺利实现的保证。装卸、搬运作业的质量和效率是整个物流过程的关键。

5. 流通加工作业

货物在配送中心的状态（如大小、形状、数量包装等），往往不是客户的最终需求状态。此时就需要对其进行一定的加工处理使其发生某些物理性变化，从而满足顾客的需要，这就是配送中心的流通加工作业。流通加工能有效提高成品率，属于一种增值服务。

6. 出库作业

配送中心的出库作业与物流仓储管理过程中的出库作业一样，都是货物离开货位，经过分拣备货、包装、复核、装载至发货区办理交割手续的过程。需要注意的是，货物出库作业须依据"先进先出"的指导原则进行。同时出库的货物包装、运输、单据必须符合要求。例如，包装标志和发货标志是否清晰明了；单证是否齐全，单证与货物是否相符；相关手续是否清楚等。

7. 配送作业

配送作业主要包括"送"与"交"的过程，就是利用送货的载具按照客户指定的地点卸货，经客户核查后办理移交手续完成交货的作业活动。配送作业往往需要通过配装充分利用运力，且在运输线路选择上也有讲究，如何高效使配装和线路有效搭配，是配送作业的一个难度较大的技术性工作，涉及车辆调度、线路最优化、具体配送方式等众多问题。

（二）配送中心组织设计

1. 组织管理体系建设原则

配送中心的组织管理体系建设应坚持如下原则：

（1）客户服务原则。新客户开发、客户关系维护与服务是配送中心业务的源泉，应从组织体系建设上重视这项工作。可设立客户服务与管理部门并配套相应的岗位，专门负责开发新客户，与客户的合同订单签订，客户联系与维护，客户档案管理，资料查询，市场信息采集、整理、分析，受理客户投诉等工作。

（2）流程控制原则。坚持流程控制原则，根据各工作流程的衔接和重要程度，进行明确的工作范围划分，由此确定各岗位的具体工作职责。实现相互监督、相互协助的工作状态，以此提高服务水平。避免一岗多责管理模式下，作业行为不规范、无人监督的弊端。于流程控制原则下的配送中心管理而言，岗位之间的信息共享显得尤为重要，通常包括清点交接记录、动态盘点、定期盘点等数据的共享。

2. 组织管理体系设置

根据上述原则，典型配送中心的组织管理体系设置如图7-4所示。

当然，实际岗位划分也可根据配送中心的业务量进行适当调整。

3. 岗位人员设置及其职责

（1）配送中心总经理。该岗位对配送中心整体业务负责，其主要职责有：制订指导性经营计划，组织协调生产经营环节和业务部门之间的关系，并对各项工作实施督促和检查。具体工作包括：以会议或工作汇报等形式对配送中心经营状况、业务开发、安全生产管理、各类单据的审批等工作进行全局性掌控，例如，定期对生产经营状况进行分析，及时掌握中心经营状态，发现问题立即责令相关责任部门处理，并督察具体落实的情况；了解存货、仓容、客户以及市场的动态变化；强化中心内部管理，减少甚至杜绝事故的发生；审核授权各类业务单证和资料等。

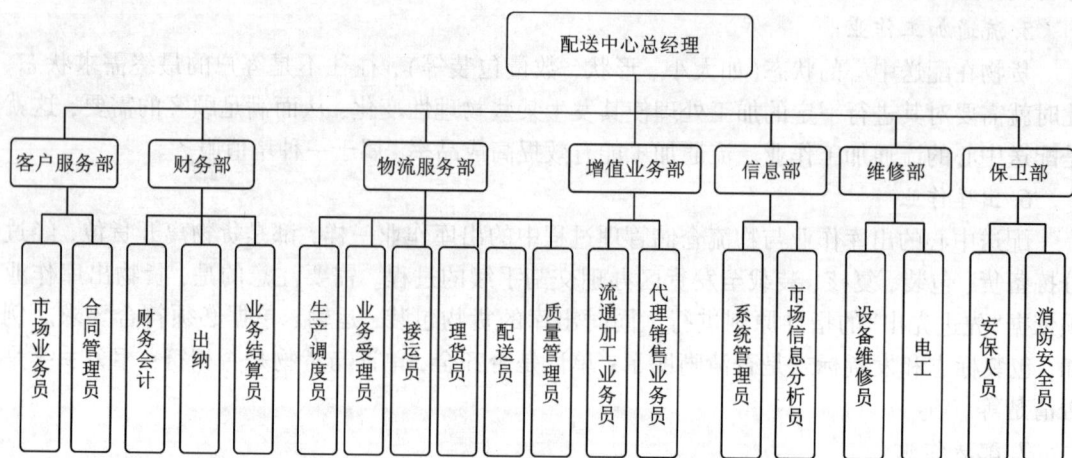

图7-4 配送中心的组织管理体系

(2)市场业务员。该岗位主要负责各类业务的接洽，开发客户并与其签订合同。其主要职责有：在配送中心总经理的领导下，按要求完成各项任务，维护客户关系，开发新客户；及时向总经理反馈市场信息情报，提出合理建议。此外，由于此岗位属于开拓性工作且直接与客户接触，需要市场业务员具备一定的职业操守，做到不泄漏公司机密，离岗前做好客户关系交接。

(3)合同管理员。该岗位主要负责客户合同及客户档案的管理，主要职责有：对客户合同进行分类、编号和归档；对签订合同时客户提供的相关材料、印鉴、单证等妥善保管，以便进出库时核验；按照相关标准对合同、客户档案等进行编码，为配送中心其他单位提供各种客户信息、资料的查询服务。

(4)生产调度员。该岗位主要负责物流业务部门业务岗位之间的组织、协调、指挥和收发货业务中各项问题的处理。其主要职责有：负责物流业务部门各个岗位工作的协调，及时处理收发货业务中出现的各种问题；掌握库存货物的状况，根据业务量情况合理组织调配人力、物力，正确处理好货物储存、保管、装卸、运输当中的有关技术问题。

(5)业务受理员。该岗位主要负责受理客户的收、发货请求，对由配送中心出具的有关业务单据进行复验。其主要职责有：对客户的收、发货订单进行受理；完成业务单证及资料的验证、审核、填制、建档、保管；负责进出库货物的数量统计、建账、出具业务报表；向相关部门和客户提供管辖范围内的资料和信息。

(6)接运员。该岗位对配送中心相关的运输节点负责，主要是货物装载工具封装情况的检验，以及完成卸货、收货、发货、代运和货物中转等相关工作。其主要职责有：负责与各运输单位的业务联系，包括与铁路运输部门有关单据、资料的送取，运输费用结算等业务联系；负责由铁路、公路、水运、航空、邮件等运输形式到库货物的接收和出库货物的发运工作；负责运输现场装卸作业的组织和监督；负责到货、发货交接及有关记录的登记、出具等工作。

(7)理货员。该岗位主要负责完成货物复验，并对货物存放区域和位置做好合理安排，进行货物码放、备货，以及货物在库保管维护等工作。其主要职责有：负责货物收、发、保管、清点、交接等工作；熟悉库存情况，合理安排货物存放区域；负责定期盘点库存，做好库房、货场、货区、货位的现场管理，例如作业现场的清理，货物标志、货牌的制作等；负责收发货业务中货物过磅、检尺工作并记录和出具计量结果凭证。

（8）配送员。该岗位主要负责货物从仓库运往目的地的过程中，合理组织运输工具，安排运输时间等事务。其主要职责有：负责为客户委托代运的货物提出运输计划，并组织实施；负责与承运部门、客户之间就送货时间、送货地点等问题沟通处理；熟悉各种运输方式的业务规程和要求，了解各类运输资源的有关信息，包括收费标准、交通路况等；熟悉本单位运输设施的基本状况。

（9）质量管理员。该岗位主要负责对配送中心各工作环节的安全生产、工作质量等进行督察、考核，包括货物收发作业、储存保管作业和配送运输作业等。其主要职责有：深入现场，对货物装卸、搬运、堆码等作业质量进行督查、指导；负责账、卡、物三相符率的核查工作；制作检查考核表，建立质量考核档案；负责处理货损事故和货物损溢情况登记，并出具相关处理报告；对客户提出的服务质量意见和建议及时跟踪并处理；向主管领导提供质量分析报告和建议，积极配合有关部门，制订质量管理计划及质量考核、奖惩办法，共同改进业务质量。

（10）流通加工业务员。该岗位主要负责为客户提供货物所需的分装、拆箱、再包装等加工作业，目的是提高货品的附加值。其主要职责是：根据客户配送的需要，进行合理的包装、加工等作业。

（11）代理销售业务员。该岗位主要负责向客户提供销售增值服务，包括所存货物的销售计划和直销工作。其主要职责有：根据配送中心各储存区域货物的特点，制订有效的营销策略并负责具体销售工作；筛选客户、整理并归档客户资料、维护客户关系等；完成资金结算。

（12）设备维修员。该岗位主要负责配送中心各类设备设施的维护保养工作，确保其正常运行。其主要职责有：遵守设备设施相关使用制度与规定，负责各类设备设施的日常养护，定期进行巡检，确保设备正常运行；发现不合格设备或超限期使用的设施，有义务向主管领导反映并拒绝使用。

（13）电工。该岗位主要负责配送中心电路、电气设施的正常运行。其主要职责有：宣传用电安全知识，负责电力系统的维修工作；具体作业必须严格按照电力操作规程，做好日常巡查，发现隐患及时督促整改，避免电力事故的发生；可参与电力系统建设的验收工作。

（14）系统管理员。该岗位主要负责配送中心内部通信系统、计算机系统的维护和正常运行。其主要职责有：负责计算机通信环境的搭建和维护。硬件方面，负责维护计算机、网络设备、射频等电子设备的正常运行，及时发现并处理各类系统故障。软件方面，负责应用系统的设置、运行与维护，实时掌控操作系统 App、应用系统 App、中间件、数据库、安全监控软件等的运行状态。培训方面，做好系统操作人员的辅导培训工作，监督操作员按相关安全规定程序操作计算机，根据部门岗位设置为操作员分配相应的系统权限，并在职能发生变动后及时做出调整。安全方面，及时做好各类系统的补丁升级工作，定期做好数据备份，以确保整个系统数据统一、安全、高效、稳定运行。

（15）市场信息分析员。该岗位主要负责各类市场信息的收集工作，将其汇总分析并为管理者决策提供支持。这些市场信息包括政策信息、产品信息、销售信息等。其主要职责有：负责市场信息调查和收集工作，并建立信息数据库；在数据库信息的支持下，利用统计分析方法对各类市场信息数据进行分析和整理，最终形成市场调查报告，为管理者提供基础信息服务，以便其做出正确的决策。

（16）安保人员。该岗位主要负责配送中心警卫、大门值班等工作。其主要职责有：严格执行进出库人员、车辆的登记制度，包括车牌号登记，随车人员进出事由、时间、有效证件，货物名称、数量，随车物品等的登记；负责检查车辆及随车物品是否符合安全与消防方面的规定；负责检查印鉴和签字是否对应齐全；负责检查车辆装载物是否与出库单相符，发现可疑处，应立即跟相关部门联系、核实，经确认无误后放行出库；负责库区的安保、交通疏导、紧急情况处理与警报等工作。

（17）消防安全员。该岗位主要负责配送中心消防安全工作。其主要职责有：根据国家消防安全法律法规建立配送中心的安全消防制度，按照"预防为主、防消结合"的原则，加强防范，抓好落实；做好防火知识宣传、教育、演习等工作；定期做好火险隐患排查，可根据情况组建义务消防队；负责中心消防器械的采购、维护、报废工作，并建立消防器械档案；负责参加建筑工程有关消防安全设施的审核验收；火情出现时，负责配合消防人员做好灭火工作，并提出整改意见。

（18）财务会计。该岗位主要负责配送中心的财务会计工作。其主要职责有：参与公司财务制度的修订；负责公司内外报表的编辑与分析，做好账务处理；负责配送中心短期和长期的财务预算编制，并实施控制；负责规划中心的税务方案，处理日常税务问题；分析多余资金的投资运作情况，为配送中心提供参考意见；负责妥善保管会计凭证、账簿、报表等会计资料；审阅配送中心经营合同。

（19）出纳。该岗位主要负责配送中心的出纳工作。其主要职责有：认真执行现金管理制度；严格执行支票管理制度，遵守支票使用手续；严格审核收付凭证，据以收付款项，并记录现金、银行存款日记账；定期清查借款凭证，及时对欠款人员进行例行催报；编制银行存款余额调节表，做好银行对账、报账工作；配合会计处理各种账务。

（20）业务结算员。该岗位主要负责收发货业务中各项费用的结算、收费并向客户出具结算和收费的凭证。其主要职责是根据业务受理员转来的收发货单据，按照具体数量和收费标准，进行结算、收费，同时提供发票或收款凭证给客户。

第三节　配送合理化

一、不合理配送的表现

1. 资源筹措不合理

虽然可以通过筹措资源的规模来降低单位成本，但是如果在资源筹措时未考虑配送量计划或者说未考虑与资源供应者之间长期稳定的供需关系等情况时，资源筹措过多、过少均属于不合理表现。

2. 库存决策不合理

配送企业必须依靠科学管理实现低总量的库存状态，又称作"零库存"状态。一方面能节约各类仓储成本，另一方面能大大节约社会财富，同时降低用户实际平均分摊库存负担。但是库存量过低又无法保证特殊情况需求，比如因订单突增，而失去应有的市场。配送过程中往往要根据正常的出库量决定库存总量。库存过多或不足都属于不合理现象。

3. 价格不合理

当配送价格高于用户自己进货的价格时，即损害了用户利益，又损失了配送企业的信誉，这属于不合理现象。当配送价格制定过低时，配送企业处于无利或亏损状态下运行，也是不合理的。

4. 配送与直达的决策不合理

当直接通过社会物流系统均衡批量进货总费用低于增加配送环节费用时，可以考虑由物流直接送货，而无须配送环节。这类情况一般适合同一客户订单大批量运输的货物。

5. 配送过程中的运输不合理

运输不合理是指违背"及时、准确、安全、经济"的运输要求。例如，过远运输、对流运输、迂回运输、重复运输、倒流运输、回程空载、运输工具使用不当、不符合经济里程等情况。

6. 经营观念不合理

有些不合理的经营理念，会直接损害配送企业形象。例如，配送企业在库存增加压力过大时，强迫用户接货，缓解自身库存压力的行为；在资金紧张时，长期占用用户资金，不结算的行为；在资源紧张时，将用户委托资源挪用获利的行为。

二、配送合理化的标志

1. 库存标志

这个问题应该从库存总量和库存周转两方面来看，配送中心库存数量加上各用户在实行配送后的库存量之和应低于实行配送前的各用户库存量之和。由于配送企业的调剂作用，应以低库存保持高的供应能力，库存周转一般快于原来各企业库存周转。

2. 资金标志

首先从资金总量看，由于资源筹措占用的流动资金总量增加，那么储备资金总量必然大幅度降低。其次从资金周转看，由资源筹措投资带动的资金周转加速，提高了资金利用率。最后从资金流向看，为增强资金调控作用，实行配送后，应使资金流向趋于集中。总的来说，实行配送应有利于资金运用的科学化。

3. 成本与效益

配送企业从利润的角度看，利润的提高反映配送合理化程度。配送企业从用户服务的角度看，在保证或提高供应水平的前提下，供应成本的降低，反映了配送合理化程度。效益和成本对合理化的衡量，还可以具体到储存、运输等具体配送环节。总的来说，企业的总效益、宏观效益、微观效益、资源筹措成本等都属于判断配送合理化的重要标志。

4. 供应保证标志

配送合理化的重要标志是提高用户的供应保证能力。其中有三个主要指标：①缺货次数。缺货次数过多，会导致企业信誉下降，损失市场占有率。因此需要保持一定的库存量。②集中库存量。将各分散的供应库存变为核心企业的集中库存，有利于集中供应。但集中库存量应保持在一个较低的水平，以降低库存成本。③实时配送的能力及速度。这一标志应在一个合理的范围内，任何超出实际的要求均属于不合理现象。

5. 社会运力的节约

运力使用的合理化是依靠送货运力的规划和整个配送系统的合理流程及与社会运输系统合理衔接实现的。主要指标为：①社会车辆总数减少，而承运量增加；②社会车辆空驶减少；③一家一户自提自运减少，社会化运输增加。

三、配送合理化措施

常用的配送合理化措施有以下几个。

1. 推行专业化配送

通过采用专业的设备设施、严谨的操作程序，降低综合化配送的复杂程度及难度，以取得较好的配送效果，最终实现配送合理化。

2. 推行加工配送

通过配送过程中的加工操作，在不增加中转过程的同时，增加货物的价值。这更有利于配送企业与客户良好关系的建立。在不增加太多投入的情况下实现双赢，是配送合理化的重要经验。

3. 推行共同配送

共同配送是以最近的路程、最低的配送成本完成配送，从而追求合理化。

4. 实行送取结合

简单地说，配送企业一方面为客户提供原材料配送，另一方面将用户的成品运回进行暂存代销。这依赖于密切而稳定的协作关系，在此关系下，配送企业不仅是用户的供应代理人，也是用户存储的据点，甚至是产品代销人。这种送取结合，充分利用并节约了运力，从而追求合理化。

5. 推行准时配送系统

准时配送，是用户实施低库存或零库存的基本保障。此外，实现准时配送，有利于用户企业有效地组织人力、物力，专注企业核心工作。

6. 推行即时配送

即时配送虽然成本较高，但它能够最终解决用户对断供的担忧，从而大幅度提高供应保证能力，是整个配送合理化的重要手段。另外，即时配送也使用户能够放心地实行零库存，帮助其降低库存成本。

【本章小结】

配送是物流的一个缩影，它在一个较小范围内体现了物流的全部活动。物流配送的主要工作有：备货、储存、加工、分拣配货、配装、配送运输及送达服务等。本章介绍了配送以及配送中心的概念、分类、特点，以及配送的合理化与配送中心的规划等知识，使大家对配送活动有较好的理解。

【复习思考习题】

扫一扫，看参考答案

一、不定项选择题

1. 以下对配送的理解不正确的是(　　)。

A. 是运输功能的延伸　　　　　　　　B. 低成本

C. 是一种服务　　　　　　　　　　　D. 客户的自主行为

2. 按经营形式，配送可分为(　　)。

A. 销售配送　　　　　　　　　　　　B. 供应配送

C. 销售供应一体化配送　　　　　　　D. 代存代供配送

3. 配送的功能包括(　　)等。

A. 验货　　　　　B. 备货　　　　　C. 存储　　　　　D. 分拣　　　　　E. 送货

4. 根据配送中心功能的侧重点划分，以下不正确的是(　　)。

A. 存储型配送中心　　　　　　　　　B. 加工型配送中心

C. 包装型配送中心　　　　　　　　　D. 流通型配送中心

5. 配送中心的服务范围一般是(　　)。

A. 社区　　　　　　B. 居住小区　　　　　C. 城市或区域　　　　　D. 校区

二、简答题

1. 什么是配送？

2. 配送中心的设计原则包括哪些？

3. 配送合理化的表现是什么？

三、案例阅读与分析题

京东集团的物流配送模式

京东商城作为国内大型的电子商务平台，在线销售家电、数码通信、电脑、家居百货、服装服饰、母婴、图书、食品、在线旅游等12大类数万个品牌百万种优质商品。目前京东商城已经建立华北、华东、华南、西南、华中、东北六大物流中心，同时在全国超过300座城市建立核心城市配送站。

京东商城以"产品、价格、服务"为核心，致力于为消费者提供优质的商品、优惠的价格，同时领先行业推出"211限时达""售后100分""全国上门取件""先行赔付"等多项专业服务。京东商城通过不断优化的服务引领网络零售市场，率先为中国电子商务行业树立了诚信经营的标杆。

相较于同类电子商务网站，京东商城的特色在于商城提供正品行货、机打发票和售后服务的同时，还推出了"价格保护""延保服务"等优质服务。京东商城凭借更具竞争力的价格和逐渐完善的物流配送体系等优势，赢得市场占有率多年稳居行业首位的骄人成绩。

京东商城并没有像其他 B2C 企业那样完全将物流外包出去，而是创办了自己的物流体系。目前京东有两套物流配送体系，一套是自建的，另一套是和第三方合作的。

一、京东商城自营物流配送模式

自2007年8月开始，京东商城先后赢得今日资本、DST 和老虎基金等共计三轮融资，金

额高达 15 亿美金，每一轮融资都给京东商城带来了蓬勃的发展动力。2009 年初，京东商城就斥巨资成立自己的物流公司，开始分别在北京、上海、广州、成都、武汉设立了自己的一级物流中心，随后在沈阳、济南、西安、南京、杭州、福州、佛山、深圳 8 个城市建立了二级物流中心，这些城市的顾客是京东商城的主要顾客。以华东物流中心——上海为例，每日能正常处理 2.5 万个订单，日订单极限处理能力达到 5 万单。目前，京东商城正在筹建一个新的项目——"亚洲一号"，即在上海嘉定购置 260 亩土地用于打造亚洲最大的现代化 B2C 物流中心。"亚洲一号"将至少支持百万级的 SKU(stock keeping unit，库存量单位)，目标是适应未来 5 到 10 年的发展。正是有了如此大规模的自营物流体系的支持，京东商城才敢在 2010 年 4 月正式推出了"211 限时送达"服务，即指每天上午 11 点前下订单，下午送达；晚上 11 点前下订单，次日上午送达。

二、京东商城的外包物流配送体系

京东商城在自营配送到达不了和订单量相对较少的区域内，选择与专业的快递公司合作，这样使得京东商城不仅减少了物流成本的支出而且还回归了自己的核心业务，专注于自身的业务发展。

随着电子商务的发展，目前物流问题一直是制约电子商务企业进一步发展的瓶颈，而在各种电子商务模式中，受物流配送影响和制约最大的是 B2C 企业。作为一家典型的 B2C 企业，京东商城也面临着同样的问题。

如何解决这一瓶颈？京东商城选择了自建物流体系，这样京东商城能够将物流最大程度地控制在自己手里，并且形成了对整个供应链链条的控制。自建物流体系为其保持高速发展提供了强有力的支撑，大幅提升了其在全国的配送速度，服务质量更是得到了改善，解决了许多问题，最终能够帮助京东商城将物流从成本控制中心转变成未来新的盈利点。这也能够形成京东商城的差异化战略，提高电子商务网站竞争的门槛。

我国 B2C 企业各有其特点——淘宝以电商平台为核心，凡客以货源品牌为核心，卓越以 IT 系统数据分析为核心，而京东商城则以仓储配送为核心。一直以来，京东商城不断地投巨资于物流当中。

案例思考题：

1. 谈谈你对京东配送体系模式的理解。

2. 京东为什么要建立自营物流体系？

【本章参考文献】

[1] 徐贤浩. 物流配送中心规划与运作管理[M]. 武汉：华中科技大学出版社，2014.

[2] 全国物流标准化技术委员会，全国物流信息管理标准化技术委员会. 物流术语：GB/T 18354—2006[S]. 北京：中国标准出版社，2007.

第八章 物流信息管理

第一节 物流信息综述

信息技术及其相关能力被认为是目前最有价值和最为关键的企业资源之一。在"互联网+"时代，物流信息相关体系的建设和管理显然是整个现代物流管理的重要组成部分。作为我国现代服务业基础性产业，物流业成为国民经济新的增长点。尽管我国物流业发展较快，但整体发展水平较低，我国物流各个环节如运输、仓储、配送的成本以及劳动力和设备成本都远远低于发达国家，而整个物流过程的综合成本却高于发达国家。其中一个主要原因，就是物流各环节信息化程度相对较低，信息沟通不畅，造成库存大、运力浪费等问题。

一、物流信息管理的相关概念

（一）信息

信息是普遍存在于人类社会的现象。信息无时不有，无处不在。现代社会，信息似乎已成为人们所共知的流行词，人们每时每刻都在信息的海洋里工作和生活。然而，在该词的理解上，由于人们研究信息的角度与目的的不同，至今提出的信息定义也是多种多样的。我国著名的信息学专家钟义信教授给信息（information）下的定义是：信息是事物的存在方式或运动状态，以及这种方式或状态直接或间接的表述。

（二）物流信息

《物流术语》（GB/T 18354—2006）中，物流信息（logistics information）是指"反映物流各种活动内容的知识、资料、图像、数据、文件的总称，一般随着从生产到消费的物流活动的产生而产生，与物流过程中的运输、储存、装卸、包装等各种职能有机结合在一起，是整个物流活动顺利进行所不可缺少的。它也是反映物流各种活动内容的知识、资料、图像、数据、文件的总称，主要支持物流活动的管理和决策。

物流信息所包含的内容非常广泛，凡是在物流活动过程中所产生的信息和影响物流活动的相关信息均属于物流信息。在物流活动中，物流信息与其他各类相关信息相互交叉、相互融合，共同在物流系统和整个供应链活动中发挥着重要的作用。很明显，"信息"功能要素是区别传统物流与现代物流的一个重要方面，它包含信息的拥有和先进信息技术的应用两个方面。其拥有的信息内容为"物流信息"。

(三) 物流信息的特点

现代企业物流需要大量的信息，与其他领域信息相比较，物流信息的特殊性主要表现在以下几个方面。

1. 信息量大

物流信息随着物流活动以及商品交易活动展开而大量产生。多品种、少批量生产和多频度、小数量配送使库存、运输等物流活动的信息大量增加。随着企业间合作倾向的增强和信息技术的发展，物流活动的信息量在今后将会越来越大。

2. 动态性强

物流信息的更新速度快，多品种、少批量生产，多频度、小数量配送与利用智慧零售系统的即时销售等，使得各种作业活动频繁发生，从而要求物流信息不断更新，而且更新的速度越来越快。

3. 来源多样化

物流信息不仅包括企业内部的物流信息(如生产信息与库存信息)，而且包括企业间的物流信息和与物流活动有关的基础设施的信息。随着企业对供应链管理思想认识的加深，供应链上企业之间的协调合作越来越受到企业的重视，企业之间广泛利用各种信息技术，如 EDI 技术等，进行物流信息快速、及时地传递，实现信息共享。另外，企业从事物流活动还需要利用道路、港口、机场等基础设施的信息。

4. 趋于标准化

基于物流活动的系统性特征、物流系统的多环节特征、物流服务的社会化特征以及物流信息处理手段的电子化要求，物流信息作用的成分、标准化要求越来越高。

二、物流信息化建设

现代企业发展离不开物流信息化的支持，信息化是现代物流的基础，依靠物流信息系统的支撑，可以实现商品全程监控、可视化管理，降低牛鞭效应和成本，增强企业的反应能力。对于物流企业来说，通过企业自身的信息化可以提高企业在物流行业中的竞争力，增加客户满意度，提高商品销售额，保证供货速度的可获得性以及良好的服务品质。很多成功的案例都说明了这一点，宝供集团借助于自己开发的 TOM 系统赢得了诸如宝洁、联合利华、三星等优质客户。当然，在企业的发展过程中，还贯穿了很多其他的信息技术和信息系统的使用，例如宝供集团更新了仓储管理软件，在三星的产品存储区全面更新了 RF 系统，以及对 RFID 技术的广泛应用，都是企业持续不断的加强与完善自身信息技术和信息系统的体现。很多物流公司完成第一阶段信息化建设后，都快速成长为国内知名的第三方物流公司，企业的规模和盈利能力稳步提升。

为实现物流的信息化，首先要用标准化的条码技术完成商品数据录入和数据采集工作，再借助自动识别技术、数据库技术、电子数据交换等现代技术手段建立仓储、保管等各类与物流业务管理有关的基本数据库；应用射频技术（RFID）进行物料跟踪、运载工具和货架识别等；应用 GPS 技术全天候、连续地为无限多用户提供任何覆盖区域内目标的三维速度、位置和时间信息，从而大大提高物流网络及其运营的透明度，提供更高质量的物流服务。通过地理信息系统（GIS）完成车辆路线模型、最短路径模型、网络物流模型等功能。现代物流企业广泛运用云计算、物联网、大数据、人工智能等新兴技术对复杂物流系统进行合理规划和精确计划，实现信息化全覆盖。

第二节　物流信息技术

现代物流企业要为客户提供准确、快捷、安全、优质的服务，必须对仓储、运输、配送、装卸搬运、流通加工等物流业务全过程，利用现代计算机信息技术进行信息的采集、储存、传输、加工分析和管理，对业务流程进行管理、跟踪和控制。信息技术是现代物流企业信息系统的根本，是现代物流企业经营顺畅的必要条件。有效的、先进的信息技术，在保证物流公司对供应链上下游参与者的各项服务承诺的实现方面起着极其重要的作用。

一、信息技术的概念

信息技术（information technology，IT）泛指拓展人的信息处理能力的技术，主要有传感技术、计算机技术、通信技术、控制技术等。它取代或辅助人们完成了对信息的识别、监测、变换、储存、传递、计算、控制和利用。

信息技术发展、变化、更新很快，用于物流活动的信息技术主要有识别记录技术、电子数据交换技术（EDI）、地理信息系统（GIS）、数据挖掘（DM）、数据库管理（DW）技术等。

二、信息技术在物流领域中的应用

1.信息技术在规划设计中的应用

物流系统的规划设计在于定位于物流服务市场、配置各种物流要素，形成一定的物流生产能力，使之能以最低的总成本完成既定的目标。通过考察分析影响物流系统绩效的内在因素和外在因素，做出合理的规划设计方案。计算机仿真、可视化平台等技术的发展应用使得物流规划设计工作快速便捷，能够适应社会发展的需要。物流规划设计仿真技术即可视化技术，其应用相当广泛，大到物流园区的规划设计，小到企业生产物流的规划设计，都可以利用该仿真技术对规划和设计方案进行比选和优化。其基本功能包括：用三维虚拟模型来模拟实际物流中心；对物流中心建设的效益进行分析；构筑模拟仓库，模拟各种库中作业；提供物流作业效率的评价结果；模拟配车计划及相关配送业务；进行物流作业过程重组分析，优化方案比较等。如今集成化的物流规划设计仿真技术在美、日等发达国家发展很快，并在应用中取得了很好的效果。例如美国 Flexsim 公司开发的物流规划设计仿真软件，能应用于系统建模、仿真以及实现业务流程可视化方面。它能够通过计算机仿真模型来评价不同的仓储、库存、客户服务和仓库管理策略对成本的影响。世界最大的自动控制阀门生产商 Fisher 在应用 CLS 物流规划设计仿真软件后，销售额增加了70%，从仓库运出的货物量增加了44%，库存周转率提高了将近25%，而且其客户对Fisher的满意度在许多服务指标上都有增加。

2. 信息技术在仓储系统中的应用

现代信息技术和网络技术，以及高科技物流设备的应用是现代物流业不断发展进步的基础。为提升仓储系统的作业水平和作业效率，增加企业竞争力，应进行综合信息改造，建立仓储信息管理系统。信息系统应用后，提高了客户服务水平，设计了库内定位码放，优化了工作流程，规范了工作程序，实现了管理者对仓储各业务部门和作业环节的实时管理，加速了信息在企业内部和企业间的流动，实现了信息共享和统计自动化，提高了工作效率。如利用计算机网络、数据库、自动控制等技术将自动化立体仓库和柔性/刚性输送设备有机地结合起来，可以实现仓库库存管理、出/入库管理自动化，运输计划安排、运输调度指挥自动化、智能化，搬运装卸自动化，信息传输网络化。这些信息技术被广泛应用于仓储系统中，将大大提高生产效率、减少库存、降低资金占用、提高企业效益。美国空军物流部门研发了针对仓储管理和库存控制问题的专家系统——"存货管理辅助系统（inventory management assistant，IMA）"，它曾经以916000种零件的存货支持全球的19000架飞机。IMA能使仓储管理和库存控制人员在处理正常问题的情况下提高效率8%~10%，在处理复杂问题的情况下提高效率15%~18%。还有如货物的自动分拣、货物智能识别、智能化搬运等技术大大提高了货物的仓储能力，减少了出/入库时间，提高了工作效率，这些无不归功于信息技术的应用。

3. 信息技术在物流管理系统中的应用

物流管理系统能实现商品从原料供应商、制造商、分销商、零售商到消费者的各个流通环节的有机结合，以合理费用将确定的商品在需要的时间送达指定位置。信息技术应用的目的在于提高物流速度和服务水平，实现物流系统的高效管理。例如无线通信4G网络在物流系统中是GPS车载设备与监控中心信息交互的通道，其将GPS定位信息、求救、图像位置、服务请求等信息准确实时地传回中心；将中心的应答、服务请求、控制等信息准确及时地传给移动端监控中心，由车辆监管系统及地理信息系统关联构成平台，该架构基于C/S模式及模块化设计，支持新业务扩展；兼容多种车台通信；与GPS技术的综合运用提高了物流系统的市场竞争力。地理信息技术（GIS）、遥感技术（RS）、多媒体技术、无线通信技术、互联网技术和管理信息技术（MIS）等技术的应用使得物流现场作业与室内办公系统能够随时联系。物流配送、运输等信息能与管理中心数据实时交换，实现外出活动中实时数据的查询、作业活动的实时监控、紧急情况的通知等功能。物流管理系统采用可扩展的管理平台，注入现代管理思想，把企业外部物流（原料、半成品、配套产品、产品等的采购和销售）与内部物流（产品的生产过程）的相关信息进行整合，以消除物流信息流转的障碍，提高物流效率，从而降低产品实现过程的成本。

4. 信息技术在运输配送中的应用

物流运输配送就是按照用户的货物（商品）订货要求和物流配送计划，在物流配送节点（仓库、商店、货运站、物流配送中心等）进行存储、分拣、加工和配货等作业后，将配好的货物送交收货人的过程。运输系统通过信息技术平台可向物流管理企业提供的服务主要集中在物流配送管理和车货动态控制两方面，如提供当前道路交通信息、线路诱导信息，为物流企业的优化运输方案制订提供决策依据；通过对车辆位置状态的实时跟踪，可向物流企业甚至客户提供车辆预计到达时间，为物流中心的配送计划、仓库存货战略的确定提供依据。为了将移动的车辆信息纳入物流运转的信息链中，需要使用移动信息系统。物流业中使用移动定位与传输的信息量非常大，用户主要是跨国物流企业和大型物流企业。随着技术的更新及短信息费用的下降，许多中小物流企业对移动信息技术也越来越感兴趣。车辆的实时定位，有助于物流控制中心在任意时刻查询车辆的地理位置并在电子地图上直观地显现出来。动态掌握车辆所在位置可帮助物流企业优化车辆配载和调度。车辆控制系统是现代物流系统中货运车辆运营管理的重要组成部分。车辆控制技术提供支撑物流系统在运输环节对供应链进行全过程管理的功能。

在现代运输网络中，数据越来越多地需要远程输送与交换。采用标准化电子数据交换（electric data interchange，EDI）信息网，可使数据具有较好的兼容性与适用性，有利于加速信息流程，降低手工输入错误率，减少纸张需求以及方便数据检验等。由于互联网具有低通信成本、高互联通率的优点，近年来越来越多的货运企业把互联网作为数据交换平台进行数据通信。网络的及时、信息的准确传递保证了物流系统高度集约化管理的信息需求，保证了物流网络各节点和总部之间以及各节点之间的信息充分共享。

5. 信息技术在物流监控系统中的应用

在物流活动过程中，会不断产生作业信息，这些信息是管理工作不可缺少的，因而有必要对其进行监控。如对物流输送来讲，各种控制及作业信息具有动态性，如何将它们及时准确地传送给后方管理部门是需要解决的基本问题，而其关键在于信息的远程通信。在数据通信中，最普遍的方法是借助于本地局域网及固定电话网进行，但是随着 GSM 移动通信网技术的提高及短消息技术的普遍应用，在数据的远程通信中也开始引入短消息技术。通过 GPRS 技术，可以在任意时刻通过发出指令查询各种运输工具所在的地理位置（经度、纬度、速度等信息），并在电子地图上直观地显示出来。物流监控中心不仅可以监视各个车辆的实时运行情况，而且在某些情况下还能够远程遥控车辆，如监听、断油、开关车厢门等。物流车辆的运行范围要预先设定并且要受到中心监控。RFID 技术利用无线电波对记录媒体进行读写，其识别距离可达几十厘米到几米，且根据读写的方式，可以输入数千字节的信息，同时，还具有极高的保密性。另外，由于信号接收装置无须看到标签即可接收数据，并且 RFID 的包装方式具有封闭性。因此，无线射频系统对环境的适应性很强，能适应诸如灰尘、油污、振动以及篷布遮挡物等环境，并且可以有效防止标签撕裂、丢失等情况的发生，将 RFID 与无线射频系统和 GSM 技术相结合，可以实现远程的监控，如监控集装箱所装物品、冷冻物品在运输过程中的温度以及食品的保鲜期等。

第三节　常见物流信息技术

一、识别记录技术

（一）条码技术

1. 条形码的含义

条形码是由宽度不同、反射率不同的条和空，按照一定的编码规则（码制）编制而成的，用以表达一组数字或字母符号信息的图形标志符。条形码可以记录很多信息，如商品的生产国、制造厂家、商品名称、生产日期、图书分类号、邮件起止地点、类别、日期等。

常见的条形码是由反射率相差很大的黑条(简称条)和白条(简称空)组成的,如图 8-1 所示。其中,黑色的条对光的反射率低而白色的空对光的反射率高。正是由于不同颜色对光的反射率不同,以及条与空的宽度不同,使扫描光线产生不同的反射接收效果,在光电转换设备上转换成不同的电脉冲,形成了可以传输的电子信息。由于光的运动速度极快,因此可以准确无误地对运动中的条形码予以识别。

条形码的特点是简单、易于制作,信息采集速度快,设备结构简单,成本低。条形码是实现 POS 系统、EDI 系统、电子商务、供应链管理的技术基础。

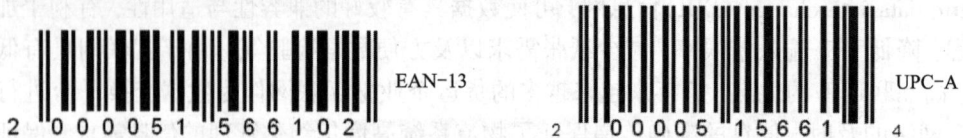

EAN-13

2 000051 566102

UPC-A

2 00005 15661 4

图 8-1 常见条形码

2. 条码系统的组成

条码自动识别技术系统由条码标签、条码识读设备和计算机组成。

(1)条码标签。条码标签绝大多数是纸基材,一般由信息系统控制打印生成,或直接印刷在物品包装上,具有经济、抗电磁干扰能力强等特点,在许多环境恶劣的制造业企业内部物流中也有广泛的应用。有些企业甚至利用条码技术实现了产品从原料到成品的全过程跟踪。目前,条码打印机行业应用较多的是不干胶标签。不干胶标签由离型纸、面纸及作为两者黏合的黏胶剂三部分组成,离型纸俗称"纸底",表面呈油性,底纸对黏胶剂具有隔离作用,所以用其作为面纸的附着体,以保证面纸能够很容易地从底纸上剥离下来。

(2)条码识读设备。条码识读设备是用来读取条码信息的设备。它使用一个光学装置将条码的条空信息转换成电子信息,再由专用译码器翻译成相应的数据信息。条码识读设备一般不需要驱动程序,安上后可直接使用,如同键盘一样。

条码识读设备从原理上可分为光笔扫描器、CCD 扫描器和激光扫描器三类;从形式上有手持式和固定式两种,手持式适用于条码尺寸多样、条码形状不规则的应用场合,一般包括激光枪、光笔、手持式全向扫描器以及手持式CCD 扫描器等。固定式适用于手工劳动强度大(如超市结算台)或无人操作的应用场合,一般包括卡槽式扫描器、固定式全向扫描器、固定式 CCD 扫描器等。

①光笔扫描器。这种方式的扫描,光笔必须与被扫描阅读的条码接触,才能达到读取数据的目的,如图 8-2 所示。光笔扫描器的优点是成本低、耗电低、耐用,适合数据采集,可读较长的条码符号;缺点是光笔对条码有一定的破坏性,随着条码应用的推广,目前已逐渐被 CCD 扫描器所取代。

图 8-2 光笔扫描器

②CCD 扫描器。采用 CCD 和发光极管光源的识读设备,称为 CCD 扫描器,如图 8-3 所示。它是将发光二极管所发出的光照射到被读的条码上,通过光的反射,达到读取数据的目的。CCD 扫描器操作方便,易于使用,只要在有效景深范

围内,光源照射到条码符号即可自动完成扫描,对于表面不平的物品、软质的物品均能方便地进行识读,无任何运动部件,因此性能可靠,使用寿命长。与其他条码扫描设备比较,具有耗电少、体积小、价格便宜等优点,但其阅读条码符号的长度受扫描器的元件限制,扫描景深长度不如激光扫描器。

③激光扫描器。激光扫描器由于独有的大景深区域、高扫描速度、宽扫描范围等突出优点得到了广泛的使用。激光扫描器的扫描方式有单线扫描、光栅扫描和全角度扫描三种。手持式激光扫描器属单线扫描,其景深较大,扫描识读率和精度较高,扫描宽度不受设备开口宽度限制;立式激光扫描器为全角扫描器,能够高速扫描识读任意方向通过的条码符号,被广泛使用在自动化程度高、物流量大的领域。常见的激光扫描器如图8-4所示。

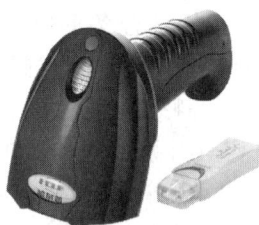

(a)手持式激光扫描器   (b)立式激光扫描器

图 8-3   CCD 扫描器   图 8-4   常见的激光扫描器

3.条码编码方式

条码的编码方式主要有两种,即一维条码和二维条码。

(1)一维条码。一维条码有225种以上,目前使用频率最高的几种码制是UPC码(通用产品条形码)、EAN码(国际物品条形码)、39码、93码、库德巴码、128码和交插25码。

①UPC码。UPC码主要应用于美国和加拿大,我们在美国进口的商品上可以看到。1973年,美国率先在其国内的商业系统中应用UPC码,之后加拿大也在商业系统中采用UPC码。UPC码是一种长度固定的连续性数字式码制,其字符集为数字0~9,它采用4种元素宽度,每个条或空是1、2、3或4倍单位元素宽度。UPC码有两种类型,即UPC-A码和UPC-E码,分别如图8-5、图8-6所示。

首尾字符小一号   字符大小一样   0开头的   1开头的

图 8-5   UPC-A 码   图 8-6   UPC-E 码

②EAN码。EAN码是国际物品编码协会制定的一种商品条码,通用于全世界。1977年,

欧洲经济共同体各国按照 UPC 码的标准制定了欧洲物品编码 EAN 码，与 UPC 码兼容，而且两者具有相同的符号体系。EAN 码的字符编号结构与 UPC 码相同，也是长度固定的连续型的数字式码制，其字符集是数字 0~9。它采用 4 种元素宽度，每个条或空是 1、2、3 或 4 倍位元系宽度。EAN 码有两种类型，即 EAN-13 码和 EAN-8 码，分别如图 8-7 和图 8-8 所示。我国的通用商品条码与其等效，日常购买的商品包装上所印的条码一般就是 EAN 码。

图 8-7　EAN-13 码

图 8-8　EAN-8 码

③39 码。39 码是第一个字母、数字相结合条形码，1974 年由 Intermec 公司推出，如图 8-9 所示。它是长度可比的离散型自校验字母数字式码制。其字符集为数字 0~9 加上 26 个大写字母及"+""-""★""%""＄""."等特殊符号，再加上空白字元""，共计 44 组编码，其中"★"仅作为起始符和终止符。39 码具有编码规则简单、误码率低、所能表示字符个数多等特点，主要用于工业、图书及票证的自动化管理，目前使用极为广泛。我国也制定了相应的国家标准（GB 12907—1991）。39 码仅有两种单元宽度，分别为宽单元和窄单元。宽单元的宽度为窄单元的 1~3 倍，一般多选用 2 倍、2.5 倍或 3 倍。39 码的每一个条码字符由 9 个单元组成，其中有 3 个宽单元，其余是窄单元，因此称为 39 码。

④93 码。93 码与 39 码具有相同的字符集，但它的密度要比 39 码高，所以在面积不足的情况下，可以用 93 码代替 39 码。93 码如图 8-10 所示。

图 8-9　39 码

图 8-10　93 码

⑤库德巴码。库德巴码（Code Bar）出现于 1972 年，是一种长度可变的连续性自校验数字式码制。其字符集为数字 0~9 和 6 个特殊字符（-、：、／、.、+、＄），共 16 个字符。常用于仓库、血库和航空快通包裹中，如图 8-11 所示。

图 8-11　库德巴码

⑥128 码。128 码出现在 1981 年，是一种长度可变、连续性的字母数字条码，与其他一维条码比较起来，128 码是较为复杂的条码系统，而其所能支援的字元也相对比其他一维条码多得多，又有不同的编码方式可供交互使用。因此，其应用弹性也较大。128 码的内容大致也分为起始码、资料码、终止码、检查码四部分，其中检查码是可有可无的。128 码如图 8-12 所示。

⑦交插 25 码。交插 25 码是一种条和空都表示信息的条码。交插 25 码有两种单元宽度，每个条码字符由 5 个单元组成，其中 2 个宽单元、3 个窄单元。在一个交插 25 码符号中，组成条码符号的字符个数为偶数，当字符个数是奇数时，应在左侧补 0 变为偶数。条码字符从左到右，奇数位置字符用条表示，偶数位置字符用空表示。交插 25 码的字符集包括数字 0~9，如图 8-13 所示。

图 8-12　128 码

图 8-13　交插 25 码

(2)二维条形码。一维条形码只是在一个方向(一般是水平方向)表达信息，而在垂直方向则不表达任何信息，其一定的高度通常是为了便于阅读器的对准。一维条形码的应用可以提高信息录入的速度，减少差错率，但是一维条形码也存在一些不足之处：①数据容量较小，仅 30 个字符左右；②只能包含字母和数字；③条形码尺寸相对较大(空间利用率较低)；④条形码遭到损坏后便不能阅读。

二维条形码正是为了解决一维条形码无法解决的问题而诞生的。二维条形码就是在水平和垂直方向的二维空间存储信息的条形码。与一维条形码一样，二维条形码也有许多不同的编码方法，或称码制。就这些码制的编码原理而言，通常可分为以下三种类型：

①线性堆叠式维码。在一维条形码编码原理的基础上将多个维码在纵向堆叠而产生的。典型的码制如 Code 16K、Code 49、PDF417 等。

②矩阵式二维码。在一个矩形空间通过黑、白像素在矩阵中的不同分布进行编码。典型的码制如 Aztec、Maxi Code、QR Code、Data Matrix 等。

③邮政码。通过不同长度的条进行编码，主要用于邮件编码如 Portnet、BPO 4-State。

在上述众多的二维条形码中，常用的码制有 Data Matrix、Maxi Code、Aztec、QR Code、Veracode、PDF417、Ultra Code、Code 49、Code 16K 等，其中，Data Matrix 主要用于电子行业，如 Intel 的奔腾处理器的背面就印制了这种码；Maxi Code 是由美国联合包裹服务(UPS)公司研制的，用于包裹的分拣和跟踪；Aztec 是由美国韦林(Welch Allyn)公司推出的，最多可容纳 3832 个数字或 3067 个字母字符或 1914 个字节的数据。

4. 条形码技术在物流作业中的应用

(1)订货作业。以便利店订货簿的方式为例，连锁总部定期将订货簿发给各便利店，订货簿上有商品名称、商品货号、商品条形码、订货点、订货单位、订货量等，工作人员拿着订货簿巡视货架商品以确认所剩陈列数，记入订货量；或到办公室后，用条形码扫描器扫描预订商品的条形码并输入订货量，再用调制器传出订货数据。

(2)配送中心的进货验收作业。对整箱进货的商品，其包装箱上有条形码，放在输送带上经过固定式条形码扫描器的自动识别，可接受指令传送到存放位置附近。对整个托盘进货的商品，叉车驾驶员用手持式条形码扫描器扫描外包装箱上的条形码标签，利用计算机与射频数据通信系统，可将存放指令下载到叉车的终端机上。

（3）补货作业。基于条形码进行补货，可确保补货作业的正确性。商品进货验收后，移到保管区，需适时、适量地补货到拣货区；为了避免补货错误，可在储位卡上印上商品条形码与储位码的条形码，当商品移动到位后，以手持式条形码扫描器读取商品条形码和储位码条形码，由计算机核对是否正确，这样就可以保证补货作业的正确性。

（4）拣货作业。拣货有两种方式：一种是按客户进行拣取的摘取式拣货；另一种是先将所有客户对各商品的订货汇总，一次拣出，再按客户分配各商品量，即整批拣取，二次分拣，称为播种式拣货。对于摘取式拣货作业，在拣取后用条形码扫描器读取刚拣取商品上的条形码，即可确认拣货的正确性。对于播种式拣货作业，可使用自动分货机，当商品在输送带上移动时，由固定条形码扫描器判别商品货号，指示移动路线与位置。

（5）交货时的数量检验作业。交货时的数量检验作业通常分为两种形式：一种是由配送中心出货前即复点数量；另一种是交由客户当面或事后确认。对于配送中心出货前的复点式作业，由于在拣货的同时已经以条形码确认过，因此就无须进行此复点作业了。对于客户的当面或事后确认，由于拣货时已用条形码确认过，因此无须交货时双方逐一核对。

配送作业商品的自动辨识方法还可以采用磁卡、IC 卡等其他方式来达成。但对物流仓储配送作业而言，由于大多数的储存货品都具备条形码，因此用条形码做自动识别与资料收集是最便宜、最方便的方式。商品条形码上的资料经条形码读取设备读取后，可迅速、正确、简单地将商品资料自动输入，从而达到自动化登录、控制、传递和沟通的目的。

（二）射频识别技术

1. 概述

射频识别技术（radio frequency identification，RFID）是 20 世纪 90 年代开始兴起的一种自动识别技术。射频识别技术是一项利用射频信号通过空间耦合（交变磁场或电磁场）实现无接触信息传递并通过所传递的信息达到识别目的的技术。

至今，射频识别技术的理论已得到丰富和完善。单芯片电子标签、多芯片电子标签识读、无线可读可写、无源电子标签的远距离识别、适应高速移动物体的射频识别技术与产品早已成为现实并走向应用。

2. 射频识别技术基本原理

射频识别技术是利用发射接收无线电射频信号，对物体进行近距离无接触方式探测和跟踪的一种高新技术。它是自动设备识别（automatic equipment identification，AEI）技术中最成熟和应用领域最广泛的技术之一，具有环境适应性强，可在全天候下使用，免接触，抗干扰能力强，具有穿透非金属物体进行识别处理等特点，在物流管理中有着广阔的应用前景。

射频识别技术与其他识别技术相比有很强的优越性：条形码技术对环境及其读出条件要求严格；红外线技术受环境介质影响很大，穿透力弱；摄像机虽然可以直接将喷刷在物体表面的数字记录下来，但受环境和物体表面所处位置的影响很大，如在雪、雾等气候条件下，在物体表面数字位置高、低的情况下均无法使用。

射频识别系统通常由阅读器和电子标签组成。阅读器又称通信器或读出装置，用以产生发射无线电射频信号并接收电子标签反射回的无线电射频信号，经处理后获得标签的数据信息。电子标签用以存储数字字母编码，当受无线电射频信号照射时，能反射回携带有数字字母编码信息的无线电射频信号，供阅读器处理识别。

3. 射频识别技术在物流管理中的应用

物流管理的本质是通过对物流全过程的管理,实现降低成本和提高服务水平两个目的。如何以正确的成本和正确的条件,去保证正确的客户在正确的时间和正确的地点,得到正确的产品,成为物流企业追求的最高标准。想要达到这种标准,掌握存货的数量、形态和分布,提高存货的流动性就成了企业物流管理的核心内容。一般来说,企业存货的价值要占企业资产总额的25%左右,占企业流动资产的50%以上。所以物流管理工作的核心就是对供应链中的存货进行管理。而 RFID 技术的使用,满足对现代化智能仓库存储的实时盘点、动态监测、流向控制、货位分配等各个环节的信息识别与处理,很好地提高了存货流动性,使现代仓库智能化上了一个新台阶。

在运输管理方面,虽然能够通过全球卫星定位系统(GPS)获得在途物资的准确位置,但对在途物资的其他信息,如物资的种类、数量、发货人、收货人、合同编号等重要信息的获得,则无能为力。全球卫星定位系统的使用成本较高,这对降低物流成本有不利影响,而采用射频识别技术,只需在货物的外包装上安装电子标签,在运输检查站或中转站设置阅读器,就可以实现资产的可视化管理。在运输过程中,阅读器将电子标签的信息通过卫星或电话线传输到运输部门的数据库,电子标签每通过一个检查站时,数据库的数据就得到更新,当电子标签到达终点时,数据库关闭。与此同时,货主可以根据权限,访问在途可视化网页,了解货物的具体位置。目前农产品溯源、运输实时监测等领域早已利用 RFID 技术实现物流服务水平的提升。

4. 射频识别技术对物流管理的影响

(1)降低库存水平,提高企业的资金效率。一个成功的企业离不开成功的物流运作,而物流运作是货物流、信息流和资金流的有机结合和高度统一。我们认为,货物流是外在行动,信息流是技术手段,而资金流是最终目标。企业的经济效益最终是由资金流的运行状况所决定的,企业的资金效率越高,降低成本的幅度越大,经济效益就越加明显。企业的资金流,本质上是企业的资金在货币资本、生产资本、商品资本三种状态上的资本周转过程,资金效率取决于预付资本总量和资本周转速度两种因素。库存的降低可以直接减少企业用于生产的资本预付总量,而资本周转速度的提高是通过企业的物流配送速度提高以及在流通过程的增值服务完成的。所以,高效率的配送体系和具有增值服务能力的物流中心是提高企业资金周转速度的重要条件。

射频识别技术的应用,能实现运输中的资产可视化,也能使商品的运输过程透明化,如以往难以掌握的商品到达时间、在途库存变得一目了然,企业的动态库存得到有效管理。库存所占用的资金降低到最低程度,资本周转速度大大加快,企业的经济效益也会显著提高。在供应链管理中,其作用更为明显,资产可视化使企业间库存信息的交换更为准确、及时,牛鞭效应将大大减少,企业间的动态库存能够大幅降低。

(2)提高服务水平,满足顾客的要求。物流管理的最终目标是降低成本,提高服务水平。射频识别技术的应用能够向顾客提供更为准确的物流信息,能够有效降低顾客关系维护的运营成本,为顾客创造价值,增加利润。具体表现为能够以合适的质量、数量,合适的地点、价格,向顾客提供个性化的物流服务,与顾客建立长期的战略伙伴关系。

(3)提高企业的信息管理水平。射频识别技术的应用能够大大加快企业内部信息化的步伐,促进企业物流部门与生产部门、销售部门、财务部门的信息沟通,整合企业内部的作业流程，提高企业的快速反应能力。尤其在提供第三方物流服务时，其效果更为显著。迈克尔·波特在《竞争优势》中写道："当一个公司能够向其客户提供些独特的、或某种廉价物品时，这个公司就把自己与竞争厂商区别开来了。"射频识别技术能够有效地将企业同竞争对手区别开来，为顾客提供独特的增值服务，实现企业、顾客的双赢，使企业在日趋激烈的市场竞争中站稳脚跟。

(4)提高企业构筑供应链的能力，增强市场竞争能力。对于一个企业来说，实施全方位的物流管理与经营是一项复杂的系统工程，需要一定的基础条件和开拓创新的精神。为了达到降低客户成本的目标，需要具备四个条件：①高效率的综合运输、配送体系；②全过程的信息跟踪与服务能力；③具有综合服务功能的物流中心建设；④贴近客户的供应链分析与管理。

其中供应链的构筑情况最为重要，其关系到上下游企业的整体协调能力，决定了供应链竞争的成败。射频识别技术与其他信息技术能够提高企业构筑供应链的能力，加强供应商、厂商、批发商、零售商之间的信息共享，增强对市场需求的变化做出快速的反应的能力，从而能够有效降低库存，提高商品周转率，减少需求预测误差，增强企业市场竞争能力。

二、电子数据交换技术

(一)电子数据交换的基本概念

根据联合国标准化组织的定义，电子数据交换(electronic data interchange，EDI)技术是指将商业或行政事务处理按照一个公认的标准，形成结构化的事务处理或报文数据格式，从计算机到计算机的电子传输方法。电子数据交换技术自问世以来，因其技术先进，可大大减少贸易文件及文件处理成本，而受到世界各国普遍重视，发展迅速。现在，EDI用户根据国际通用的标准格式编制电文，以机器可读的方式将结构化的信息(如发票、海关申报单、进出口许可证等"经济信息")按照协议经过通信网络传送。报文接受方按国际统一规定的语法规则对报文进行处理，通过相应的管理信息系统，完成综合的自动交换和处理。EDI遵循一定的国际标准或行业规则，自动地进行数据发送、传送及处理，而不需人工介入，从而实现事务处理或贸易自动化。

(二)电子数据交换的工作流程

电子数据交换强调在其系统上传输的报文遵守一定的标准，因此，在发送之前，系统需要使用翻译程序将报文翻译成标准格式的报文。

(1)发送方计算机应用系统生成原始的用户数据。

(2)发送报文的数据映射与翻译。

(3)发送标准的EDI报文。通信软件将已转换成标准EDI格式的文件，经计算机网络传送到EDI网络中心。

(4)贸易伙伴获取标准的EDI文件。根据EDI网络软件的不同，EDI网络中心既可以通过计算机网络自动通知发送方的贸易伙伴，也可以被动地等待贸易伙伴通过计算机网络进行查询和下载。

(5)接收文件的数据映射和翻译。

(6)接收方应用系统处理翻译后的文件。EDI交换平台除提供用户之间的通信平台外，还可以根据业务需要，在提供格式转换和翻译软件的同时，提供密码管理、权限管理、通信管理、记账管理、数据存档、第三方认证等服务。

三、地理信息系统(GIS)和全球定位系统(GPS)

地理信息系统(geographical information system, GIS)是一种以地理空间数据库为基础,采用地理模型分析方法,适时地提供多种空间的和动态的地理信息,为地理研究和地理决策服务的计算机技术系统。其基本功能是将表格型数据(无论来自数据库、电子表格文件,还是直接在程序中输入)转换为地理图形显示,然后对显示结果进行浏览、操作和分析。GIS 技术主要用于铁路运输管理和军事物流。

全球定位系统(global positioning system, GPS)具有在海、陆、空进行全方位实时三维导航与定位的能力。在物流领域可以应用于汽车自定位、跟踪调度、各种运输方式的管理。

四、数据挖掘(DM)和数据仓库(DW)

数据挖掘(data mining, DM)是从大量的、不完全的、有噪声的、模糊的、随机的数据中提取隐含在其中的、人们事先不知道的但又是潜在有用的信息和知识的过程。随着信息技术的高速发展,人们积累的数据量急剧增长,如何从海量的数据中提取有用的知识成为当务之急。数据挖掘就是为顺应这种需要而发展起来的数据处理技术,是知识发现的关键步骤。

数据仓库(data warehouse, DW)是一个面向主题的、集成的、相对稳定的、反映历史变化的数据集合,用于支持管理决策。所谓面向主题是指数据仓库内的信息是按主题进行组织的,如用户使用数据仓库进行决策时所关心的重点方面:收入、客户、销售渠道等。集成是指数据仓库中的信息不是从各个业务系统中简单抽取出来的,而是经过系列加工、整理和汇总的过程,因此数据仓库中的信息是关于整个企业的一致的全局信息。反映历史变化是指数据仓库内的信息并不只是反映企业当前的状态,而是记录了从过去某一时点到当前各个阶段的信息。

由于物流的信息量大、动态性强,物流管理所需的数据,往往需要借助数据挖掘和数据仓库技术。

第四节 "互联网+"下物流信息新技术

一、"互联网+"的基本内涵和特征

(一)"互联网+"的概念

通俗地说,"互联网+"就是"互联网+各个传统行业",但这并不是简单的两者相加,而是利用信息通信技术以及互联网平台,让互联网与传统行业进行深度融合,创造新的发展生态。

(二)"互联网+"的特征

1.跨界融合

"互联网+"中的"+"就是跨界,就是变革,就是开放,就是融合。敢于跨界了,创新的基础就更坚实;融合协同了,群体智能才会实现,从研发到产业化的路径才会更垂直。融合本身也指代身份的融合,如客户消费转化为投资以及伙伴参与创新。

2. 创新驱动

创新驱动正是互联网的特质。中国粗放的资源驱动型增长方式早就难以为继，必须转变到创新驱动发展这条道路上来。用互联网思维求变、自我革命，也更能发挥创新的力量。

3. 重塑结构

信息革命、全球化、互联网业已打破了原有的社会结构、经济结构、地缘结构乃至文化结构，甚至权力、议事规则、话语权也在不断发生变化。

4. 尊重人性

人性的光辉是推动科技进步、经济增长、社会进步、文化繁荣的最根本的力量，互联网的力量之所以强大，最根本的是最大限度地尊重人性、敬畏人的体验、重视人的创造性发挥。

5. 开放型生态

生态是"互联网+"非常重要的特征，而生态本身就是开放的，推进"互联网+"，其中一个重要的方向就是要把过去制约创新的环节化解掉，把"孤岛"式创新连接起来，让研发由市场驱动，让努力创业的人们有机会实现价值。

6. 连接一切

连接一切是"互联网+"的目标，虽然连接是有层次的，也存在差异，但连接会产生价值。

二、"互联网+"的基础技术和应用

作为互联网的各项基础技术及其应用不断发展和演进的产物，"互联网+"即传统行业采用移动互联网、云计算、大数据、物联网等新的信息通信技术，改造原有产品及其研发、生产、运营方式。

(一)移动互联网

1. 移动互联网的概念

移动互联网(Mobile Internet，MI)是一种通过智能移动终端，采用移动无线通信方式获取业务和服务的新兴业务，由终端、软件和应用三个层次构成。终端层包括智能手机、平板电脑、电子书、MID等；软件层包括操作系统、中间件、数据库和安全软件等；应用层包括休闲娱乐类、工具媒体类、商务财经类等不同应用与服务。

2. 智慧物流云平台的作用

在实际应用中，智慧物流云平台能够在不同参与企业之间搭建信息沟通的渠道，协助参与企业之间高质量、高效率地"对话"，还能与企业现有的应用系统和程序进行数据接口，让现有的系统发挥更好的应用效果。同时，还能够提供数据优化工具与模型，以数据支持业务环境优化，并以直观的形式进行展现。

3. 移动互联网在物流行业中的应用

物流行业通过大量的移动应用提高物流企业的服务水平。

(1)解决物流服务末梢信息问题。在配送环节，企业可以利用移动互联网实现下单、领货、运输、送达等全流程的监控与管理。用户通过平台，实现手机派单调度，并采用任务在线下派发方式，解决物流行业在派单、揽收、送货等末梢环节的信息化问题，加快业务运作效率。

(2)覆盖移动信息化盲区。在物流配送过程中，可以实现移动信息采集。通过移动扫码等终端，经过移动互联网实时反馈各种数据，解决移动信息化盲区。

(3)实现物流过程的可视化管理。通过定位系统与配送订单的结合,利用移动网进行信息处理,能实时查询车辆位置与订单交接情况,实现物品配送过程的可视化管理。

(4)实现货物动态跟踪。通过移动信息实时采集,能够实现货物动态跟踪。企业通过对外勤人员或车辆的移动定位,可得知货物所处的位置。与此同时,客户通过电话移动互联网App等方式,可实时查到自己货物送达的位置。

运输车辆在途跟踪管理是物流企业的一大难题,平台通过实时的定位、跟踪和轨迹回放等,可以帮助企业掌握业务人员、车辆的营运状态,方便人员、车辆营运分析及管理,切实提高车辆利用率和生产效率。

(5)及时结算。在物品送达之后,通过手机支付途径收取费用,能加速物流企业资金归集,加快资金回笼速度,提高企业竞争力。

(二)物联网

1. 物联网的概念

(1)麻省理工学院的定义。物联网的概念最初来源于麻省理工学院1999年建立的自助识别中心(Auto-ID-Labs)提出的网络无线射频识别(RFID)系统,即把所有物品通过射频识别等信息传感设备与互联网连接起来,实现智能化识别和管理。他们还提出了关于物联网的定义:在计算机互联网的基础上,利用RFID、无线数据通信等技术构造一个覆盖万事万物的网络,以实现物品的自动识别和信息的互联共享。

(2)国际电信联盟(ITU)的定义。2005年11月7日,国际电信联盟(ITU)在突尼斯举行的信息社会世界峰会(WSIS)上正式确定了"物联网"的概念,并随后发布了《ITU互联网报告2005:物联网》(ITU Internet reports 2005:the Internet of things),介绍了物联网的特征、相关技术、面临的挑战以及未来的市场机遇。

(3)物联网的狭义和广义定义。狭义的物联网指连接物品到物品的网络,实现物品的智能化识别和管理。

广义的物联网则可以看作信息空间和物理空间的融合,将一切事物数字化、网络化,在物品之间、物品与人之间、人与现实环境之间实现高效的信息交互的方式并通过新的服务模式使各种信息技术融入社会行为,使信息化在人类社会综合应用达到更高境界。

对比物联网的最初概念以及上述不同的物联网定义,物联网使我们在信息和通信的世界里获得一个新的沟通维度,将任何时间、任何地点、连接任何人,扩展到连接任何物品,世界上所有的物体都可以通过互联网主动地进行信息交换。物联网中的三维连接如图8-14所示。

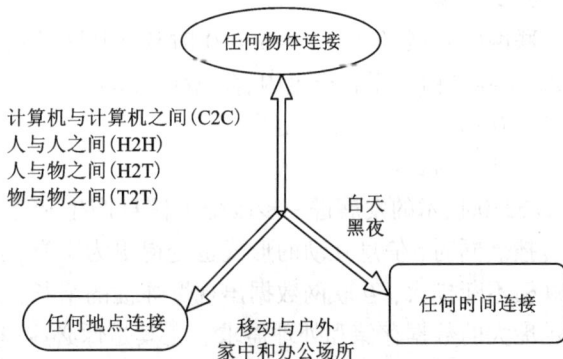

计算机与计算机之间(C2C)
人与人之间(H2H)
人与物之间(H2T)
物与物之间(T2T)

任何物体连接

白天
黑夜

任何地点连接
移动与户外
家中和办公场所

任何时间连接

图8-14 物联网中的三维连接

(4)其他定义。物联网是未来网络的整合部分,它以标准、互通的通信协议为基础,具有自我配置能力和全球性动态网络设施。在这个网络中,所有实质和虚拟的物品都有特定的编码和物流特征,通过智能界面无缝连接,实现信息共享。

物联网是由具有标识、虚拟个性的物体对象所组成的网络，这些标识和个性运行在智能空间，使用智慧的接口与用户、社会和环境的上下文进行连接和通信。

物联网指通过 RFID、红外感应器、全球定位系统、激光扫描器等信息传感设备，按照约定的协议，把任何物品与互联网连接起来，进行信息交换和通信，以实现智能化识别、定位、跟踪、监控和管理的一种网络。它是在互联网基础上延伸和扩展的网络，其用户端延伸和扩展到了任何物体和物体之间。

2. 物联网的应用

物联网技术是信息技术的革命性创新，现代物流业发展的主线是基于信息技术的变革，物联网必将带来物流配送网络的智能化，带来敏捷智能的供应链变革，带来物流系统中物品的透明化与实时化管理，实现重要物品的物流可追踪管理。在物流业中，物联网主要应用于五大领域。

(1)产品智能可追溯网络系统。产品智能可追溯网络系统基于 RFID 等技术建立的产品的智能可追溯网络系统，如食品的可追溯系统、药品的可追溯系统等。这些产品智能可追溯系统为保障食品安全、药品安全提供了坚实的物流保障。

(2)可视化管理网络。智能配送的可视化管理网络是基于 GPS，对物流车辆配送进行的实时的、可视化的在线调度与管理的系统。很多先进的物流公司都建立并配备了这一网络系统，以实现物流作业的透明化、可视化管理。

(3)全自动化的物流配送中心。基于声、光、机、电、移动互联网等各项先进技术，建立全自动化的物流配送中心，实现局域内的物流作业的智能控制、自动化操作的网络，如货物拆卸与码垛是码垛机器人，搬运车是无人搬运小车，分拣与输送是自动化的输送分拣线作业，入库与出库作业是自动化的堆垛机自动化操作，整个物流作业系统与环境完全实现了全自动与智能化，是各项基础集成应用的专业网络系统。

(4)物流网络化公共信息平台。它是基于智能配货的物流网络化公共信息平台。

(5)智慧物流信息平台。企业的智慧供应链等也都属于物联网的应用。在全新的物流体系之下，当我们把智能可追溯网络系统、智能配送的可视化管理网络、全自动化的物流配送中心连为一体，就产生了一个智慧物流信息平台。

(三)云计算

互联网的发展经历了 Web 1.0 时代(由网站编辑产生内容，使用者单向获得信息)、Web 2.0 时代(由使用者产生内容，双向互动)，目前已进入 Web 3.0 时代(由机器产生内容，信息自动互动、自然语义互动等)。

1. 云计算的出现

Web2.0 技术的发展进一步改变了信息产生和互动的模式，普通人也可以参与信息的制造和传播。同时，信息互动的形式也变得更为丰富，出现了博客、微博、微信等新型应用，使用者规模不断扩大，互联网数据出现爆炸性的增长，大型的网络运营商不断地建设数据中心以满足庞大的数据存储和处理需求。尤其是像必应(Bing)这样的搜索引擎提供商，致力于在全球范围内不断地增加数据，包括文字、图像、视频等。为此，必应(Bing)构建了全球极具规模的数据中心以统一管理庞大的分散资源，在此过程中，其分布式计算技术逐渐成熟，更多的应用可以基于这样的技术来提供，人们透过浏览器不再仅从某些服务器上获得数据和应用，而是从成千上万台服务器上获得数据和应用，即云计算(Cloud Computing)。

在典型的云计算模式中,用户通过个人计算机、移动电话等终端设备接入网络,向"云"提出需求,"云"接收请求后组织资源,通过网络为"端"提供服务。用户终端的功能可以大大简化,诸多复杂的计算与处理过程都将转移到"云"上去完成。它意味着计算机能力也可以作为一种商品进行流通,就像自来水、电、管道煤气一样,取用方便,费用低廉。

2.云计算的特点

云计算具有网际网络的特点。"云"指网际网络,云计算是通过网际网络来使用的,这就决定了它具有网际网络的特点:

(1)即时使用。随时随地任意连接网际网络的终端,即申请即使用。

(2)虚拟化。云计算支持用户在任意位置使用各种终端获取应用服务。所请求的资源(计算能力、存储能力、数据等)来自"云",而不是固定的有形的实体。应用在"云"中某处运行,但实际上用户无须了解,也不必关心运行的具体位置。

(3)自助服务和弹性服务。可定制,可随需使用,弹性服务,例如存储空间可以设定为1 GB,根据需要,也可以很快扩充为100 GB或缩减为100 MB。

(4)可度量性。服务资源的使用可以被监控报告给用户和服务提供商,并可根据具体使用类型(如带宽、活动用户数、存储等)收取费用。

(5)潜在的危险性。云计算除了提供计算服务之外,还必然提供存储服务。由于云计算服务当前垄断在企业手中,企业仅仅能够提供商业信用。所以,政府机构或银行这些特殊的商业机构在选择云计算服务时,需要保持足够的警惕。一旦政府和银行大规模使用云计算服务,将有可能使这些云计算服务企业有机会以数据的重要性"挟制"整个社会。

3.资源池的特点

"云"指资源池,也就是说,不是构建1~2台服务器,而是要构建一定规模的集群,并且对该集群进行统一管理,才能满足云计算业务的需求。

(1)较大的规模。考虑到网际网络流量的突发性,云计算服务需要具备一定的规模才可能满足基本的业务可用性,因为当资源不足时,用户的请求就有可能失败。

(2)良好的可伸缩性。这是用户能够随时使用的前提。通常这种可伸缩性是通过资源虚拟化技术实现的。

(3)即时提供。这种"即时"是相比传统信息技术(IT)资源的获得时间而言的。由于在网际网络上提供云计算服务都是以软件的形式进行的,因此云计算提供商应具备非常强大的批量提供能力。例如,过去购买、安装设定1000台服务器可能需要数周或更长的时间,但通过云计算模式,可能只需要数小时甚至数分钟即可完成。将硬件部署变为软件部署是实现即时提供的关键。

(4)更低的成本。这是支持云计算作为一种商业模式的关键。使得云计算成本低的因素有两个,一是规模效应带来的利用率的提升导致软、硬件成本的降低;二是IT运营模式的变革、节能技术的引进及传统IT销售成本的降低导致总体成本的降低。

(5)可靠性。云计算系统通过设备和数据的冗余,可自动检测失效节点,并在部分节点失效的情况下继续正常工作。

(四)大数据

麦肯锡全球研究所给出的大数据的定义是"一种规模大到在获取、存储、管理、分析方面大大超出了传统数据库软件工具能力范围的数据集合,具有海量的数据规模、快速的数据流转、多样的数据类型和价值密度低四大特征"。

1. 大数据的意义和作用

大数据技术的战略意义不在于掌握庞大的数据信息，而在于对这些含有意义的数据进行专业化处理。换言之，如果把大数据比作一种产业，那么这种产业实现盈利的关键，在于提高对数据的"加工能力"，通过"加工"实现数据的"增值"。

从技术上来看，大数据与云计算的关系就像一枚硬币的正反面一样密不可分。大数据难以靠单台的计算机进行处理，而宜于依托云计算的分布式处理、分布式数据库和云存储、虚拟化技术。

物流企业每天都需面对海量的数据，特别是全程物流，包括运输、仓储、搬运、配送、包装和再加工等环节。面对海量数据，物流企业在不断加大大数据方面投入的同时，不该仅仅把大数据看作一种数据挖掘、数据分析的信息技术，而应该把大数据看作一项战略资源，充分发挥大数据给物流企业带来的发展优势，在战略规划、商业模式和人力资本等方面做出全方位的部署。

2. 大数据在物流企业中的应用

(1) 市场预测。商品进入市场后，并不会一直保持最高的销量，会随着时间的推移、消费者行为和需求的变化而不断变化。传统的市场调查是通过调查问卷和以往的经验寻找客户的来源，当调查结论出来时，往往已经过时。延迟、错误的调查结果只会让企业对市场需求做出错误的预测。大数据则能帮助企业完整勾勒出用户的行为和需求信息，通过真实有效的数据反映市场的需求变化，从而对产品进入市场后的各个阶段做出预测，合理地控制物流企业库存并安排运输方案。

(2) 物流中心的选址。物流中心选址要求物流企业在充分考虑自身的经营特点、商品特点和交通状况等因素的基础上，使配送成本和固定成本等之和达到最小，可以利用大数据中分类树方法解决这一问题。

(3) 优化配送线路。配送线路的优化是一个典型的非线性规划问题，它一直影响着物流企业的配送效率和配送成本。物流企业可以运用大数据分析商品的特性和规格、用户的不同需求(时间或资金等)，用最快的速度制订运输方案，选择合理的配送线路。

物流企业还可以通过配送过程中实时产生的数据，快速分析配送路线的交通状况，对事故多发路段做出提前预警。也可以精确分析整个配送过程的信息，使物流的配送管理智能化，提高物流企业的信息化水平和可预见性。

(4) 仓库储位优化。合理的安排货物储存位置对于仓库利用率和搬运分拣的效率而言有着极为重要的意义。对于货物数量多、出货频率快的物流中心，储位优化就意味着工作效率和效益。通过大数据的关联模式法可分析货物数据之间的相互关系，合理安排货物在仓库中的位置，提高货物的分拣率，控制货物储存的时间。

【本章小结】

本章介绍了信息化建设在现代物流管理中的应用和发挥的重要作用，通过对物流信息、物流信息技术、物流信息系统的概念阐述，让我们认识到信息技术以其科技优势和广阔的发展前景增强了物流企业的竞争力，加速了物流企业经营方式和管理方式的变革。也让我们对在物流领域常用的一些物流技术及系统有了深刻了解,以"云""雾""大""智"等新兴技术为代表的技术手段的广泛应用大大提高了企业物流效率,改变了传统物流运营模式。

【复习思考习题】

扫一扫,看参考答案

一、单项选择题

1. 数据是( )。

A. 对客观实物的认识　　　　　　　　B. 客观实物的记录

C. 文字　　　　　　　　　　　　　　D. 数字

2. 电子数据交换的英文缩写( )。

A. ERP　　　　　B. EDI　　　　　C. GPS　　　　　D. GIS

3. 下面( )不是物流信息的特征。

A. 信息量大　　　B. 更新快　　　C. 来源多样化　　D. 单向流动

4. GPS 技术在物流中的应用不包括( )。

A. 车辆跟踪　　　B. 指挥调度　　　C. 信息查询　　　D. 实时销售

5. 射频识别技术的基本原理是( )。

A. 机械　　　　　B. 信息　　　　　C. 电磁　　　　　D. 力学

二、多项选择题

1. 一维条形码的码制有( )。

A. 128 码　　　　　　　　　　　　　B. UPC 码

C. 39 码　　　　　　　　　　　　　　D. Interleaved 2-of-5(12 of 5)

E. 库德巴码

2. 信息的特征有( )。

A. 客观性　　　　　　　　　　　　　B. 价值性

C. 相互联系　　　　　　　　　　　　D. 可传输

E. 独享性

3. 地理信息系统主要由( )组成。

A. 计算机硬件系统　　　　　　　　　B. 计算机软件系统

C. 地理空间数据　　　　　　　　　　D. 人员

三、简答题

1. 物流信息技术主要包括哪些?

2. 射频识别技术对物流管理有哪些影响?

3. 什么是大数据?其在物流领域有哪些具体的应用?

四、案例思考与分析题

顺丰——"互联网+"产业链布局最深的物流企业公司

顺丰速运成立于 1993 年,最初是往来于广东与香港的即日快递业务,公司成立之初只有 6 个人,经过 20 多年的发展,目前的顺丰已拥有近 30 万名员工和近万个海内外营业网点,庞大的系统全部由直营店维系,旗下顺丰航空目前的机队共有 36 架货机。与国内"三通一达"的定位不同,顺丰公司定位的是中高端路线,而"三通一达"走的是中低端路线。其优势在于直营模式。

"互联网+"旗帜下顺丰的主要业务布局

顺丰优选,2012 年 5 月上线,由顺丰速运倾力打造,以全球优质安全美食为主的网购商城,覆盖生鲜食品、母婴食品、酒水饮料、营养保健、休闲食品、饼干点心、粮油副食、冲调茶饮及美食用品等品类,现有商品数量超过一万余种,其中 70% 为进口商品。2014 年上半年,推出了针对个人海淘消费者的转运平台"海购丰运"。

顺丰嘿客,社区生活服务平台,顺丰 O2O 战略布局中的重要一环,目前嘿客门店可提供网购、ATM 机使用、话费充值、水电费预缴、市民卡充值、衣服干洗、快件自寄自取、火车票机票购买等服务。2014 年 5 月 18 日,嘿客首批 518 家门店在全国几十座城市同时开业,彼时顺丰计划在一年内将嘿客拓展到 4000 家。据中国电子商务研究中心监测数据显示,截至 2014 年 12 月中旬,嘿客在全国的门店数量已经接近 3000 家,且以广东、浙江、江苏、北京等城市开设得最为密集。

顺丰海淘,2014 年顺丰海淘开始内部低调试水,2015 年初顺丰海淘正式亮相,刚上线的顺丰海淘只有 30 多个 SKU(产品统一编号的简称,每种产品均对应有唯一的 SKU 号)。产品类别包括母婴用品、保健品、快消日用品、流行服饰箱包、居家生活用品,以及各种多元化的海外生活体验商品。后已更名为丰趣海淘。

创新的想法是好的,但是现实是残酷的。针对 2014 年顺丰一系列举措,王卫做出了这样的反思,"2014 年是顺丰成立 20 多年以来创新变革最多的一年,虽然创新很多,但是在我看来,差不多有一半是不成功的。"嘿客,就是顺丰 2014 年最大的不成功。

"嘿客"失败分析

专业人才缺乏,部门之间沟通无能(××经理的亲戚担任店长;入职 10 天旷工 6 天的神员工等;商业部、速运部两大经理之间沟通困难;等等,都是在嘿客发生过的事)。产品佣金太少,入不敷出(绝大部分的嘿客都是赔本状态,并且门店收入主要来源的 70% 以上都来自快递部分)。

不宣传不推广,产品只能内部购买。顺丰的低调是业界闻名的,跨入销售行业的嘿客,竟然也承袭了顺丰这个"坏习惯"——不做广告、没有宣传。这就导致不论城市大小,不论白天黑夜,嘿客店都门庭冷清。

总结:相较于国内其他快递企业"触网",顺丰的优势在于:第一,快捷的时效服务;第二,安全的运输服务;第三,高效的便捷服务。

顺丰"互联网+"下的种种问题

1. 管理水平低

顺丰快递较国外快递巨头一方面缺乏科学的运作和决策过程,导致物流企业内部管理混乱,另一方面缺乏必要的服务规范和内部管理规程,经营管理粗放。

2. 缺乏专业人才

现代快递业的发展需要大量掌握信息技术、懂得现代企业管理知识的高素质人才。但是现阶段顺丰跟其他民营企业一样主要以粗放型为主,从业人员不仅流动性大而且懂物流管理和物流技术的专业人员少，严重影响着企业的发展。

3.运营成本高

在相对高效率、高质量的背后，顺丰面临高昂的运营成本，无论是场地、货机，还是快递员月薪过万的开销，这样一个庞然大物处处离不开金钱的支撑。

案例思考题：

顺丰在"互联网+"时代下的发展情况对物流公司顺应信息化建设的时代潮流以发展壮大有何启示？

【本章参考文献】

[1]杨蓉.物流学基础[M].北京：清华大学出版社，2017.

[2]刘助忠.物流学概论[M].北京：高等教育出版社，2015：1-33.

[3]苏少虹.物流基础实务[M].上海：上海交通大学出版社，2017.

[4]刘伟.物流管理概论[M].3版.北京：电子工业出版社，2011.

[5]全国物流标准化技术委员会，全国物流信息管理标准化技术委员会.物流术语：GB/T 18354—2006[S].
北京：中国标准出版社，2007.

第九章　物流成本管理

第一节　物流成本

一、物流成本的概念

《物流术语》（GB/T 18354—2006）中对物流成本的定义为"物流活动中所消耗的物化劳动和活劳动的货币表现"。其主要是指物品在时间和空间的位移（含静止）过程中所耗费的各种劳动和资源的货币表现。具体地说，它是物品在实物劳动过程中，如包装、运输、存储、装卸搬运、流通加工等各个活动中所支出的人力、财力和物力的总和。

二、物流成本的特点

物流成本和其他成本比较，最突出的不同之处有两个，即物流冰山现象和效益背反（交替损益）现象。

（一）物流冰山现象

物流冰山现象是日本早稻田大学西泽修教授在研究有关物流成本问题时所提出的一种比喻，在物流学界，现在已经把它延伸成物流基本理论之一，并看成是德鲁克学说的另一种描述。

物流冰山理论认为，在企业中，绝大多数物流发生的费用，被混杂在其他费用之中，只有其中很小一部分能够单独列出会计项目，这一部分是可见的，常常被人们误解为物流费用的全貌，其实它只不过是浮在水面上的、能被人所见的冰山一角而已。

在通常的企业财务决算表中，物流成本核算的是企业向外部运输业支付的运输费用或向仓库支付的商品保管费等传统的物流费用。企业内与物流中心相关的人员费、设备折旧费、固定资产税等各种费用则与企业其他经营费用统一计算。因而，从现代物流管理的角度来看，企业难以正确把握实际的企业物流成本。先进国家的实践经验表明，实际发生的物流成本往往要超过外部支付额的五倍以上。

在一般的物流成本中，物流部门完全无法掌握的成本很多，例如，保管费中过量进货、过量生产、销售残次品的在库维持以及紧急输送等产生的费用，这些都增加了物流成本管理的难度。

物流成本削减具有乘数效应。例如，销售额为 100 万元，物流成本为 10 万元，如果物流成本削减 1 万元，不仅直接产生了 1 万元的利益，而且因为物流成本占销售额的 10%，所以间接增加了 10 万元的利润，这就是物流成本削减的乘数效应。

(二) 效益背反 (交替损益) 现象

效益背反 (交替损益) 现象是物流成本的另一个特点。物流成本的发生源很多，其成本发生的领域往往在企业里面属于不同部门管理，因此，这种部门的分割，就使得相关物流活动无法进行协调和优化，出现此长彼消、此损彼益的现象。

从销售关联的角度来看，物流成本中过量服务所产生的成本与标准服务所产生的成本经常混同在一起。例如，很多企业将销售促进费包含在物流成本中。

物流在企业会计制度中没有单独的项目，一般所有成本都列在费用一栏中，较难对企业发生的各项物流成本做出明确、全面的计算与分析。

各企业通常分散进行对物流成本的计算与控制，也就是说，各企业根据自己不同的理解和认识核算物流成本，这样就带来了一个管理问题，即企业间无法就物流成本进行比较分析，也无法得出产业平均物流成本值。例如，不同的企业外部委托物流的程度不一致，由于缺乏相互比较的基础，无法真正衡量各企业相对的物流绩效。

各类物流成本之间具有背反关系，某一类物流成本的下降往往以其他物流成本的上升为代价。

综合以上物流成本的特点可以看出，对于企业来讲，要实施现代化的物流管理，首先是全面、正确地把握包括企业内外发生的所有物流成本在内的企业整体物流成本，也就是说，要削减物流成本必须以企业整体成本为对象。另外，物流成本管理应注意不能因为降低物流成本而影响对用户的物流服务质量，特别是流通中多频度、定时进货的要求越来越广泛，这就要求物流企业能够对应流通发展的这种新趋向。例如，为了符合顾客的要求，能够及时、迅速地配送发货，企业需要进行物流中心等设施的投资，显然，如果仅仅为了减少物流成本而放弃这种投资，就会影响企业对顾客的服务水平。

三、影响物流成本的因素

(一) 竞争性因素

企业所处的市场环境充满了竞争。企业之间的竞争包含产品价格、性能、质量等方面的竞争，从某种意义上来讲，优质的客户服务是竞争成功的关键。高效物流系统是提高客户服务的重要途径。如果企业能够及时可靠地提供产品和服务，则可以有效地提高客户服务水平，这都依赖于物流系统的合理化。而客户服务水平又直接决定物流成本的高低，因此，物流成本在很大程度上随着日趋激烈的竞争而不断发生变化，企业必须对竞争做出反应。影响客户服务水平的主要有以下几个因素：

1. 订货周期

企业物流系统的高效必然可以缩短企业的订货周期，降低客户的库存，从而降低客户的库存成本，提高企业的客户服务水平，并进一步提升企业的竞争力。

2. 库存水平

存货成本提高，可以减少缺货成本，即缺货成本与存货成本成反比。库存水平过低，会导致缺货成本增加；库存水平过高，虽然会降低缺货成本，但是存货成本会显著增加。因此，合理的库存应保持在总成本最小的水平。

3. 运输

企业采用更快捷的运输方式虽然会增加运输成本，却可以缩短运输时间、降低库存成本、提高企业的快速反应能力。

（二）产品因素

产品的特性影响物流成本，主要有以下几个方面：

1. 产品价值

产品价值的高低会直接影响物流成本的大小。随着产品价值的增加，每个物流活动的成本都会增加。一般来讲，产品的价值越大，对其所需使用的运输工具要求越高，仓储和库存成本也随之增加。高价值意味着存货中的高成本，同时增加了包装成本。

2. 产品密度

产品密度越大，相同运输单位所装载的货物越多，运输成本越低。同理，仓库中一定空间领域存放的货物越多，库存成本越低。

3. 产品废品率

影响物流成本的一个重要因素是产品的质量，也即产品废品率的高低。高质量的产品可以杜绝次品、废品等因回收、退货而发生的各种物流成本。

4. 产品破损率

产品破损率较高的物品即易损性物品，其对物流成本的影响显而易见。易损性的产品对物流各环节，如运输、包装、仓储等都提出了更高的要求。

5. 特殊搬运

有些物品对搬运提出了特殊的要求，如对超长、超重、超大物品的搬运，需要特殊的装卸工具；有些物品在搬运过程中需要加热或制冷等，这些都会增加物流成本。

（三）环境因素

环境因素包括空间因素、地理位置及交通状况等。空间因素主要指物流系统中企业制造中心或仓库相对于目标市场或供货点的位置关系。若企业距离目标市场太远，交通状况较差，则必然会增加运输及包装等成本。若在目标市场建立或租用仓库，也会增加库存成本。因此环境因素对物流成本的影响非常大。

（四）管理因素

管理成本与生产和流通没有直接的数量依存关系，但却直接影响着物流成本。节约办公费、水电费、差旅费等管理成本相应可以降低物流成本总水平。另外，企业利用贷款开展物流活动，必然要支付一定的利息（如果是自有资金，则存在机会成本问题），资金利用率的高低，影响着利息支出的大小，从而也影响物流成本的高低。

四、物流成本的分类

我国物流成本的核算范围还没有形成统一的规范。参照日本运输省流通对策部制定的《物流成本计算统一标准》，结合我国物流管理的需要，物流成本可以从以下三个方面分类。

(一)按物流范围分类

按照物流范围分类，可以将物流成本分为供应物流费、生产物流费、销售物流费、回收物流费和废弃物流费五种。

1. 供应物流费

供应物流费是指从商品采购直到批发、零售业者购进为止的物流过程中所产生的费用。

2. 生产物流费

生产物流费是指从购进的商品到货或由本企业提货时开始，直到最终确定销售对象为止的物流过程中所需要花费的费用，包括运输、包装、保管、配货等费用。

3. 销售物流费

销售物流费是指从确定销售对象开始，直到商品送交客户为止的物流过程中所需要的费用，包括包装、商品出库、配送等方面的费用。

4. 回收物流费

回收物流费是指材料、容器等由销售对象回收到本企业的物流过程中所需要的费用。

5. 废弃物流费

废弃物流费是指在商品、包装材料、运输容器的废弃过程中产生的物流费用。

(二)按物流支付形态分类

按支付形态的不同进行物流成本的分类，是以财务会计中发生的费用为基础，将物流成本分为本企业支付的物流费和其他企业支付的物流费。本企业支付的物流费包括企业本身的物流费和委托物流费，其中企业本身的物流费又分为材料费、人工费、公益费、维护费、一般经费和特别经费等。

1. 材料费

材料费是指因物料的消耗而发生的费用，由物料材料费、燃料费及消耗性工具、低值易耗品、其他物料消耗等费用组成。

2. 人工费

人工费是指因人力劳务的消耗而发生的费用，包括工资、奖金、福利费、医药费、劳动保护费及职工教育培训费和其他一切用于职工的费用。

3. 公益费

公益费是指为公益事业提供的公益服务而支付的费用，包括水费、电费、煤气费、冬季取暖费、绿化费及其他费用。

4. 维护费

维护费是指土地、建筑物、机械设备、车辆、船舶、搬运工具、器具备件等固定资产的使用、运转和维修保养等所产生的费用，包括维修保养费、折旧费、房产税、土地车船使用税、租赁费、保险费等。

5. 一般经费

一般经费是指差旅费、交通费、会议费、书报资料费、文具费、邮电费、零星购进费、城市维护建设税、能源建设税及其他税款，还包括物资及商品损耗费、物流事故处理及其他杂费等一般支出。

6. 特别经费

特别经费是指采用不同于财务会计的计算方法所计算出来的物流费用，包括按实际使用年限计算的折旧费和企业内利息等。

7. 委托物流费

委托物流费是指将物流业务委托给第三方物流企业时向其支付的费用，包括支付的包装费、运费、保管费、出入库手续费、装卸费、特殊服务费等。

8. 其他企业支付的物流费

其他企业支付的物流费是指在物流成本中，还应当包括向其他企业支付的物流费。比如商品购进采用送货制时包含在购买价格中的运费和商品销售采用提货制时从销售价格中扣除的运费等。在这些情况下，虽然表面上看本企业并未发生物流活动，但却发生了物流费用，这些费用也应该计入物流成本之内。

这种分类方法有两个优点：

（1）可以反映企业一定时期内在生产经营中发生的费用及其数额，据以分析企业各个时期各种费用的构成和水平；还可以反映物质消耗和非物质消耗的结构和水平，有助于统计工业净产值和国民收入。

（2）可以反映企业生产经营中材料和燃料动力以及职工工资的实际支出，因而可以为企业核定储备资金定额、考核储备资金的周转速度，以及为编制材料采购资金计划和劳动工资计划提供材料。

但是，这种分类不能说明各项成本的用途，因而不便于分析各项成本的支出是否节约、合理。

（三）按物流功能分类

按物流功能分类，可将物流成本分为以下类别。

1. 运输成本

物流企业的运输成本主要包括以下几个方面：

（1）人工费用，如工资、福利费、奖金、津贴和补贴等。

（2）营运费用，如营运车辆的燃料费、轮胎费、折旧费、维修费、租赁费、车辆牌照检查费、车辆清理费、养路费、过路过桥费、保险费、公路运输管理费等。

（3）其他费用，如差旅费、事故损失费、相关税金等。

2. 流通加工成本

流通加工成本主要包括流通加工设备费用、流通加工材料费用、流通加工劳务费用、流通加工的其他费用以及流通加工中耗用的电力、燃料、油料以及车检经费等费用。

3. 配送成本

配送成本是企业的配送中心在进行分货、配货、送货过程中所发生的各项费用的总和，其成本费用构成包括配送运输费用、分拣费用、配装费用。

4. 包装成本

包装成本一般包括包装材料费用、包装机械费用、包装技术费用、包装辅助费用、包装人工费用等。

5.装卸搬运成本

装卸搬运成本主要包括人工费用、固定资产折旧费、维修费、能源消耗费、材料费、装卸搬运合理损耗费用，以及其他如办公费、差旅费、保险费、相关税金等。

6.仓储成本

仓储成本主要包括仓储持有成本、订货或生产准备成本、缺货成本和在途库存持有成本。

物流成本按功能分类，反映了不同功能的费用，这种分类有利于成本的计划、控制和考核，便于对各项费用实行分部门管理和监督。

第二节　物流成本管理概述

一、物流成本管理的内涵及意义

(一)物流成本管理的内涵

《物流术语》(GB/T 18354—2006)对物流成本管理的定义为："对物流活动发生的相关费用进行的计划、协调与控制。"也就是说，物流成本管理是指企业在物流活动中依据物流成本的标准，对实际发生的物流成本进行严格的审核，发现浪费，进而采取不断降低物流成本的措施，实现预定的物流成本目标的过程。

物流成本管理，站在不同的角度来看，可以分为广义的物流成本管理和狭义的物流成本管理。其中：广义的物流成本管理，贯穿于物流成本的各个阶段，具体来说，包括事前管理、事中管理和事后管理；狭义的物流成本管理，仅指事中控制，是指在物流过程中，从物流过程开始到结束对物流成本形成和偏离物流成本要素指标的差异进行的日常控制。

按照物流成本管理范围的不同，可以将物流成本管理分为物流成本的局部管理和物流成本的综合管理。

1.物流成本的局部管理

物流成本的局部管理是在企业的物流活动中，针对物流的一个或某些局部环节的支出所采取的策略和控制，以达到预期的物流成本目标。物流成本局部控制主要包括运输费用的管理、储存费用的管理、装卸搬运费用的管理、包装费用的管理和流通加工费用的管理等内容。

企业物流成本局部管理方式的选择，有赖于对企业物流运作模式的分析和判断。如果企业各部门之间的联系不紧密，物流费用的管理效果就不会令人满意，而只有按照物流系统化的思想，规划和实施物流各环节的控制策略，才能有效地避免企业因满足于降低局部而忽视物流系统整体成本费用的情况发生。

2.物流成本的综合管理

物流成本的综合管理包括事前、事中和事后对物流成本进行预算制定、执行监督、信息反馈、偏差纠正等全过程的系统管理，以达到预期管理控制的目标。综合管理有别于局部管理，具有系统性、综合性、战略性的特点，有较高的控制效率，其目标是局部管理的集成，是实现企业物流成本最小化的基本条件和保证。

通常情况下，物流成本的综合管理由物流成本的横向管理、纵向管理和计算机网络控制三部分组成。其中：物流成本的横向管理主要有物流成本的预测、计划、计算、分析、信息反馈和控制、决策等步骤。物流成本管理与决策是以物流成本为依据，结合其他技术、经济因素等进行研究、分析，决定采取的方法，并进行可行性分析后选择最佳方案。物流的纵向成本管理，实际上也就是物流过程的优化管理。物流过程是具有创造时空价值的经济活动过程，要达到最大的市场价值，就必须保证物流各个环节的最佳配置，而物流系统是一个庞大而复杂的系统，要对其进行纵向优化，需要借助适当的控制方法和管理手段，使其与横向管理交织进行，常见的技术手段包括采用数理分析法和最优化原理来组织物流系统，实现最优组合管理。计算机网络系统的管理，是连接着许多供应商、生产商和零售商的大系统，物流成本管理引入计算机信息传到总公司、制造商处，可以做到快速反应，同时它还能处理新商品资料的说明，直到会计结算所有商品交易过程中的作业，可以涵盖整个物流过程。

(二)物流成本管理的意义

1.加强物流成本管理能实现对物流过程的控制

物流的运作包括一系列的经济活动与物流功能性作业。对物流活动的管理不只是需要定性的制度管理，更要能够进行定量的价值管理。物流运作的每个环节都会消耗一定的物流资源，这些消耗状态可以表现为时间、空间、速度等。企业要考核经济效益，就必须再对这部分被消耗的物流资源进行计量确认，并在此基础上考核其收益。所以，一方面要确认其收益，另一方面要确认这些被耗费的资源的成本。物流资源的投入收益体现在产品的实现价值中，最影响收益的是其所耗费的资源的成本，所以企业的营利性决定了其必然要对这部分耗费的物流资源进行严格的控制和管理。物流的每个环节都会消耗物流资源，所以在物流的每个环节都存在物流成本管理的必要性，对物流成本的控制贯穿了物流运作过程的始终，这样在实现物流成本控制的同时必然能实现对物流过程的管理控制，而且物流成本的导向功能将会随时调节物流过程，保证企业物流的合理化。

2.物流成本管理是改善物流管理、提高经济效益的关键

影响企业经济效益的因素很多，而成本是反映企业经济效益好坏的一项综合性指标，只有降低成本才能真正地提高企业经济效益。众所周知，企业由于工资水平的不断增长，原材料价格的不断上升，生产设备智能化程度的不断提高，随着先进生产技术的大量应用，企业制造成本几乎降到了极限，再也没有多少利润空间。在这种情况下，只有作为第三利润源泉的物流成本才是企业的利润增长点，也只有物流成本的降低才是提高企业经济效益的根本途径。因此，在企业的物流管理活动中，必须采取一定的方法和措施，对各种物流耗费进行指导、限制和监督，发现偏差并及时纠正，从而尽量把物流成本控制在可接受的范围之内。

3.物流成本管理有利于节约社会资源、稳定物价水平

在现实社会中，工业企业生产的产品，往往存在着生产过程和消费过程脱节的现象。因此，企业为满足社会的需要，其产品必须通过流通环节从生产地流向消费地。在这种情况下，加强对物流成本的管理和控制，企业就可以降低物品再运输、装卸、仓储等环节的耗损，这不但节约了企业自身的物流费用，而且为社会节约了大量的物质财富。除此之外，物流费用是商品价格的组成部分之一，对于某些特殊的商品更为突出(如软包装的饮料)，物流费用的降低，对商品的价格具有重大的影响，而降低物流费用就是在降低它在商品价格中的比重，从而使商品价格下降，一方面有利于减轻消费者的经济负担，另一方面也有利于维持社会物价水平的稳定。

二、物流成本管理的原则

1.物流总成本最低原则

企业的物流活动复杂，涉及的作业很多，不管按何种形式分类，物流总成本是一样的，但某部分或某种形式的物流成本会有所不同。追求物流成本的降低不应只是一味地降低某部分或某种形式的物流成本，而不注意由于背反效应导致的该项成本的降低反而可能引起其他形式物流成本的升高，也不能因为该项物流成本的降低引起其他形式物流成本的上升而放弃这些降低成本的措施，关键是要看该项物流成本的变动引起的物流总成本的变化方向。只有坚持物流总成本最低原则，才能采取适当地降低物流成本的具体措施。

2.成本与服务同步控制原则

物流成本与服务质量具有一致性，享受什么形式的物流服务，就会发生与之对应的一定量的物流成本。高质量、低成本的物流服务形式只是一种理想状态，现实中更多的要么是高成本、高质量的物流服务，要么是低成本、低质量的物流服务，当然也有低质量、高成本的物流服务。因此，物流成本的管理应结合相应的物流服务来控制，控制的重点应是低质量、高成本的物流服务。

3.经济控制与技术控制相结合原则

物流成本的形成原因与方式是多种多样的，超过控制标准的量也有很大的不同，既有管理不善方面的原因，又有价值计量上的原因；既有物流运作方式上的原因，又有物流标准化技术方面的原因。物流成本既属于经济范畴，又是一项技术性很强的管理工作。因此，在实施物流成本管理时，一方面必须遵循经济规律，尤其是价值规律的要求，广泛地利用价格、利息、奖金等经济杠杆，利用定额、资金、利润等经济范畴以及经济仲裁、责任核算、业绩核算等经济手段或措施对物流成本进行控制管理；另一方面要从技术上下功夫，既设计合理的运输方案、建设大小和方位适宜的仓库、维护合理的库存、进行价值增值性包装、恰当的流通加工，又实施物流作业的机械化、智能化、标准化运作。因为，物流成本的管理不仅要从物流成本的核算方式、管理方式上入手，更要从物流系统的设计、物流作业的标准化、物流过程的智能化入手。

4.专业管理与全员管理相结合原则

对与物流成本形成相关的部门或单位进行物流成本管理，是这些部门或单位的基本职能之一，也是企业进行物流成本控制的关键环节。除此之外，在对专业部门的物流成本进行管理的同时，对物流成本管理的形成过程进行连续、全面的控制，也是进行物流成本管理的一项必要工作。因此，只有将物流成本的专业管理与全员管理有效地结合起来，形成严密的物流成本管理系统，才可以有效地把握物流成本形成过程中的各个环节和各个产生的原因，厉行节约，杜绝浪费，降低物流成本，从而保证物流合理化措施的顺利进行。

5.全面控制与重点控制相结合原则

企业物流系统实际上是一个多环节、多领域、多功能构成的全方位的开放系统，因此物流成本的控制要遵循全面控制的原则。例如，在物流信息支持、物流运作、物流管理各环节，在物流设计、供应物流、生产物流、销售物流、回收物流等各阶段，运输、存储、包装、装卸、流通加工等各功能都需要进行物流成本控制管理。忽视任何一个阶段、环节或功能的物流成本控制管理都将导致物流成本过高而失去经济效益，但这不意味着对所有的物流成本都要进行同等程度的控制，控制程序是根据物流成本目标设计的，只有在某部分物流成本实施控制程序所耗费的代价小于实施该项控制程序所带来的物流成本节约时，拟定的物流成本控制程序才是适合和必要的，否则应选用耗费较低的物流成本控制程序。因此，进行物流成本管理控制必须根据重要性、价值量等指标把发生物流成本的事项进行分层，实施有重点、有差别的控制策略，将一些不是很重要、金额又小的物流成本项目进行简易控制或外包给其他企业来完成，尽量降低企业的物流成本，并符合企业的物流战略。

三、物流成本管理的内容

物流成本管理按照管理的时间来划分，具体可以分为三个基本环节：物流成本事前管理、物流成本事中管理和物流成本事后管理。

1. 物流成本事前管理

物流成本事前管理是指进行物流活动之前，对影响物流成本的各种因素和条件进行事前规划，即通过成本预算，选择降低成本的最佳措施，确定计划期内的目标成本，作为管理的依据，也即事前确定物流成本的管理标准，建立健全物流成本的归口分级责任制。物流成本管理控制的标准是为物流活动各种资源消耗和各项费用开支规定的界限，并以此作为衡量物流费用实际支出超支或节约的依据，它包括物流目标成本、劳动工时定额、物流成本预算等。

2. 物流成本事中管理

物流成本事中管理，包括物流成本的局部管理和综合管理，是着眼于各个物流功能成本的监督和控制，即在物流成本形成过程中，按照成本标准来管理和控制物流的支出，随时提示节约还是浪费，并预测以后的发展趋势，以保证物流成本目标的实现。这就需要建立反映物流费用发生情况及其差异的数据记载，做好收集、传递、汇总和整理的工作。

3. 物流成本事后管理

物流成本事后管理，包括物流成本管理绩效评价及成本差异分析，即综合分析研究成本差异产生的原因，确定责任归属，评定和考核业绩，以便制定措施，消除不利差异、发展有利差异，必要时修正原有的物流成本管理标准。物流成本管理评价是运用数量统计和运筹学以及模型控制法，采用特定的指标体系对照统一的评价标准，按照一定的程序，通过定性、定量分析，对企业一定时期内的物流活动采取一定的管理措施后的产出所消耗的物流资源的成本效益做出客观、公正的综合评价。物流成本的评价要结合物流活动形式及对企业产出的贡献，不仅要利用会计和财务管理的知识，还要运用计量经济学原理和现代分析技术来剖析物流成本形成的过程，对企业的物流成本管理措施的效果进行有效的反馈，为企业提高物流效益做出贡献。

总之，物流成本管理的关键在于确定物流成本标准。确定标准是实施管理的前提，没有标准，管理就没有方向，没有依据；当然没有事中的过程管理和事后的反馈管理，就不能纠正偏差，目标亦不能实现，物流成本管理也不会成为一个体系。物流成本管理的三个方面的内容既要有重点，又要相互联系，缺一不可。

第三节 物流成本管理体系

一个完整的物流成本管理系统，主要包括事前管理、事中管理和事后管理三个方面的基本内容。其中，事前管理主要通过物流成本预算来确定物流成本的标准，为物流成本的管理和控制工作的顺利进行提供必要的准备；事中管理主要是通过物流成本核算来计算企业实际所消费的物流成本，为进行成本差异分析提供充分依据；事后管理主要是通过收集各类相关信息对物流成本差异进行深入细致的分析，发现问题并解决问题，为物流成本管理系统的不断优化提供强有力的支撑。

一般来说，按照物流成本管理的基本过程，物流成本管理系统主要包括以下几个方面的内容：物流成本预算、物流成本核算、物流成本差异的计算与分析、物流成本管理评价等。这些构成要素之间的关系如图9-1所示。

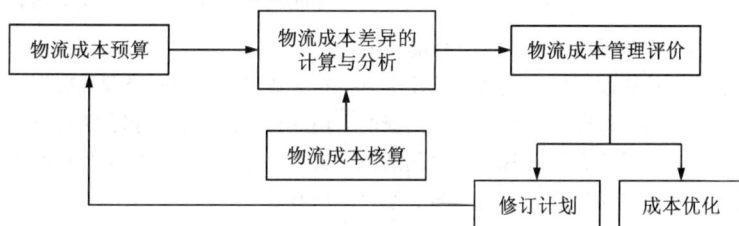

图9-1 物流成本管理系统

一、物流成本预算

任何一个企业，不论规模大小，其拥有的物流资源是有一定限度的。对于企业的物流部门来说，其追求的目标是如何使用有限的物流资源实现尽可能大的物流效果。为此，企业在进行物流活动的时候就必须做好物流的预算工作。而所谓物流预算，就是所有以货币形式及其他数量形式反映的有关企业未来一定时期内全部物流活动的行动计划与相应措施的数量说明。

一般来说，物流成本预算主要包括固定预算、弹性预算、零基预算和滚动预算等几种基本方法，具体如表9-1所示。

表9-1 物流成本预算的基本方法

类别	基本原理	评价
固定预算	在为企业物流成本费用编制预算时，其中的变动费用明细项目是根据预算期某一给定的业务量水平为基础来确定其预算金额的	这种方法有一定的缺陷，当实际业务量与预算业务量有差异时，各项费用明细项目的实际数与预算数就失去了可比基础。在企业的实际情况中，由于市场行情的变化和季节性原因，实际业务量水平常常与预算的有差异，致使无法准确地评价和考核物流成本预算的执行情况，从而也无法对其实施预算管理

续表9-1

类别	基本原理	评价
弹性预算	按照多种物流活动的成本费用与物流活动之间的数量关系来编制预算，也就是预先估计预算期间业务量可能发生的变化，编制出一套能适应多种业务量的物流成本费用预算，以分别反映各种业务量下的费用水平	这种方法有利于企业在变动的市场环境中灵活应对，不会因为业务量的突变而失去控制的依据，使企业预算考虑的情况更加完善
零基预算	企业不考虑基期的物流费用水平，而是以零为起点，从根本上考虑各项物流费用的必要性和开支数目	这种方法适应于企业物流成本中变化因数较多，企业无法根据前期物流费用水平进行预测，需要分析当前实际情况确定的各项物流费用。这种方法由于一切从零开始考虑每一项的明细费用支出的必要性，需要投入大量的人力、物力和财力，工作量较大，所以企业常常需要很长的时间才能编制一项零基物流成本预算
滚动预算	不固定预算期限，事中保持12个月的时间跨度，前几个月的预算详细完整，后几个月的情况较为模糊，每过去一个月就根据新的情况修订调整后几个月的预算，使之逐渐细化，并在原有预算期补充一个月预算，使之继续向后滚动	在企业经营环境和经营战略发生变化时，可以运用此种方法编制预算，既符合企业的实际情况，又在一定程度上节省了预算的人力、财力，经济而有效

二、物流成本核算

物流成本核算的目的是更好地进行物流成本管理。物流成本核算为了实现这个目的，总是反复提出几个问题：哪些成本发生了？这些成本是在什么地方发生的？这些成本是为谁发生的？为此，我们需要从三个方面来对物流成本进行核算，即物流成本种类核算、物流成本位置核算和物流成本承担者核算。具体内容如表9-2所示。

表9-2 物流成本核算的内容

类别	主要内容
物流成本种类核算	物流成本种类核算要回答的问题是：在某一核算期内，企业发生了哪些成本，各是多少？成本核算所需的数据来自财务会计的辅助核算部门，而且成本种类核算中成本种类和会计的账号是对应的，如成本核算部门要求增减或合并账号，财务会计部门应给予合作
物流成本位置核算	物流成本位置核算要回答的问题是：在某一核算期内发生了哪些成本，各是多少？成本位置核算是在成本种类核算的基础上完成的，通过企业核算矩阵可将成本种类核算的结果分摊到相应的位置上，从而获得成本位置核算结果。通过成本位置核算，还可将不能计入最终产品的成本分摊到最终产品上去。一般而言，企业中的各个部门都可以看成位置，部门领导要对其责任区所发生的成本负责

续表9-2

类别	主要内容
物流成本承担者核算	物流成本承担者核算要回答的问题是：在某一核算期内，企业发生了哪些成本，为谁发生的，各是多少？成本承担者具有双重任务，一是对每个效益单位的成本进行评价，二是对核算期内总生产成本进行评价。前者称为单位产品成本核算，后者称为企业经济效益核算

在明确了物流成本的核算内容之后，需要采取相应的物流成本核算方法来对物流成本进行准确核算。一般情况下，物流成本核算的方法主要包括会计核算方法、统计核算方法和统计方式与会计方式相结合的核算方法。具体内容如表9-3所示。

表9-3　物流成本核算的方法

类别	基本原理	评价
会计核算方法	通过会计核算方法计算物流成本，就是通过证、表、账对物流耗费给予连续、全面、系统的记录。会计核算方法的物流成本计算，具体包括两种形式：其一是双轨制，即把物流成本核算与其他成本核算截然分开，单独建立物流成本核算的证、表、账体系；其二是单轨制，即把物流成本核算与企业现行的其他成本核算结合进行，建立一套能提供多种信息的共同的证、表、账核算体系	采用会计核算方法核算物流成本，提供的成本信息比较系统、全面、连续、准确和真实。但采用这种方法计算物流成本比较复杂，而且工作量巨大，需要在不违反现行财务制度的前提下，设计新的凭证、账户和报表体系，或者需要对现有的体系进行较大的调整
统计核算方法	不要求设置完整的凭证、账户和报表体系，而是主要通过对企业现行的成本核算资料的分析，从中抽出物流成本耗费部分，再加上一部分现行成本核算没有包括进去但要归入物流成本的费用，如物流信息、企业支付的物流费用等，然后再按照物流管理的要求对上述费用重新归类、分配、汇总，加工成物流管理所需的成本信息	统计方式的物流成本核算没有对物流耗费进行连续、全面、系统的跟踪，所以据此得来的信息的精确程度受到很大的影响。由于它不需要对物流耗费做全面、系统、连续的反映，所以运用起来比较简单、方便。会计人员素质较差、物流管理意识淡薄、会计电算化没有普及的情况下，可以运用这种方法，以简化物流成本核算、满足当前物流管理的需要
统计方式与会计方式相结合的核算方法	统计方式与会计方式相结合，即物流耗费的一部分内容通过统计方式予以核算，另一部分通过会计的方式予以核算。运用这种方法，也需要设置一些物流成本账户，但不像第一种方法那么全面、系统，而且，这些物流成本账户不纳入现行成本核算的账户体系，它是一种账外核算，具有辅助账户记录的性质	这种方法的优缺点介于会计核算方法和统计核算方法之间，即它没有会计核算复杂，也没有会计核算方法准确、全面，而与统计核算方法比较，情形则正好相反

三、物流成本差异的计算与分析

物流成本差异是指在对物流成本核算、分析的基础上，计算出实际物流成本与目标成本之间的差额。一般情况下，物流成本差异的计算对象和分析指标主要包括物流总成本、单位物流成本、各物流功能成本或物流作业中心成本、某种成本计算对象的单位成本、成本降低额和成本降低率等。其中：

$$某种成本计算对象的单位成本 = \frac{该成本计算对象当期成本总额}{该成本计算对象当期作业量}$$

$$成本降低额(元) = 目标单位物流(作业)成本 × 当期实际作业量 - 当期实际成本$$

$$成本降低率 = \frac{成本降低额}{目标单位物流(作业)成本 × 当期实际作业量}$$

在计算出物流总成本、单位物流成本、各物流功能成本(或各物流作业中心成本)和某种成本计算对象的单位成本的成本值后，与目标值对比，看是否超出目标值，并查明差异原因，看是由物流作业本身的控制不当引起的，还是由物流作业量的变动引起的。

进行物流成本差异分析的主要目的是评价物流活动，找出不足，分清责任，以便采取措施加以改进，进而对成本进行监督和控制，达到降低成本的根本目的。同时，还可以用于衡量初期的目标成本是否合理，以修改调整后制定下一周期的管理目标。分析物流成本差异应将会计分析与技术分析相结合，即除去会计员对成本差异进行价格和数量等方面的分析外，技术人员、生产现场管理人员还要根据会计分析对成本差异产生的原因进行调查，这样才能真正地弄清成本差异产生的原因，并一起找出具体的控制成本的有效措施。

第四节　物流成本管理的方法

物流是由一系列的物流环节组成的，包括采购、库存、运输、配送、包装、装卸、搬运等，在实际工作中，对物流成本的管理可以按照不同的对象来进行，但是在大多数的情况下，我们习惯以物流功能为对象来对物流成本实施控制。物流成本控制是在企业的物流活动中，针对物流的一个或某些局部环节的支出所采取的策略和控制，以达到预期的物流控制目标。其中，采购成本、运输成本、库存成本、配送成本在物流成本中占据了重要的地位，因此，加强对这四类关键物流成本的控制和管理就显得尤为重要。

一、采购成本控制策略

物流采购是企业供应物流的起点，是企业供应物流管理的主要环节。采购物流管理是否有效，对整个物流费用能否降低、物流经营效率能否提高乃至整个企业经营成本的高低有着非常重要的影响。因此，合理的成本控制策略的运用，对企业物流成本的整体和综合控制具有重要的意义。

1. 集中采购策略

集中采购是相对分散采购而言的，即采购组织为了多个企业实施采购，这种形式适用于集团企业。虽然各部门仍然像以前那样订货，但因为使用了统一标准的采购系统，总部可以全面掌握需求情况,并派采购部与供应商谈判,签订总合同,这样可以获得采购数量的折扣,大大降低采购成本,同时原材料集中运输到仓库,也节省了运输费用。

2. 联合采购策略

中小企业由于受到生产规模消耗及库存能力、资金等方面的制约,不可能大规模地采购物资,在采购价格上处于被动地位,而且运输等成本也会相应提高很多,但这并不意味着众多中小企业在控制采购成本上无计可施,联合采购是针对中小企业的一种采购策略。企业对于同类的多种不同规格型号的产品联合采购,是通过增加企业一次采购总量来降低采购、运输的价格;或者企业通过组织和加大采购联盟,统一成本或统一地区的一些企业对某些原材料的采购实行联合采购、分别付款使用的方式来扩大物资的采购量,集小单成大单,增强机体的谈判能力,获得采购规模优势,争取和大企业一样优惠的原材料采购、运输价格。同时,联合采购的对象是原材料生产企业,这样就可以摆脱代理商的转手成本,通过与制造商直接交易,减少中间环节,大大降低流通成本,保障产品质量。

3. 期货采购策略

期货采购就是企业根据自己的实际情况,按照采购业务量的不同,对那些采购渠道单一、批量较大、生产经营中经常需求的生产资料,直接和生产厂家或中间供应商根据市场不同时期的价格差异进行期货交易。若企业所需购买的原材料价格在现货市场上是属于上升趋势,企业每个月制订的计划采购成本相对于下个月的采购成本都是比较低的。运用期货的套现保值功能,可以在淡季价格较低时,根据生产计划在期货市场买入未来不同月份的此种原材料期货合约,届时从期货市场上购回现货,这样不仅保证在采购期内,此种原材料采购价格不会因市场变化有所波动而始终维持在一个较低的水平上,而且缓解了将来市场现货资源紧缺造成的供给不足,能稳定企业的供货渠道。

4. 招标采购策略

当企业所需的物资在市场中处于买方市场时,应该在物资采购中引入竞争机制,按照公开、公正、公平、择优、讲信用的原则,采用招标的方式采购。招标采购可以向应标单位寄发招标询价函、应标单位标价单,然后根据报价情况确定中标单位;也可以把应标单位召集到一起,以竞标的方式确定中标单位;还可以通过在互联网上发布招标公告,实现网上竞标。由于招标引入价格竞争机制,能更为有效地降低物资采购成本,因此,招标采购正被越来越多的企业所重视。

二、运输成本控制策略

运输是物流系统中最核心的功能。运输是通过运输手段使货物在物流据点之间流动。现代生产和消费是靠运输业的发展来实现的,高效、廉价的运输系统能促使市场竞争加剧,带来生产中更多的规模经济效益以及产品价格的下降。在实际工作中,影响运输成本的因素很多,因此运输成本的控制要根据不同的情况采取不同的措施。

1. 合理选择运输方式

运输的工具主要是车、船、飞机、管道等,相应的运输方式也有铁路、公路、航空、水路和管道运输五种。运输工具的选择,直接关系到运输成本的高低,并且还要考虑各种运输条件的优劣,如运输距离、运输速度、运输能力等,因此,企业要根据货物的自身特点以及时间的安排,通过对比分析,选择最适合、最合理的运输工具。

一般情况下，铁路适于在内陆地区运送中、长距离，运量大，时间性强，可靠要求高的一般货物和特殊货物；水路运输综合优势较为突出，适宜运距长、运量大、时间性不太强的各种大宗物资运输；公路运输比较适宜在内陆地区运输短途旅客、货物，因而可以与铁路、水路联运，为铁路、港口集中运输旅客和物资，可以深入山区及偏僻的农村进行旅客和货物运输；而航空运输只适宜长途旅客运输和体积小、价值高的物资，鲜活产品及邮件等货物运输。当然，货物运输并不是单一的，企业可以采取多种方式相结合，充分发挥各自的特点。

2. 合理确定拥有车辆的数量

车辆的拥有数量要根据发货量的多少来安排，当拥有车辆台数过少、发货量多时，难免出现车辆不足的现象，要从别处租车。相反，拥有车辆台数过多、发货量小时就会出现车辆闲置现象，造成浪费。因此，应综合考虑自备用车费用、自备用车闲置费用和租车费用等因素。

3. 合理选择运输方案

合理运输方案的选择，主要包括以下几种基本策略，具体如表9-4所示。

表9-4　合理运输方案选择的基本策略

类别	描述	评价
分区产销合理运输	企业具有多个生产基地，或销售区域广泛时，可以根据产销情况和交通运输条件，在产销平衡的基础上，按近产销的原则，使一定的生产区位于一定的销售区，使运输距离最短、运输成本最低	有利于加强产、供、销的计划性，消除过远、迂回、对流等不合理运输，节约运输成本和费用，从而降低物流成本
直达运输	在组织货物运输的过程中，通过减少中转环节，从而提高运输速度，节省装卸费用，降低中转货损	该方式在一次运输批量和客户一次需求量达到一整车时表现最为突出。此外，通过直达，建立稳定的产销关系和运输系统，考虑用最有效的技术来实现这种稳定运输，可以大大提高运输效率
配载运输	充分考虑了重量和容积因素，是实现运输工具装载的货物重量最大，利用空间最大，提高运输工具实载率的一种方式	在重型货物快要达到载重重量限制时，利用剩下的空间和重量，搭载轻型的密度小的货物，可以使运输装载量最大。同时，对那些超重可拆卸的货物，通过配载，将其解体成多个部分，包装后运输，这样既便于装卸搬运，又提高了运输装载量
集中运输	实质上就是在各货物运输方面相同的条件下，将小批量货物集合成大批量运输，减少重复运输，从而降低运输成本	可以使运输距离大幅度减少，运输成本大大降低

三、库存成本控制策略

库存成本控制策略是物流成本管理中的重心，并且其管理直接影响到物流系统整体功能的发挥，进而影响企业的经营。库存成本的控制策略一般包括以下几种。

1. 定量补货方式与动态补货方式相结合策略

库存补货系统首先要解决何时补货以及每次补多少货的问题。正确的库存补货方式可以大大降低安全库存量，对整体库存水平的控制是非常重要的。通常对不同的物料可以通过定量补货方式和动态补货方式去考虑何时补货的问题。具体内容如表9-5所示。

表9-5　定量补货方式与动态补货方式

类别	描述	适应条件	缺点与不足
定量补货方式	该方式是在某种物料的库存量达到预先设定的水平时进行补货	适于对交货要求不高、需求比较稳定、供应商的交货较好并且产品价格适中的物料	对安全库存量的要求比较高
动态补货方式	该方式是通过对现有库存量及未来一定时期的需求预测数量的平衡，来确定当前是否要生成采购单补货	主要适于物料的需求不稳定的情况，只有依靠不定期的预测来提高需求数据的可靠性	管理工作复杂，需要有一套完善的 ERP 系统支持

2. 供应商管理库存策略

供应商管理库存(vendor managed inventory，VMI)是通过供应商和企业之间实施战略合作，采用对双方来说能实现成本最低化的方案，并在双方满意的目标框架下由供应商管理库存的方法。国外有学者认为：VMI 是一种在用户和供应商之间的合作性策略，所以对双方来说都是最低的成本优化商品的可获性，在一个相互统一的目标框架下由供应商管理库存，这样的目标框架被经常性地监督和修正，以形成一种连续改进的环境。一些研究者认为 VMI 是未来供应库存管理的趋势，它打破了传统的各自为政的库存管理格局，体现了供应链的一体化管理思想，适应市场需求的变化，是一种新型的有代表性的库存管理思想。它体现了合作原则、互惠原则、目标一致原则和连续改进原则。精心设计与开发的 VMI 系统，可以降低供应链的库存水平，降低库存成本，同时可以获得高水平的服务，进而改善企业因物流而产生的资金流问题。

3. 合理设计配送环节策略

配送中心的合理设计，不仅可以降低单位商品的运输成本，而且可以控制商品的库存成本。配送中心对商品的库存成本控制的实现，主要依靠配送中心对购货商的近距离快速反应能力和对多家购货商的需求的均衡预测来实现。例如，某家电公司在某一地区有 10 个购货商，每个购货商的日销售量是 20 台，该公司在没有配送中心的情况下，每个购货商平均保持5 天的库存，以平衡库存积压和商品脱销的风险。那么平均每个购货商的实际库存为 100 台，10 个购货商的库存总量为 1000 台，公司的总库存为 1000 台。如果设置配送中心，并对配送中心实行每日批量进货,那么考虑到脱销风险,配送中心在配货完毕后,存一天的备用货物以便在需要时为购货商补货。每个购货商备2天的库存,并且每天由配送中心补货。这样一来,配送中心与所有的购货商的商品总库存只需要3天,为600台,库存成本压缩60%。由此可以看出,配送环节设计合理化、高效化,使销售信息的预测更为准确,货物运送更为快捷,库存水平也大大降低了。

四、配送成本控制策略

1. 最优配送线路策略——节约法

使用里程节约法确定配送线路的主要出发点是,根据配送方的运输能力及其到客户之间的距离和各客户之间的相对距离来制订使配送车辆总的周转量达到或接近最小的配送方案。如图9-2所示,设P_o为配送中心,分别向P_i和P_j送货。P_o到P_i和P_j的距离分别为d_{oi}和d_{oj},两个用户P_i和P_j之间的距离为d_{ij},送货方案只有两种,即配送中心P_o向用户P_i和P_j分别送货和配送中心P_o向用户P_i和P_j同时送货。比较两种配送方案。

方案(a)的配送线路为$P_o \rightarrow P_i \rightarrow P_o \rightarrow P_j \rightarrow P_o$,配送距离为$D_a = 2(d_{oi} + d_{oj})$

方案(b)的配送线路为$P_o \rightarrow P_i \rightarrow P_j \rightarrow P_o$,配送距离为$D_b = (d_{oi} + d_{oj} + d_{ij})$

显然,D_a不等于D_b,方案(b)比方案(a)节约的配送里程$C_{ij} = (d_{oi} + d_{oj} - d_{ij})$

根据节约法的基本思想,如果一个配送中心分别向N个客户配送货物,在汽车载重能力允许的前提下,每辆汽车的配送线路上经过的客户数量越多,里程节约量越大,配送线路越合理。

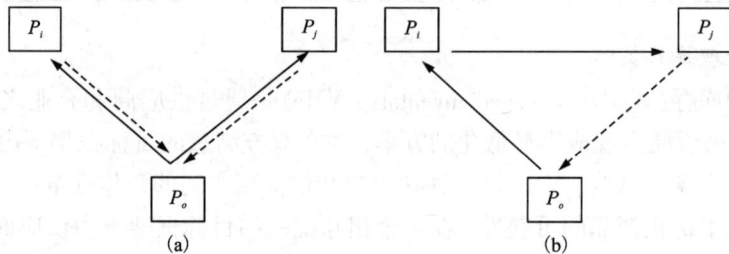

图9-2 配送方案

2. 共同配送策略

共同配送的内涵在于资源共享的理念下建立的企业联盟。企业间通过沟通、交流逐步形成共识,在互信互利的基础上,通过水平、垂直、同业、异业的整合,以策略联盟,协同组合、物流共同化等合作方式共享有限的资源,从而达到物流配送的整合,降低配送成本、提高获利能力,进而提升商品流通效率,促进商业环境现代化及整体社会资源的有效利用。

共同配送的标准形式是:在中心机构的统一指挥和调度下,各配送主体以经营活动(或资产)为纽带联合行动,在较大的地域内协调运作,共同对某一个或几个客户提供系列化的配送服务。这种配送又分为两种类型:一种是中小生产、零售企业之间分工合作实行共同配送,即同一行业或在同一地区的中小型生产、零售企业单独进行配送的运输量小、效率低的情况下进行联合配送,不仅可以减少企业的配送费用,使配送能力得到互补,而且有利于缓解城市的交通拥挤，提高配送车辆的利用率；另一种是几个中小型配送中心之间的联合，针对某一地区的用户，由于配送中心所配物资数量少、车辆利用率低的原因，几个配送中心将用户所需物资集中起来共同配送。

【本章小结】

物流成本可定义为"物流活动中所消耗的物化劳动和活劳动的货币表现"，是指物品在时间和空间的位移(含静止)过程中所耗费的各种劳动和资源的货币表现。由此，本书进一步阐述了物流成本的特点、分类及影响因素。

物流成本管理是指"物流活动发生的相关费用进行的计划、协调与控制"。物流成本管理是本章学习的重点，大家要把握物流成本管理的原则、内容、方法。物流成本管理体系是指在进行物流成本核算的基础上，运用专业的预算、核算、差异计算和分析等经济管理方法来进行物流成本的管理，形成一个不断优化的物流体系的循环。

【复习思考习题】

扫一扫，看参考答案

一、单项选择题

1.销售额为100万元，物流成本为10万元，如果物流成本削减1万元，不仅直接产生了1万元的利益，而且因为物流成本占销售额的10%，所以间接增加了10万元的利润，这就是物流成本削减的(　　)。

A.物流功能背反效应　　　　B.加速效应

C.规模效应　　　　　　　　D.乘数效应

2.物流成本管理的关键在于确定(　　)，确定标准是实施控制的前提，没有标准，控制就没有方向，没有依据。

A.物流成本细节　　　　　　B.物流成本与其他成本的差异

C.物流成本标准　　　　　　D.物流技术

3.(　　)是通过供应商和企业之间实施战略合作，采用对双方来说能实现成本最低化的方案，并在双方满意的目标框架下由供应商来管理库存的方法。

A.联合管理库存　　　　　　B.供应商管理库存

C.定性与定量相结合　　　　D.宏观与微观相结合

二、多项选择题

1.美国物流管理协会采用1997年日本《物流成本计算统一标准》中的按功能划分方式来划分物流成本，即物流成本由(　　)4类构成。

A.仓储作业成本　　　　　　B.管理成本

C.人力成本　　　　　　　　D.存货成本

E.运输成本

2.如果企业能够及时可靠地提供产品和服务，则可以有效地提高客户服务水平，这都依赖于物流系统的合理化。而客户服务水平又直接决定物流成本的高低，因此，物流成本在很大程度上随着日趋激烈的竞争而不断发生变化,企业必须对竞争做出反应。影响客户服务水平的主要方面有( )。

A. 库存水平　　　　　　　　　　B. 市场形势

C. 竞争对手　　　　　　　　　　D. 运输

E. 订货周期

3. 物流成本管理的原则一般包括( )。

A. 物流总成本最低原则　　　　　B. 全面控制与重点控制相结合原则

C. 专业管理与全员管理相结合原则　D. 经济控制与技术控制相结合原则

E. 成本与服务同步控制原则

三、判断题

1. 社会物流成本是一个国家在一定时期内发生的物流总成本,是不同性质企业微观物流成本的总和。人们往往用社会物流成本占国内生产总值(GDP)的比重来衡量一个国家物流管理水平的高低。( )

2. 物流成本综合控制等于物流成本各局部管理,它具有系统性、综合性、战略性的特点,有较高的控制效率。综合控制的目标是局部控制的简单加总,是实现企业物流成本最小化的基本条件和保证。( )

3. 企业物流系统实际上是一个多环节、多领域、多功能构成的全方位的开放系统,因此物流成本的控制要遵循全面控制的原则。这意味着对所有的物流成本都要进行同等程度的控制。( )

四、简答题

1. 什么是物流成本?物流成本的构成有哪些?

2. 物流成本管理系统的内容有哪些?

3. 物流成本管理的基本环节有哪些?

4. 在运输成本控制环节中,应注意哪些关键点?

5. 请阐述物流成本管理的意义。

五、案例阅读与分析题

石钢公司:物流管理三板斧

河北钢铁集团石家庄钢铁公司(以下简称"石钢")始建于 1957 年,坐落在石家庄市区内,经过数十年努力,现已成为具有年产 260 万吨钢材生产能力的京津冀地区唯一的专业化特钢棒材生产企业。石钢一直致力于建立"国内领先,国际一流"的特钢炼钢厂,为了实现这个目标,必须满足实施精细化管理这个前提条件。由于在钢铁公司的生产经营过程中,全部物流费用占据了总成本的很大比重,石钢的这一比例达到了 16%,因此,运用全物流成本管理对石钢就显得尤为重要。

创新物流管理

石钢目前的所有物流活动包括原材料的运输、厂区内部及厂区之间的搬运和面向顾客的销售,不仅环节较多、流程较长,而且工作量很大。为了强化物流管理,石钢提出了物流"五个定"的原则,强调专业化的管理和集中式的控制相结合的物流运营方式。具体说来,包括原材料存放在规定地点、车辆按照规定路线行驶、车辆配合规定时点发出和返回、车辆选择规定车型、管理责任分配下达到规定人员。石钢在对厂区的物料进行集中梳理后，划拨了各种物料的库存地点；划定了厂区车辆的运行路线，物流车辆必须在既定路线上高效行驶；按照原材料进厂到出厂的工序，在每一个环节都配备了专门人员管理。

石钢的物流活动全部由第三方物流公司承接，为了强化管理机制，石钢对各项物流活动向社会进行公开招标，引入了公平的竞争机制，不仅降低了物流费用，而且获得了专业的物流服务。自2013年以来，石钢先后在烧结矿运输、返程物料运输、焦炭运输、出口材料运输和仓储作业等物流活动中进行了招投标，均取得了良好的反馈和收获，单是烧结矿运输、返程物料运输和焦炭运输就为石钢带来了近170万元的收益。

物流信息化

石钢还利用信息技术保证物流运输的顺畅进行。

石钢的鑫跃焦化原料基地距离石家庄主厂区大约有70 km的路程。为了保证高炉正常生产，必须使这条靠汽车运输的生命线保持畅通，实时掌控烧结矿运输、焦炭运输的候车、在途和滞留情况。因此，石钢在这些运输汽车上安装了全球定位系统（GPS）和监控报警系统。在GPS的传统功能上，结合钢铁生产的特点，还植入了车辆运行方向、车辆实时轨迹、聚集报警、路线偏离报警和停车超时报警等特殊功能。

针对运输车辆在厂区内的运行，石钢开发了"物流一卡通"和自动排号系统。物流一卡通对物资进厂、场内周转和出厂全过程实施管理，物资数据能进行实时采集和调配。只要拿着物流一卡通，原来需要几分钟才能完成的进厂、过秤、卸货、打印单据、结账等流程只需要几秒钟就可以自助办理，大大提高了流程效率，还节省了人力成本开支。自动排号系统对进入厂内的车辆自动排号，通知车辆待定顺序，在石钢进行检修和发生事故时，避免了运输车辆在厂区内长时间的等待，也保证了各个运输单位进厂的顺序公平。

关键物流指标的管控

为了确保实现降低物流成本的目标，石钢成立了物流费用管理和控制小组，对全公司发生物流成本的环节进行了统一的梳理，提出了降低物流费用的整体思路。石钢将公司的物流成本分成进厂物流、与鑫跃往来、厂内物流和出厂物流四个类别，对其中的每个环节进行细化和分工，制定出合理和节省费用的流程，优化了物流成本的结构，建立了管控物流费用的整体框架。

同时，石钢还将管控落实到两项关键的物流指标上。不仅每月都要对全部的物流费用进行指标分解，还要对日常的重点环节进行跟踪和考核，按照公司新颁布的《石钢公司降低物流费用考核办法》强力执行，如在降低货运调卸、提高货运装车满载率等重点环节上下功夫。

石钢全物流成本管理的成效非常显著，2013年，在出厂物流上，石钢通过提高厂内上站比例，减少搬运费用，节省了约42万元的开支；在港口运输上，仅通过提高天津港汽运直发量，就减少了223万元的费用；在厂内物流上，石钢强化分解物流管控指标，降低了467万元的厂区物流成本。物流成本的降低体现在价格的竞争力上，石钢二季度出厂物流价格每吨钢材环比降低6元，厂内物流费用每吨钢材降低2元，真正体现了价格便宜不等于质量差，而是来自过硬的管理。

案例思考题：

1. 石钢在物流管理上有哪些创新举措？

2. 能源企业的全物流成本管理包括哪些具体环节？

【本章参考文献】

[1]曹会勇.物流管理概论[M].南京:南京大学出版社,2016:275-314.

[2]刘助忠.物流学概论[M].北京:高等教育出版社,2015:59-86.

[3]李严锋.物流管理[M].北京:高等教育出版社,2018:227-234.

[4]全国物流标准化技术委员会,全国物流信息管理标准化技术委员会.物流术语:GB/T 18354—2006[S].北京:中国标准出版社,2007.

[5]刘振海,阎宏民.石钢大力降低物流成本[J].中国钢铁业,2007(3).

[6]http://www.iotworld.com.cn/ 物联网世界:专注于物联网产业信息传播和营销服务

[7]http://wuliu.chemcp.com/ 物流网:物流信息专业信息平台,提供大量有关物流专线、零担专线、搬家公司、物流公司等的信息

第十章 物流服务

> **本章学习导引**
>
> 学习目标：①熟悉物流服务的本质和特征；②了解影响物流服务的因素；③掌握物流服务的内容；④掌握物流服务的实施过程。
>
> 主要概念：物流服务；ABC 分类法。

第一节 物流服务概述

一、物流服务的定义、本质和特征

(一)物流服务的定义

《物流术语》(GB/T 18354—2006)中对物流服务的定义为："为满足客户需求所实施的一系列物流活动过程及其产生的结果。"物流服务的定义是随企业而变化的，不同的企业对物流服务这一概念往往有不同的理解。例如，供应商及其顾客对物流服务的理解就有很大的不同。一般来说，物流服务可以理解为衡量物流系统为某种商品或服务创造时间和空间效用的好坏的尺度，这包括从接收顾客订单开始到商品送到顾客手中为止发生的所有服务活动。

对于大多数企业来说，物流服务可以用一种或几种方式来定义：

①一项管理活动或职能，如订货处理等。

②特定参数的实际业务绩效，如在 24 小时内实现 98% 的订单送货率。

③企业整体经营理念或经营哲学的一部分，而非简单的活动或绩效评价尺度。

综合概括物流服务的定义，物流服务是发生在买方、卖方的一个过程，这个过程使交易中的产品或服务实现增值。这种发生在交易过程中的增值，对单次交易来说是短期的，当各方形成较为稳定的合同关系时，增值则是长期的。同时，这种增值意味着通过交易，各方都得到了价值的增加。因而，从过程管理的观点看，物流服务是通过节省成本费用为供应链提供重要的附加价值的过程。

成功的市场营销要求不断争取到顾客并留住他们，从而实现企业长期赢利和获得投资回报的目标。然而，许多企业仅仅注重赢得新顾客，片面地通过产品、价格、促销等要素来创造需求，忽视了市场组合中的地点要素及与之相联系的物流服务。物流服务对市场需求有重要的影响,它决定着企业能否留住顾客。企业以赢利为目标,但在获得赢利之前,企业必须确定服务策略和计划方案以满足顾客的需要,并且以节省费用的方式来实现,这就是物流服务。

(二)物流服务的本质

由于流通业与一般制造业和销售业不同,它有运输、仓储等公共职能,是为生产、销售提供物流服务的产业,所以物流服务就是流通业为他人的物流需要提供的一切物流活动。它是以顾客的委托为基础,按照货主的要求,为克服货物在空间和时间上的间隔而进行的物流业务活动。物流服务的内容是满足货主需求,保障供给,即在适量性、多批次、广泛性的基础上,安全、准确、迅速、经济地满足货主的要求。

物流服务的本质是达到客户满意,服务作为物流的核心功能,其直接使物流与营销相联系,为用户提供物流的时空效用,因而其衡量标准只能是客户的满意度。

(三)物流服务的特征

1.无形性

商品是一种有某种具体特性和用途的物品,是由某种材料制成的,具有一定的重量、体积、颜色和轮廓的实物,而物流服务主要表现在活动形式,顾客在购买服务之前,无法看见、听见、触摸、嗅闻物流服务。物流服务之后,客户并未获得服务的物质所有权,而只是获得了一种消费经历。

2.不可储存性

物流服务容易消失,不可储存。物流企业在为客户服务之后,服务就立即消失。因此,购买劣质服务的客户通常无货可退,无法要求企业退款,而且企业也不可能像产品生产者那样,将淡季生产的产品储存起来在旺季出售,而必须保持足够的生产能力,以便随时为客户服务。如果某个时期市场需求量低,物流企业的生产能力就无法得到充分利用,而在市场需求量超过生产能力时,物流企业就无法接待一部分客户,从而丧失一部分营业收入。当然,尽管物流服务容易消失,但物流企业可反复利用其服务设施。因此,物流企业要保持较高的销售量的最好方法是保持现有的老客户。

3.差异性

差异性是指物流服务的构成成分及其质量水平经常变化,很难统一界定。物流企业提供的服务不可能完全相同,由于人类个性的存在,同一位第一线的员工提供的服务也不可能始终如一。与产品生产相比较,物流企业往往不易制订和执行服务质量标准,不易保证服务质量。物流企业可以在工作手册中明确规定员工在某种服务场合的行为标准,但管理人员却很难预料有各种不同经历、性格特点、工作态度的员工在这一服务场合的实际行为方式,而且服务质量不仅与员工的服务态度、服务能力有关,也与客户有关,同样的服务对于一部分客户而言是优质服务,对另一部分客户而言却可能是劣质服务。

4.不可分离性

有形产品可在生产和消费之间的一段时间内存在,并可作为产品在这段时间内流通。而物流服务却与之不同,它具有不可分离的特征,即物流服务的生产过程与消费过程同时进行。也就是说,企业员工向顾客提供物流服务时,也正是客户消费服务的时刻,二者在时间上不可分离。由于物流服务本身不是一个具体的物品,而是一系列的活动或过程,所以物流服务的过程也就是客户对服务的消费过程。正因为物流服务的不可分离性,无须像产品一样要经过分销渠道才能送到客户手中，物流企业往往将生产、消费场所融为一体，客户必须到服务场所，才能接受服务，或者物流企业必须将服务送到顾客手中。因此，各个物流服务网点只能为某一个地区的消费者服务，所以物流网络的建设是物流企业必须做好的一项重要工作。

5. 从属性

货主企业的物流需要是伴随商流的发生而发生的，是以商流为基础的，所以物流服务必须从属于货主企业物流系统。这种从属关系表现在流通货物的种类、流通时间、流通方式、提货配送方式都是由货主选择决定的，流通企业只是按照货主的需求处于被动的地位来提供服务。

6. 移动性和分散性

物流服务是以分布广泛、大多数时候不固定的客户为对象的，所以有移动、面广、分散的特性，这会使产业局部的供需不平衡，也会给经营管理带来一定的难度。

7. 较强的需求波动性

物流服务是以数量多而又不固定的客户为对象的，他们的需求在方式和数量上是多变的，有较强的波动性，容易造成供需失衡。

8. 可替代性

一般企业都可能具有自营运输和储存等物流能力，使得物流服务从供给力方面来看有替代性，这种自营物流的普遍性使物流经营者从数量和质量上调整物流服务的供给能力变得相当困难。

二、影响物流服务的因素

1. 缺货水平

缺货水平是企业产品可供性的衡量尺度。企业应对每次缺货情况根据具体产品和顾客做完备记录，以便发现潜在的问题。当缺货发生时，企业要为顾客提供合适的替代产品，或者尽可能地从其他地方调运，或者向顾客承诺一旦有货立即安排运送，这样做的目的在于尽可能保持顾客的忠诚度，留住顾客。

2. 订货信息

订货信息是向顾客快速准确地提供的所购商品的库存信息、预计的运送日期。对顾客的购买需求，企业有时难以一次完全满足，这种订单需通过延期订货、分批运送来完成。延期订货发生的次数及相应的订货周期是评估物流系统运作的重要指标。延期订货处理不当容易造成失销，对此，企业要给予高度重视。

3. 信息的准确性

顾客不仅希望快速获得广泛的信息，而且也要求这些关于订货和库存的信息是准确无误的。企业对不准确的信息应当注明并尽快更正，对经常发生的信息失真要特别关注并努力改进。

4. 订货周期的稳定性

订货周期是从顾客下订单到收货为止所跨越的时间。订货周期包括下订单，订单汇总与处理，货物拣选、包装与配送。顾客往往更加关心订货周期的稳定性而非绝对的天数。当然，随着对时间竞争的日益关注，企业也越发重视缩短整个订货周期。

5. 特殊货运

有些订单的送货不能通过常规的运送体系来进行,而要借助特殊的货运方式。例如,有的货物需快速运送或需要特殊的运送条件。企业提供特殊货运的成本要高于正常运送方式,但失去顾客的代价可能更加高昂。

6. 交叉多点运输

企业为避免失销,有时需要从多个生产点或配送中心向顾客运送货物,这也是应对延期订货的策略之一。

7. 订货的便利性

订货的便利性是指顾客下订单的便利程度。顾客总是喜欢同便利和友好的卖方打交道。如果单据格式不正规、用语含糊不清,或者在电话中等待过久,顾客都有可能产生不满,从而影响顾客与企业的关系。对于这方面可能存在的问题,企业可以通过与顾客的直接交谈来获悉,要予以详细记录并及时改进。

8. 替代产品

顾客所订购的某种产品暂时缺货时,不同规格的同种产品或其他品牌的类似产品可能也能够满足顾客的需要,这种情况在现实中时有发生。如果一种产品当前可供率为70%,该企业还生产一种替代产品,其当前可供率也为70%,则该产品的可供率就可相应提升。为顾客提供可接受的替代产品可以大大提升企业的服务水平。企业在制定产品替代策略时要广泛征求顾客的意见,并及时将有关的政策和信息通知顾客。在有必要向顾客提供替代产品时,应征询顾客的意见并取得其认可。

三、物流服务对赢得竞争优势的重要性

物流服务是企业物流系统的产出,换句话说,从顾客的角度看到的是企业提供的物流服务而不是抽象的物流管理。物流服务是支撑市场组合的地点要素,更重要的是,良好的物流服务有助于发展和保持顾客的忠诚与持久的满意,物流服务的诸要素在顾客心目中的重要程度甚至高过产品价格、质量及其他有关的要素。

对于市场组合四要素(产品、价格、渠道、促销)而言,产品和价格较容易被竞争对手模仿,促销的努力也可能被竞争者赶上。提供令顾客满意的服务,或者处理顾客抱怨的高明手法则是企业区别于竞争对手、吸引顾客的重要途径。在短期内,企业物流服务不容易被对手模仿。根据有关统计,企业65%的销售来自老顾客,而发展一个新顾客的平均费用是保留一个老顾客所需费用的6倍。从财务角度分析,用于物流服务的投资回报率要大大高于投资于促销和其他发展新顾客的活动。

物流在降低成本方面起着重要的作用,而降低物流成本必须在一定服务水平的前提下考虑。从这个意义上来说,物流服务水平是降低物流成本的依据。物流服务起着连接企业、批发商和零售商的纽带作用。

四、物流服务中的问题及对策

物流服务中还存在一定的问题,接下来分析物流服务中的问题及对策。

(1)只是把物流服务水平看作一种销售竞争手段而不做出清晰的规定,批发商和零售商的要求必将升级,致使企业无法应付。现在,批发商或零售商或是由于销售情况不稳定,或

是由于没有存放货物的地方，或是为了避免商品过时，都在极力减少库存，如果他们无节制地要求多批次、小批量配送，或者进行多批次的库存补充，物流工作量将大大增加，物流成本必然提高。为防止这种服务水平的升级，必须建立新的物流服务机制，进行新的物流服务决策。

（2）许多企业还在用同一水平的物流服务对待不同的顾客或不同的商品。企业应把服务当作有限的经营资源，在决定分配时调查顾客的需求，根据对公司销售贡献的大小将顾客分成不同层次，按顾客的不同层次决定不同的服务和不同的服务水平。

（3）物流部门应定期对物流服务进行评估，如检查销售部门或顾客有没有索赔，有没有误配、晚配、事故、破损等。通过征求顾客意见等办法了解服务水平是否已经达到标准；成本的合理化达到何种程度，是否有更合理的办法等。

（4）物流服务水平依据市场形势、竞争对手情况、商品特性和季节等时时刻刻都有变化。作为物流服务来说，今后提供新信息的服务将日益重要。过去主要是提供交货日期、库存、再进货、到货日期、脱销等情况和运输中的商品信息与追踪信息，今后为适应特约商店、零售商店简化业务手续的需要，提供传票样式的统一商品接收总计表等信息服务将更为重要。物流部门应有掌握这种变化的情报系统。

（5）销售部门大多认为为了扩大销售，应该无限制地接受顾客对物流的要求。实际上，这是物流系统无法承受的，应该形成一种从盈亏的角度考虑是否合算的思维。

（6）现在的物流服务要放在社会系统的大范围内来处理。企业需要认真考虑环保、节能、节约资源乃至废弃物回收等问题。现阶段企业要认真进行废弃物回收服务，而不能再将废弃物交给政府来处理。为减少交通混乱、道路拥挤等交通公害，企业冲破互相竞争的壁垒，推进共同配送的时刻也即将到来。

（7）物流服务水平的确定应属于企业的重要决策。物流服务将作为社会系统的一环受到人们的评判。物流服务是向顾客服务的重要因素，是与顾客进行交易的条件之一。如何确定物流服务水平，在销售战略上具有重要意义。因此，物流服务水平的确定应属于企业的重要决策。

第二节　物流服务水平的确定

确定物流服务水平的一个流行方法是将竞争对手的服务水平作为标杆。但仅仅参照竞争对手的水平是不够的，因为很难断定对方是否很好地把握了顾客的需求并集中力量于正确的物流服务要素。这种不足可以通过结合详尽的顾客调查来弥补，详尽的顾客调查能够揭示各种物流服务要素的重要性，有助于消除顾客需求与企业运营状况之间的差距。

确定物流服务水平的方法有多种，以下4种最具参考价值：

一、顾客对暂时缺货的反应

生产商的顾客包括各种中间商和产品的最终用户，而产品通常是从零售商处转销到顾客手中。因此，生产商往往难以判断缺货对最终顾客的影响有多大。例如，生产商的成品仓库中某种产品缺货并不一定意味着零售商也同时缺货。零售环节的物流服务水平对销售影响很大，为此，必须明确最终顾客对缺货的反应模式。当某种产品缺货时，顾客可能购买同种品牌不同规格的产品，也可能购买另一品牌的同类产品，或者干脆换一家商店看看。在产品同质化倾向日益明显的今天，顾客"非买它不可"的现象已经越来越罕见，除非顾客坚定地认为该种产品在质量或价格上明显优于其替代品。

生产商的物流服务战略重要的一点是保证最终顾客能方便、及时地了解和购买到所需的商品。对零售环节的关注使生产商调整订货周期、供货满足率、运输方式等，尽量避免零售环节缺货现象的发生。

顾客对不同产品的购买在时间要求上也有所不同。对绝大多数产品，顾客希望在做出购买决策时就能够获得，但也有特殊的情况，如选购大型家具时，顾客在展示厅选中样品并订购以后，往往愿意等待一段时间在家中收货。美国的西尔斯百货公司与惠尔浦家电公司进行的一项顾客调查发现，顾客对大型家电并不要求在订货的当天就将商品运回家，除非有特别紧急的情况，他们愿意等5~7天。这一调查结果对西尔斯与惠尔浦的物流系统影响很大。西尔斯公司只需在营业厅里摆放样品供顾客挑选，其配送中心里的存货也不多。惠尔浦公司的产成品被运至位于俄亥俄州马利恩的大型仓库；西尔斯公司将收到的顾客订单发给惠尔浦公司，相应的产品随即从马利恩仓库分送到西尔斯位于各地的配送中心，然后从配送中心直接用卡车分送到顾客手中；顾客下订单到送货上门的时间控制在48~72小时。

二、成本与收益的权衡

物流总费用如库存维持费用、运输费用、信息费用、订货处理费用等，可以视为企业在物流服务上的开支。实施集成的物流管理时的成本权衡的目标是在市场组合四要素之间合理分配资源以获得最大的长期收益，即以最低的物流总成本实现给定的物流服务水平。例如，一个百货连锁集团希望将零售供货率提高到98%的水平，需要获取每个商店及每种商品的实时销售数据。为此，需在各分店配置条形码扫描器及其他软、硬件设施；同时，为尽可能地利用这些数据，集团还希望投资建设电子数据交换（electronic data interchange，EDI）系统，以便与供应商进行快速双向的信息交流。经估计，平均每家分店需投入20万元。于是，管理层面临着成本与收益的权衡，对信息技术的投入能提高物流服务水平，但同时也会增加成本。假设该公司的销售毛利是20%，每家分店为收回20万元的新增投资，至少要增加100万元的销售额。如果实际的销售增长超过了100万元，则企业在提高物流服务水平的同时也增加了净收益。对这一决策的评估还需考虑各分店当前的销售额水平。若各分店当前的年销售额是1000万元，则收回这笔投资比年销售额只有400万元要快得多。

尽管存在成本与收益的权衡和费用的预算分配问题，但这种权衡只是短时期内发生的问题。在较长时期内，仍有可能在多个环节同时得到改善，企业在降低总成本的同时也能提高物流服务水平。

三、ABC分类法与帕累托定律

（一）ABC分类法

《物流术语》（GB/T 18354—2006）中对ABC分类法的定义为："将库存物品按照设定的分类标准和要求分为特别重要的库存（A类）、一般重要的库存（B类）和不重要的库存（C类）三个等级，然后针对不同等级分别进行控制的管理方法。"ABC分类法是物流管理中常用的工具,通过 ABC 分类法将各种产品和顾客按其相对重要性进行分类。对企业来说,某些顾客和产品相比其他顾客和产品而言更有利可图,因而应受到特别的关注。以利润率指标为例,利润率最高的顾客和产品组合应配以最高的物流服务水平。

(二)帕累托定律

与 ABC 分类法相类似,帕累托定律指出,样本总体中的大多数事件的发生源于为数不多的几个关键因素。例如,80% 的物流系统中的瓶颈现象可能仅仅是由一辆送货汽车的不良运作造成的。这一概念通常也被称作 80/20 定律。

四、物流服务审计

物流服务审计是对企业物流服务水平、企业调整物流服务策略的影响的审核。审计的目的是识别关键的物流服务要素;识别这些要素的控制机制;评估内部信息系统的质量和能力。物流服务审计包括四个阶段:外部物流服务审计、内部物流服务审计、识别潜在的改进方法和机会、确定物流服务水平。

(一)外部物流服务审计

外部物流服务审计是整个物流服务审计的起点,其主要目标是识别顾客在做购买决策时认为重要的物流服务要素,确定本企业与主要的竞争对手为顾客提供服务的市场比例。

1. 确定顾客关心的物流服务要素

确定顾客关心的物流服务要素的主要工作是对顾客进行调查与访谈。例如,某种普通消费品的零售商在衡量其供应商服务时主要考虑订货周期的稳定性、订货周期的绝对时间、是否使用 EDI、订单满足率、延期订货策略、单据处理程序、回收政策等物流服务要素。

在外部物流服务审计阶段邀请市场部门的人员参与工作有以下三个方面的益处。

(1)物流服务从属于整个市场组合,而市场部门在市场组合的费用预算决策中是最有权威和发言权的部门。

(2)市场营销部门的研究人员是调查问卷设计和分析的专家,而问卷工作是外部物流服务审计的重要一环。

(3)可以提高调查结果的可信度,从而有利于物流服务战略的成功实施。

2. 对企业有代表性的和统计有效的顾客群体进行问卷调查

确定了重要的物流服务因素之后,下一步就是对企业有代表性的和统计有效的顾客群体进行问卷调查。问卷调查可以确定物流服务要素及其他市场组合要素的相对重要性,评估顾客对本企业及主要竞争对手各方面服务绩效的满意程度及顾客的购买倾向。

依据调查的结果,企业加强顾客重视的服务要素。在考虑竞争对手的强势和不足的同时,发展对应顾客分类的战略。此外,问卷还能反映出顾客对关键服务要素的服务水平的期望值。

(二)内部物流服务审计

内部物流服务审计是审查企业当前的服务业务的运作状况,为评估物流服务水平发生变化时所产生的影响确立一个衡量标尺。内部物流服务审计的主要目的是检查企业的服务现状与顾客需求之间的差距。顾客实际接收到的企业物流服务水平也有必要测定,因为顾客的评价有时会偏离企业的实际运作状况。如果企业确实已经做得很出色,则应当注意通过引导和沟通来改变顾客的看法,而不是进一步调整企业的服务水平。

内部物流服务审计的另一个重要内容是考察顾客与企业和企业内部的沟通渠道，包括服务业绩的评估和报告体系。沟通是理解与物流服务有关问题的重要基础，缺乏良好的沟通，物流服务就会流于事后的控制和不断地处理随时发生的问题，而难以实现良好的事前控制。

（三）识别潜在的改进方法和机会

外部物流服务审计明确了企业在物流服务和市场营销战略方面的问题，结合内部审计，可以帮助管理层针对各个服务要素和细分市场调整上述战略，提高企业的盈利能力。管理层在借助内、外部物流服务审计提供的信息制定新的物流服务和市场营销战略时，需针对竞争对手做详细的对比分析。

当顾客对本企业和各主要竞争者的服务业绩评价相比较并相互交流时，这时竞争性的标尺显得更为重要了。

（四）确定物流服务水平

物流服务审计的最后一步是制定服务业绩标准和考核方法。管理层必须为各个细分领域如不同的顾客类型、不同的地理区域、不同的分销渠道及产品详细制定目标服务水平，并将其切实传达到所有的相关部门及员工，同时辅之以必要的激励政策以激励员工努力实现企业的物流服务目标。此外，还要有一套正式的业务报告文本格式。

管理层必须定期地按上述步骤进行物流服务审计，以确保企业的物流服务政策与运作满足当前顾客的需求。

第三节　物流服务内容

一、物流服务的基本内容

物流服务要在争取新客户的同时吸引原有客户继续购买本公司的产品或服务，此外，还要提高投资的回报率。通常认为，通过营销管理、改善产品性能、改变定价才能争取新的客户。但要注意的是，在一些领域，特别是高技术领域，创造需求也受物流服务的影响。物流服务不仅是创造二次消费的最佳手段，也影响着消费需求。经验研究表明，物流服务内容大体可分为基本物流服务、物流增值服务、物流附加服务三类。基本物流服务主要包括告知客户的书面服务、提供书面的物流服务章程、建立物流服务的组织保证、确保物流服务系统的灵活性、建立物流服务的支持技术。而增值物流服务包含提供缺货情况信息服务、提供订单信息服务、确定合理的订货周期、提供快运服务、提供转运服务、确保物流服务系统的准确性、提供便利的订货方式和渠道、提供合适的替代产品等。物流附加服务则主要是为客户提供安装、品质保证、维修、零部件供应服务等。

（一）基本物流服务

基本物流服务是指常规物流服务，是许多物流服务商都能提供的基础服务。它通过资源整合，为企业提供运输、仓储、装卸、实物配送等基本服务，如果涉及国际物流业务，还要提供订舱、代为办理进出口报关、报检、码头作业等服务。基本物流服务与企业物流战略有关，主要是为增值物流服务和附加物流服务奠定基础。企业制定的各种物流规章、政策，根据客户需要所建立的物流服务体制等是基本物流服务的主要内容，为提供好的物流服务打下了良好的基础。

(二)物流增值服务

《物流术语》(GB/T 18354—2006)中对增值物流服务的定义为:"在完成物流基本功能的基础上,根据客户需求提供的各种延伸业务活动。"也就是说,物流增值服务是指那些直接对送货过程造成影响并导致物流成本减少和价值增加的因素或活动,其中商品销售、企业的产成品分拨管理等都和它有紧密的联系。物流增值服务通常可以有效地提高物流服务水平,同时使成本维持在较低水平,是与物流服务关系最为密切的一部分。物流增值服务的主要内容包括了解缺货情况、提供订单信息、缩短交货周期、提供快运服务等。

1. 了解缺货情况

缺货情况或缺货率是衡量产品现货供应比率的重要指标。如果没有货物,应努力为客户寻找替代产品或者在补进货物后再送货。由于缺货成本一般较高,所以要对这一因素进行详细统计,找出问题,并且随之找到有效的解决方案。

2. 提供订单信息

物流系统需要以较快的速度向客户提供有关库存水平、订单情况、运输、交货的准确信息,如出现缺货,还要告知有关补交货(back order)的安排。缩短交货周期的数量和订货周期也是衡量物流灵活性的重要指标,在一定程度上可以抵消缺货造成的不良影响。从某种角度说,补交货的能力与缺货水平之间存在效益背反规律。因此,对补交货情况的考察要和缺货情况联系起来。

3. 缩短交货周期

客户从发出订单到收到货物所耗费的时间称为交货周期,一般指订单传递、分拣货物、包装、运输等多个环节所耗时间。通常,客户只会关注交货周期,对某一具体环节需要耗费的时间并不在意。因此,充分利用现代科技,特别是现代网络技术、通信技术、条码技术等尽力缩短交货周期是当前物流管理的主流。

4. 提供快运服务

快运服务也是企业为缩短交货周期所做的努力。因为快运服务通常费用较高,企业要根据经营产品的特点、客户的承受能力决定是否采用快运服务,以及如何采取快运服务。

5. 提高物流系统的准确性

如果交付的货物、交付的数量、制作的单证出现错误,会给客户和企业带来一定的成本上涨。从根本上讲,提高准确率就是节约成本、提高效率。

6. 提供便利的订货方式和渠道

企业落后的通信手段、复杂的订货手续都可能使客户望而却步。将传统商务手段与电子商务相结合,有助于客户购买产品或服务。

7. 提供产品替代服务

许多企业生产的同一种类产品会有不同的规格、不同的包装,如果产品之间可替代性较强,那么可以在降低库存的同时维持较高的物流服务水平。

(三)物流附加服务

物流附加服务通常是指物流交易的后续服务,是为保证产品使用所涉及的一系列附加服务措施,主要包括产品安装、产品维修、产品跟踪、客户投诉的处理等。越来越多的企业认同这些附加服务内容的重要性。

（1）提供产品安装、品质保证、产品维修、零部件供应等附加服务。针对某些产品，如空调等家用电器，是否有安装、维修服务及服务的质量都是影响消费者购买决策的重要因素，加强这部分投入将显著提高物流服务水平。

（2）对产品进行跟踪调查。某些特殊行业需要跟踪出售的产品，防止其出现社会危害。目前企业对供应链管理中的可视性要求越来越高，产品跟踪的适用范围逐步扩大。

（3）为客户提供索赔、投诉和产品回收等附加服务。随着大众媒体的高度发展，对索赔、投诉的处理不当，可能对企业形象造成恶劣影响。产品回收涉及物流管理中的一个新领域——回收物流，产品回收可能是企业正常物流管理活动的组成部分，也可能由突发事件造成。如果是后者，那么回收产品的能力将直接反映企业的应变能力。

（4）为客户提供临时性替代产品服务。为满足客户的需要，对尚未交付的货物或正处于维修阶段的货物提供临时性替代产品，可以保证客户的正常使用，树立企业"以客户为中心"的良好形象。

二、超值物流服务

从现代物流的增值服务到物流服务过程中的环境协调及高质量、高效率的满意服务等，都是超值物流服务所包含的内容。其中，完美订货服务是物流超值服务的突出表现。

完美订货服务是物流质量的外延。在现代技术支持下，完美订货服务是可能实现的。不少企业正利用这种物流服务来改善与重要顾客的关系。企业致力提高物流服务水平，改变与顾客关系的性质，提供更大的物流价值给顾客，并给双方带来更多的利益。履行完美订货需要在管理上和执行上做出努力，并需要强大的信息支持。

完美订货一般是基本服务之外的活动，以发展供应商和首选顾客之间密切的工作关系为目标，只有在建立各种协议的基础上才能履行完美订货的承诺。完美订货的承诺通常需要得到有关企业间共享信息的支持，以便保持对各种物流需求的深刻了解，一般不会贸然向供应商提出完美订货的要求。

对于企业来说，商品的订货周期是与订单息息相关的。不同的角度对订货周期有不同的认识。首先从卖方的角度来看，订货周期是从收到客户的订货单开始，到货物到达收货地点所耗费的时间；从买方的角度来看，订货周期是指从发出订货单到最后收到货物所耗费的时间。

通过企业订货周期所经过的阶段，可以将订单服务分为订单传递服务、订单处理服务、订单分拣和集合服务三个部分。

1. 订单传递服务

客户发出订货单到企业收到订货单这段时间内发生的一系列工作被称为订单传递服务。当客户发出订货单，就应该立即进入企业订单服务流程。否则，就会影响客户对企业物流服务的评价。为此，许多企业不断改进订单传递方法，将订单直接传送。

2. 订单处理服务

通常把从接受订货到发运交货，包括受理客户收到货物后处理单据的全过程称为订单处理服务。企业只有在处理订单的时候做到准确、迅速、服务周到，才能让客户满意，从而促成连续订货。订单处理的基本原则有以下几条。

（1）要与客户之间建立信任。诚信是企业经营的基础，每次在受理订单后要想到，如果没有完成好，客户会有怎样的行为；要明确订单处理工作也是开展客户经营的一部分，要把信任感和认同感融入客户与企业的交流当中。

（2）尽可能地缩减订货周期。从发出订单到收到货物所耗费的时间称为订货周期，订单传递的时间、订单处理的时间、运输时间都包含在订单处理当中，决定了订货周期。缩短订货周期会减少客户的时间成本，也会让客户所获得的让渡价值得到提升，这是保证客户满意的重要条件。

（3）发展紧急订货服务。对于顾客来说，紧急订货往往十分重要。因此，发展紧急订货服务是有利于与客户建立良好关系的。

（4）避免缺货的现象。只有保持充足的库存才能连续订货。对于客户的整个生产安排来说，工业原料和各种零件一旦缺货，就会影响整个生产安排。此外，缺货现象也会让客户转向其他供货来源。

（5）不能忽略小客户。小客户的订货虽少，但也有可能发展为大批买卖。只有客户与企业建立了稳定且相互信任的供销关系，才能为以后继续订购打下良好的基础，企业的声誉也会借助小客户的传播而树立起来。

（6）力求装配完整。尽最大努力做到装配完整，或者采用有利于顾客自行进行装配的方式，方便顾客即拿便用。

（7）及时为客户提供订单进程信息。物流部门要确保顾客及时了解货物配运情况，方便顾客预计货物到达时间，以更好地进行下一步的销售。

（8）要注意控制和解决订单作业中的"波峰"现象。所谓订单作业中的"波峰"现象，就是企业在同一时间收到了大量不同顾客发来的订单，因无法及时处理，导致顾客订货周期被延长，客户服务水平下降。解决"波峰"现象时关键是控制客户发出订单的日期，减少订单处理工作中的"波峰"和"波谷"现象。

3.订单分拣和集合服务

订单分拣和集合服务包括从仓库接到货品的出库通知单，到该货品装上开往外地的货车这段时间内进行的所有活动，通常由计算机系统来控制完成订单的分拣。

当拣选完订单上的货物后，就要精确核对集合的产品以保证分拣的准确性。一般要填制包装清单，将其放入每件将要发出的货物中。包装清单上标明分拣和拼装在一起的产品名称和数量，并由经办人员签名。收货人在收到货物时，根据订货清单和包装清单核对所收到的货物。

三、系统化物流服务

1.物流服务系统程序

对外物流服务设计的内容有与客户商谈、拜访客户、与客户签约、及时处理客户投诉、与客户建立感情关系、量化客户对企业服务的满意度、提高客户参与度等。

对内物流支持的内容有培训员工、激励员工、考核员工、设立处罚机制、改善监督公司政策、探究员工对公司的意见看法、量化员工绩效、合理化管理。

2.物流服务系统内容

物流服务系统内容包括以下13个内容：①了解客户，即收集客户信息资料，力求最大限度地了解客户。②研究客户，即把收集到的信息资料，按等级和市场进行分类。③客户关系，即研究如何促进双方关系。④服务计划，即按实际需求规定物流服务规则。⑤客户投诉，即拟订合理申诉渠道，及时合理应对投诉。⑥客户联络，即利用信件等方式去进行客户提醒。⑦员工第一，即对员工进行意见调查，以了解内部客户的满意程度。⑧竞争分析，即分析竞争对手，学习其确保提高客户满意度的方法，做到为我所用。⑨重视开拓新客户。⑩共存计划，即使交易双方实现共同进步的计划，实现客户与员工及企业三赢。⑪品质计划，即服务品质管理措施。⑫发展计划，即培训员工，使员工了解并掌握自己的职责和工作范围。⑬改善计划，即通过一定的方法渠道，使员工得到客户的真实反馈，然后进行改善变革。

3. 物流服务系统程序化

物流服务作业是一个可以设计、执行、评估、改善的系统，其中既有策略性方法，也有程序化的概念。一般物流企业会在设计后，在执行活动里不断进行自我评估并进行修改与完善。

四、网络化物流服务

1. 客户网络化物流服务

现代物流是全球化的物流，世界各地都存在企业的客户。为了更好地向客户提供服务，企业要对客户信息资料进行全面的网络化、系统化管理。在设计服务体系的过程中，需要高度重视建立客户信息档案及建立客户资料库的工作，让客户资源在全球范围内实现全面网络化。

2. 信息网络化物流服务

现代物流服务是一种高效、快捷的服务，应使用大量配套的信息技术来保证服务的实施。这些物流信息技术，如电脑辅助订货系统、商品分类管理、配送服务管理系统、持续补货系统、预测与计划系统等，都需要通过计算机、网络来支持。物流信息网络化，可以促进企业内部的资源共享。

3. 地域网络化物流服务

现代物流是全球性物流，现代物流企业的服务将扩展到世界各地，构成服务网。企业要重视服务地域的网络化，以此来完善自身物流服务网络化问题。

4. 工具网络化物流服务

现代物流也是社会物流，有对应的作业设备，如汽车、轮船、搬运设备等。企业物流服务要实现作业工具网络化，可以通过作业控制、计划、协调监督的方式，从宏观的角度进行调控，使各种设施都正常顺利地运转。

第四节　物流服务的实施

物流服务作为竞争手段，不应是防御型的物流服务，即不能只是与别的公司处在同一水平线上，而应是进攻型的物流服务，即超越其他公司水平的物流服务。

一、物流服务的基本要素

物流服务包括以下基本要素：

(1)明确服务项目。

(2)通过问卷调查、专访和座谈，收集有关物流服务的信息。了解顾客提出的服务要素是否重要、他们是否满意，自身的服务水平与竞争对手相比是否具有优势等。

（3）根据顾客不同的需求，归纳出不同的服务类型。由于顾客特点不同、需要也不同，进行分类时以什么样的特点做基准十分重要。首先要找出那些影响核心服务的特点，并要考虑能否做得到，而且还必须考虑对本公司效益的贡献程度，以及顾客的潜在能力等企业经济原则。

（4）分析物流服务的满意程度。分析顾客对各个不同的服务项目的满意程度。

（5）分析与相互竞争的其他公司相比本公司的情况如何。了解本公司和竞争对手在物流需要上的满意程度一般称基准点分析。基准点分析就是把本公司产品、服务及这些产品和服务在市场上的供给活动，与最强的竞争对手或一流公司的活动与成绩连续地进行比较评估。

（6）按顾客的类型确定物流服务形式。首先应依据顾客的不同类型，制定基本方针。在制定方针时首先要对那些重要的顾客重点地给予照顾，同时要做盈亏分析以及在物流服务水平变更时成本会发生怎样变化的分析。

（7）建立物流机制，建立为实现上述整套物流服务项目的机制。

（8）对物流机制进行追踪调查。定期检查已实施的物流服务的效果。

总之，要经常进行了解物流服务现状、对物流服务进行评估、确定物流服务形式、重新构筑物流系统、定期征求客户意见等多项工作。

二、实施物流服务战略的阻碍因素

由于许多企业都缺乏有效的或稳定的物流服务战略，即使是那些管理十分出色的企业在实施物流服务战略时也会碰到棘手的阻碍因素。例如，销售人员有时为得到一张证单而向顾客承诺不切实际的送货时间，结果使企业不得不缩短这张订单的订货周期，为此要加快服务，打乱原本稳定的订货处理程序，导致产品的拣选、配送与运输成本上升，甚至还可能因"多米诺"效应引发整个物流系统的混乱。销售人员往往容易在送货日期、提前期、送货地点、运输方式、购买量等方面背离物流服务政策，而这样做的结果就是为了某一顾客而排斥其他顾客，并增加了物流成本。

企业的物流服务标准和绩效期望在很大程度上受到竞争环境及行业传统的影响。管埋层要深刻理解本行业的特点、规则、顾客的期望，以及提供高水平物流服务所需的成本费用。许多企业在实践中没有评估物流服务水平的成本与收益，也缺乏有效的手段来确定有竞争力的服务水平。引导决策的反馈信息往往来自希望无限度提高服务水平的销售部门，或者来自行业的传统观点及某些过于强烈的顾客抱怨，这些信息会导致企业的过度反应。

企业在产品研究与开发，以及广告促销上往往投入巨大，但是，要获得长期的盈利与发展，同样离不开对物流服务水平的充分研究和正确决策。

概括地说，物流服务战略实施的阻碍因素主要有三个，即人员系统、组织结构系统和企业文化系统。

（1）人员系统。企业员工，特别是企业的物流工作者是物流战略管理过程的主体。这些人员具有各自不同的目标、价值观、行为方式和技能。他们既是实施物流战略的人，又是物流战略实施过程中需要改变行为方式的人。要使物流战略实施得到预期效果，必须做好以下两项工作：一是选择或培训能胜任物流战略实施的领导人；二是改变企业中所有人员的行为与习惯，使他们易于接受物流战略。

（2）组织结构系统。企业组织结构的调整是实施物流战略的一个重要环节，任何一项物流战略都需要有一个相适应的组织结构去完成。美国学者钱德勒等对此做了研究，并提出了一个著名的结论：企业的组织结构要服从企业战略，组织结构是为战略服务的，企业战略规范着企业的组织结构。在物流战略实施过程中，如果组织结构与物流战略不相匹配，就会对物流战略的成功实施产生严重的阻碍；反之，如果组织结构与物流战略相匹配，就会对物流战略的成功实施产生巨大的保证作用。如果情况发生变化，企业的战略与原先的战略有较大的不同，则往往由于企业组织结构变革的滞后而无法成功。在这种情况下，企业面临的选择要么是放慢执行新战略的速度，要么是坚决实行组织结构的调整，以保证新战略的实施。总之，企业的组织结构应当根据企业的物流战略目标进行调整。

（3）企业文化系统。面对同样的环境，资源和能力相似的企业反应并不相同，有时甚至相差很大。这些不同是由于企业的战略决策人员具有不同的文化背景造成的。也就是说，物流战略的成功实施，不仅受外部环境和企业内部资源和能力的影响，而且也与企业文化有密切的联系。企业文化，简单地说是企业职工共有的价值观念和行为准则。企业文化系统是实施战略的保证。在物流战略实施过程中，积极的企业文化起支持作用。

三、制定物流服务标准

在明确了最重要的物流服务要素以后，管理层必须制定服务标准，员工也应经常向上级汇报工作情况。物流服务绩效可以从以下四个方面来评价和控制：

（1）制定每一服务要素的绩效量化标准。

（2）评估每一服务要素的实际绩效。

（3）分析实际绩效与目标之间的差异。

（4）采取必要的纠正措施将实际绩效纳入目标水平。

企业所重视的服务要素同时也应当是其顾客所认为的重要因素。存货可供率、送货日期、订货处理状态、订单跟踪，以及延期订货状态等要素需要企业与顾客之间有良好的沟通。由于许多企业在订货处理过程方面的技术落后，提高物流服务水平在这一领域大有潜力可挖。通过与顾客的计算机联网可以大大改进信息传递与交换的效率，顾客可以获取动态即时的库存信息，在缺货时可自主安排产品替代组合，还可得知较为准确的送货时间与收货日期。

四、提高物流服务绩效

企业通常可以通过以下 4 种活动来提高物流服务绩效：

（1）研究顾客的需求。

（2）在认真权衡成本与收益的基础上确定最优的物流服务水平。

（3）在订货处理系统中采用最先进的技术手段。

（4）考核和评价物流管理各环节的绩效。

有效的物流服务战略立足于深刻理解顾客对服务的需求之上。物流服务审计和调查研究必不可少，一旦明确了顾客对服务的需求，管理层必须制定合适的物流服务战略，以实现企业长期盈利和收回投资的目标。最优的物流服务水平能以最低的服务成本为企业留住最有价值的顾客群。

【本章小结】

物流服务是指准确地把握顾客的需求，通过物流系统与市场营销组合相互作用为顾客提供满意的服务。近年来，物流服务需求市场环境发生了巨大的变化，随着科学技术的进步和生产力水平的提升，顾客多样化的需求日益明显，物流服务提供商之间的竞争日益加剧，加上顾客个性化、定制化需求的日益增多，极大地丰富了物流服务的内容。

【复习思考习题】

扫一扫，看参考答案

一、单项选择题

1. 物流服务的生产过程与消费过程是同时进行的。这说明物流服务具有(   )特征。

A. 无形性   B. 从属性   C. 不可储存性   D. 不可分离性

2. 物流服务的构成成分及其质量水平经常变化，很难统一界定。这说明物流服务具有(   )特征。

A. 无形性   B. 差异性   C. 移动性和分散性   D. 可替代性

3. 物流服务就是以顾客的委托为基础，按照货主的要求，为克服货物在空间和时间上的间隔而进行的物流业务活动，其本质是(   )。

A. 以盈利为目的   B. 达到客户满意

C. 为客户提供物流服务   D. 为发展区域经济服务

4. 物流在降低成本方面起着重要的作用，降低物流成本必须在(   )的前提下考虑。

A. 实现最低盈利目标   B. 实现最大盈利目标

C. 满足客户服务需求   D. 一定服务水平

5. 用 ABC 分类法确定物流服务水平，其核心是将各种产品和顾客按(   )进行分类。

A. 关系的好坏   B. 相对重要性

C. 是否盈利   D. 服务的难易程度

二、多项选择题

1. 物流企业以盈利为目标，但在获得盈利之前，必须确定(   )以满足顾客的需要，并且以节省费用的方式来实现，这就是物流服务。

A. 服务内容   B. 服务目标   C. 服务策略   D. 盈利目标   E. 计划方案

2. 物流服务水平应依据(   )情况做出相应的变化。

A. 任何情况   B. 市场形势   C. 竞争对手   D. 商品特性   E. 季节变化

3. 确定物流服务水平的方法一般包括(   )。

A. 顾客对暂时缺货的反应   B. 成本与收益的权衡

C. 顾客对物流服务的要求   D. ABC 分类法与帕累托定律

E. 物流服务审计

4. 物流服务审计一般包括的内容有(   )。

A. 竞争对手的服务内容和服务水平   B. 外部物流服务审计

C. 内部物流服务审计　　　　　　D. 识别潜在的改进方法和机会

E. 确定物流服务水平

三、判断题

1. 从过程管理的观点看，物流服务是通过提高物流效率为供应链提供重要的附加价值的过程。(　　)

2. 客户通过享受物流服务，既获得了物流服务的物质所有权，又获得了一种消费经历。(　　)

3. 物流服务的不可储存性是指物流企业在为客户服务之后，服务就立即消失。(　　)

4. 物流在降低成本方面起着重要的作用，并且在提高物流服务水平的同时，物流成本也会随之大大降低。(　　)

5. 物流服务是企业物流系统的产出，从顾客角度看到的是企业抽象的物流管理。(　　)

四、简答题

1. 简述物流服务的特征。

2. 试分析影响物流服务的因素。

3. 简述物流服务的基本内容。

4. 企业通常可以从哪些方面提高物流绩效？

五、案例阅读与分析题

UPS 推行特色化物流服务

一、基本情况

美国联合包裹服务公司(UPS)始建于 1907 年，是一家百年老字号。在经过近一个世纪的运作之后，它已经由一家拥有技术的货车运输公司演变成拥有货车的技术型公司。它每天有 1200 万件包裹和文件的运送量，每天还需租用 300 多驾包机。公司在美国国内和世界各地建立了 18 个空运中转中心，每天开出 1600 个航班，使用机场 610 个。UPS 的 34 万名工作人员分布在全球 2400 多个分送中心，他们每天驾驶着 13 万辆运送车昼夜不停地为 200 多个国家和地区的客户提供门到门的收件、送件服务。UPS 每日上门取件的固定客户已逾 130 万家。目前，UPS 的固定资产达 126 亿美元，在全球快递业中可谓独占鳌头。UPS 的成功来自UPS 在数字时代来临时紧紧抓住了发展电子商务这一良机，实现了由传统物流企业向电子物流企业的跨越。

二、UPS 物流服务的特色

UPS 之所以取得巨大的经营成功，与其富有特色的物流服务是密切相关的，主要可概括为以下几个方面。

1. 货物传递快捷

UPS 规定，国际快件在 3 个工作日内送达目的地；国内快件保证在翌日上午 8 时半送达。在美国国内，公司接到客户电话后即可在 1 小时内上门取件，并当场办妥托运手续。20 世纪 90 年代，UPS 又在 180 多个国家开设了 24 小时服务的"下一航班送达"业务。UPS 坚持"快速、可靠"的服务准则，获得了"物有所值的最佳服务"的声誉。

2. 报关代理和信息服务

早在 20 世纪 80 年代末，UPS 就已投资数亿美元建立了全球网络和技术基础设施，为客户提供报关代理。UPS 建立的"报关代理自动化系统"录入了其承运的国际包裹的所有资料。这样，清关手续在货物到达海关之前即已办完。UPS 的计算机化清关为企业节省了时间，提高了效益。

3. 货物及时追踪服务

UPS 的及时追踪系统是目前世界快递业中最大、最先进的信息追踪系统。所有交付货物都能获得一个追踪条形码，货物走到哪里，这个系统就跟到哪里，每天都有 1.4 万人次通过网络查寻其包裹的行踪。非计算机网络客户通过电话询问"客户服务中心"，路易斯维尔德服务中心昼夜服务，200 多名职员每天用 11 种语言回答世界各地的客户大约 2 万次电话询问。

4. 先进的包裹管理服务

UPS 建立的美国亚特兰大"信息数据中心"可将 UPS 系统包裹的档案资料从世界各地汇总到这里。包裹送达时，员工借助"信息数据中心"投递，实现无纸化操作。

5. 包装检验与设计服务

UPS 设在美国芝加哥的"服务中心"数据库中，抗震的、抗挤压的、防泄漏的等各种包装案例应有尽有。服务中心还曾设计水晶隔热层的包装方式，为糖果、巧克力的运输提供恒温保护；用坚韧织袋包装，为 16 万台转换器提供了经得起双程磨损的材料。这类服务为企业节省了材料和运费，被誉为"超值服务"。

（资料来源：中国企业培训网 www.qjl.com）

案例思考题：

1. UPS 的物流服务工作主要包含哪些内容？其物流服务的特色体现在哪些方面？

2. 谈谈你对 UPS"超值服务"的认识。

【本章参考文献】

[1]柳健.物流管理概论[M].北京：中国工信出版集团，电子工业出版社，2017：21-39.

[2]刘助忠.物流学概论[M].北京：高等教育出版社，2015：263-289.

[3]宾厚.现代物流管理[M].北京：北京理工大学出版社，2019：258-263.

[4]全国物流标准化技术委员会，全国物流信息管理标准化技术委员会.物流术语：GB/T 18354—2006[S].北京：中国标准出版社，2007.

[5]中国企业培训网：www.qjl.com.

第十一章 供应链管理

本章学习导引

学习目标：①掌握供应链及供应链管理的概念；②熟知供应链管理的基本步骤；③了解选择供应链成员企业应注意的事项；④了解传统企业组织结构的缺陷及供应链管理对企业组织结构变革的要求。

主要概念：供应链；供应链管理。

第一节 供应链管理的概念与发展

一、供应链及供应链管理

《物流术语》(GB/T 18354—2006)将供应链(supply chain)定义为："生产及流通过程中，涉及将产品或服务提供给最终用户所形成的网链结构。"这个定义是指围绕核心企业，由从原材料采购开始到制成中间产品，再到制成最终产品，最后到销售给最终顾客的所有产权独立的参与者，即供应商、制造商、经销商、最终顾客、物流服务提供商乃至供应商的供应商、经销商的经销商等形成的网链结构(图11-1)。

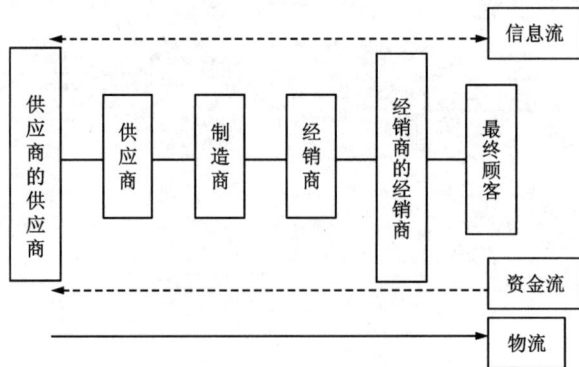

图 11-1 供应链示意图

《物流术语》(GB/T 18354—2006)将供应链管理(supply chain management)定义为："对供应链涉及的全部活动进行计划、组织、协调与控制。"这是指从系统、合作的观点出发，对供应链中的物流、信息流和资金流进行设计、规划和控制，最大限度地减少供应链中各成员的内耗和浪费，通过整体最优来提高全体成员的竞争力，实现全体成员的共赢。供应链管理思想的出现，使上下游企业之间摈弃了传统的单纯竞争的方式，开始向竞争合作方向发展。通过协调上下游企业之间的运作，减少上下游企业之间的内耗，提高供应链的整体竞争能力和经济效益，最终使供应链中所有的成员企业都得到实惠。

上述供应链及供应链管理的概念强调了以下内容。

1. 开展整体最优的集成化管理

供应链管理的概念建立在效率能够通过上下游企业之间的信息共享和协同运作得以提高的信念之上。上下游企业之间通过建立相互信任的伙伴关系，以供应链的整体最优为目标，利用现代信息技术，加强企业之间的合作，强化供应链的整体竞争实力，使供应链中所有的成员企业都受益。供应链管理将带来革命性的变化：未来的竞争不只是企业与企业之间的竞争，更是供应链与供应链之间的竞争。

2. 实施鲜明的顾客导向

供应链管理的基本目标被概括为"7R"，即将合适的产品或服务(right produce or service)，以合适的数量(right quantity)及合适的成本(right cost)，按照合适的状态或包装(right condition or packaging)，在合适的时间(right time)、合适的地点(right place)，送到合适的顾客(right customer)手中。最终顾客的需求是供应链中物流、资金流、信息流的驱动源，顾客满意是供应链管理的出发点。

3. 围绕核心企业展开管理

供应链的构建及供应链的优化围绕核心企业展开。核心企业是供应链中的领导企业，是构建供应链和实施供应链管理的推动力量，一般是供应链中实力最为强大或市场号召力最强的企业。核心企业所建立的一套管理技术和管理办法在其上下游企业中逐步应用和推广，是供应链建立和健全的基础。由于与核心企业直接相邻的上下游企业大多不只是一家，因此，实际运作中的供应链往往呈现出以核心企业为交汇点的发散式网链结构(图11-2)，而并非如图11-1所示的简单的串联模式。

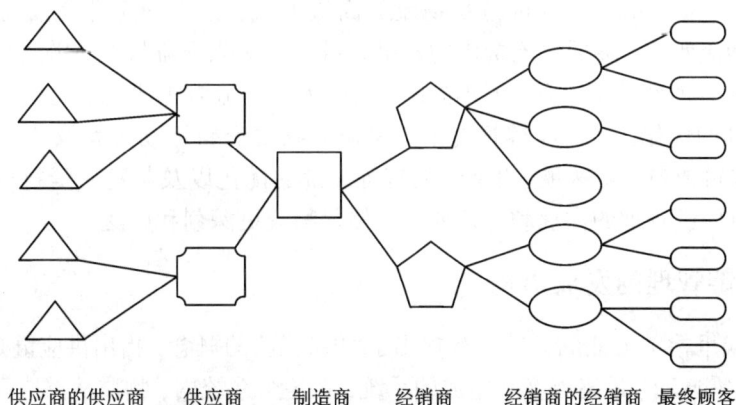

供应商的供应商　　供应商　　制造商　　经销商　　经销商的经销商　最终顾客

图11-2　以制造商为核心企业的供应链示意图

4. 节点企业之间不涉及产权关系

供应链管理对上下游企业关系的优化和资源的整合，是在保留各企业产权独立的基础上展开的。供应链上的节点企业之间不存在产权关系，是彼此独立的企业。

二、供应链管理与相关概念的比较

为了进一步明确供应链管理的内涵与外延，有必要将供应链管理与相关的一些概念进行比较。

1. 供应链管理与战略联盟、虚拟企业

战略联盟（strategic alliances）是指两个或两个以上有着共同利益和对等经营实力的独立企业为达到占领市场、减少风险等目的而通过签订长期协议的形式所结成的优势互补或优势相长的利益共同体。而虚拟企业（virtual enterprise）是指为实现对某种市场机会的快速反应，通过 Internet 技术将拥有相关资源的若干独立企业集结起来，以及时地开发、生产、销售多样化、客户化的产品或服务而形成的一种网络化的临时性利益共同体。

无论是供应链管理，还是战略联盟、虚拟企业，都强调企业之间以合作代替对抗，通过在企业之间重新进行资源整合，协调运作，提高所有协作企业的整体竞争力。不同的是，供应链管理主要关注的是处于上下游的企业之间的纵向整合，而战略联盟和虚拟企业整合的范围不仅包括纵向整合，而且包括横向整合，如不同企业利用各自的科研优势合作开发新产品；战略联盟更强调企业之间合作的长期性，而虚拟企业则强调对快速多变的市场机会的把握，企业之间的合作具有临时性的特点。

2. 供应链管理与纵向一体化

供应链管理与纵向一体化（vertical integration）虽然涉及的都是上下游企业之间的关系，但在企业之间的产权关系上，两者是不同的。纵向一体化是指在商品生产和流通过程中处于上下游关系的企业之间的并购，涉及上下游企业之间的产权交易；而供应链管理本质上是一种纵向限制（vertical restriction），上下游企业之间通过签订具有约束力的协议，确保其交易关系的稳定，降低交易费用。供应链上的节点企业在产权上处于独立的地位，不涉及企业之间的产权交易。

3. 供应链管理与一体化物流

一体化物流（integrated logistics）是物流的高级形式，指不同企业之间通过物流上的合作，达到提高物流效率、降低物流费用的效果。虽然一体化物流与供应链管理均贯穿从原材料采购到最终顾客消费的全过程，但不同的是，一体化物流侧重研究的是物质资料运动过程及相关信息流动的优化，而供应链管理不只是研究物质资料运动过程及相关信息流动的优化，还研究供应链成员企业采购、生产、销售等决策的优化以及与物质资料相关的资金流动过程。因此，供应链管理的内涵和外延要比一体化物流更深刻和广泛。

三、供应链管理的发展历程

1985 年，侯里翰（Houlihan）第一次提出了"供应链"的概念，指出供应链是由供应商、制造商、分销商、零售商、最终顾客等组成的系统，在这个系统内，物质从供应商向最终顾客流动，信息流动则是双向的。人们开始关注上下游企业之间的价值合作与协调问题。

自 20 世纪 80 年代末期以来，随着全球制造（global manufacturing）的广泛开展，供应链管理逐渐在生产企业中得到较为普遍的应用。国际上的一些著名企业，如通用电气、惠普、IBM、戴尔、通用汽车、福特、可口可乐等纷纷导入供应链管理，重新设计了企业的采购、生产、销售等业务流程，显著提高了企业的运行效率，形成了新的竞争优势。沃尔玛等流通企业亦凭借供应链管理实现了快速发展。供应链管理成为 21 世纪企业适应全球竞争的一种有效途径。美国 PRTM 咨询公司对汽车、家电、化工、计算机、医药、半导体、电信等行业 225 家公司的研究表明：供应链管理做得好的公司与一般公司相比，其供应链管理的成本占总销售收入的比例要低好几个百分点。

在传统的计划经济体制下，中国企业为维持正常生产，从主营产品向上游产品无限延伸。因此，普遍出现"大而全""中而全""小而全"的"全能"企业，企图万事不求人，上下游企业之间的专业化协作程度较低。时至今日，中国工业专业化协作的生产经营体系尚未得到充分发育，大中小企业之间没有形成合理的分工体系，大多数企业以自我配套生产为主，较少加入社会化生产协作当中，在不同规模的企业之间没有建立起联动机制，多数中小企业并不是围绕着为大企业提供原材料、零部件或其他服务而建立起来的。以机械工业为例，约有80%的企业属于这种"全能"企业，自制件和自铸锻件所占比例为 80%～90%，而在发达国家，机械制造企业零部件的自制率一般只有 20% 左右。因此，引进供应链管理的先进思想和方法，提高企业竞争力，成为摆在我国企业面前的迫切课题。

第二节　供应链管理的竞争优势

一、纵向一体化在新形势下的不适应性

进入 20 世纪 90 年代以来，企业的经营管理环境呈现出许多新的特点，具体表现在：科学技术的发展导致产品更新换代的速度不断加快，加快产品的上市时间和快速响应市场需求变动变得极其重要；随着卖方市场向买方市场的转变，消费需求日益呈现出多样化、个性化的趋势；经济的全球化趋势使得企业之间的竞争日益激烈……这些新特点使得企业的市场环境日益向动态化的方向发展。

在动态化的市场环境下，作为优化上下游企业之间关系的纵向一体化表现出很强的不适应性，具体有如下表现。

1. 缺乏快速响应能力

企业无论是实施前向一体化还是后向一体化，都必然涉及产权交易。而产权交易需要花费少则数月、多则数年的时间，包括为实施并购开展先期调研和可行性分析的时间、寻找合适的潜在并购对象的时间、与潜在并购对象进行谈判的时间、为实施并购筹措资金的时间、取得政府有关批文的时间、签订并购合同以后企业整合的时间等。而众多的市场需求却都具有即时性的特点，实施纵向一体化所需要的较长的时间周期，使得纵向一体化缺乏快速响应能力。

2. 加大了市场风险

对于专用性程度较高的资产而言，纵向一体化所进行产权交易的结果使资产得以在企业内部沉淀下来。而市场机会却变化迅速，在并购完成以后，市场需求和竞争态势可能已经发生了翻天覆地的变化，纵向一体化的潜在风险大大增加。

3. 不利于形成和强化核心竞争力

过分强调纵向一体化，必然使得企业战线拉得过长，将企业有限的人力、物力、财力分散到众多的领域，使企业难以集中资源发展和强化核心竞争力和核心业务。尤其是在企业尚未形成自己的核心竞争力的情况下，盲目进行规模扩张，必然以失败告终。

韩国大企业在东南亚金融危机中遭受重创就是一个典型的教训。它们过度地开展多元化经营，同时跨越十几个乃至二十几个产业，大大加重了资金负担，造成了企业的高利率、高负债、高外债，挖空了企业核心竞争力的实力基础，因此，面对金融危机的冲击，其抵御力不强。事实上，即使是 IBM 这样的大型跨国公司，从 20 世纪 80 年代末起就已经开始不再进行纵向发展，而是与其他企业建立了广泛的合作关系。

因此，随着企业经营环境的变化，纵向一体化的趋势必然减弱。面对新的竞争形势，企业实施纵向一体化必须非常慎重，需要具备以下条件：在现有的业务环节已建立明显的核心竞争力；资产具有足够的专用性；市场需求和竞争形势相对稳定；企业资源能够确保纵向一体化所需；纵向一体化的实施周期不能太长等。否则，最好不要实施纵向一体化。

二、供应链管理的竞争优势分析

在竞争中，既要抛弃单打独斗的做法，又要克服纵向一体化的不利因素，供应链管理便应运而生。通过将竞争的焦点转移到供应链与供应链之间，供应链管理可建立同一供应链内部上下游企业之间的合作机制，以实现供应链整体最优为条件，确保所有节点企业竞争力的增强和收入的提高。所有节点企业出于改善自身利益的需要，将努力克制自己的机会主义行为，减少相互之间无谓的消耗，实现与纵向一体化相似的减少专用性资产的损失，降低交易的不确定性，使经常性交易趋于稳定的效果，最终达到降低交易费用的目的。

1. 快速响应复杂多变的市场需求

为了满足复杂多变的市场需求，仅仅依靠企业内部集成，即使在资源上行得通，在时间上也可能行不通。供应链管理将资源集成的范围扩展到企业外部，与有实力的供应商、经销商结成伙伴关系。基于这种企业运作环境的产品制造过程，从产品的研究开发到投放市场，周期大大缩短，而且顾客化导向更强，敏捷性大大提高。例如，美国通用电气公司为了提高竞争优势，通过强化供应链管理，已经将备货时间从 3 周压缩到 3 天。

2. 具有柔性高、风险低的特点

在供应链管理模式下，在集成所需资源的基础上，由于供应链节点企业之间在产权上是相互独立的，因此不会出现纵向一体化情况下专用性资产由于企业之间的并购而在企业内部沉淀下来的问题。在市场形势发生巨大变化的情况下，企业可以通过对供应链成员的重新整合来适应新的变化，体现出较高的柔性，潜在的专用性资产固化的风险得以有效化解。

3. 通过合作伙伴的优势互补巩固和强化企业的核心竞争力

与纵向一体化必须完成所有的业务环节相比，供应链管理强调将企业资源集中在经过仔细挑选的少数具有核心竞争力的核心业务上，而将其他虽然重要但不具备核心竞争力的业务环节外包给世界范围内的专业企业去做，并与这些企业保持紧密的合作关系，依托供应链构筑一条企业之间的核心竞争力链条，从而使企业的运作提高到世界级水平，而所需的费用则与自己亲力亲为相等甚至更少，节省了一些投资。这样，不仅有助于企业巩固已有的核心竞争力，而且可以通过提升整条供应链的竞争力而强化自己的核心竞争力。

第三节　供应链管理过程

一、供应链管理的基本步骤

一般而言，供应链管理主要包括以下四个步骤。

1. 计划

在这一阶段，企业确定供应链的基本类型，确定哪些合作伙伴作为供应链的成员企业，确定供应链的每个环节执行什么样的流程，并确定供应链管理的目标。

企业首先应判断自己所生产的产品的不同类型，以此确定供应链的类型。根据其需求特点，企业生产的产品可以分为两大类，即功能性产品和创新性产品。功能性产品主要面向基本需求，具有生命周期较长、需求稳定、便于预测、改型变异程度低等特点。创新性产品主要面向创新性需求、生命周期较短、需求不稳定、难以预测、改型变异程度高等特点。

功能性产品和创新性产品在上市速度要求、季末降价幅度、平均缺货率、边际贡献率等方面的差别也很大。功能性产品生命周期较长的特点使得其对新产品上市速度的要求不高，一般不会出现因为过季而降价的现象，创新性产品生命周期较短的特点要求其加快新产品的上市速度，而一旦产品过季，必然要大幅度降价；由于功能性产品的式样、规格、型号、款式等相对简单，因而缺货比率较低，而创新性产品的式样、规格、型号、款式等则较为繁杂，缺货比率较高。相对于功能性产品而言，为消化额外的市场性成本，创新性产品要求更高的边际贡献率。

对于不同类型的产品，需要设计不同的供应链。与功能性产品相匹配的是精益型供应链，又称有效型供应链，其核心是消除一切形式的浪费，以尽可能节约产品成本，在市场上形成比竞争对手更有利的价格优势。与创新性产品相匹配的是敏捷型供应链，又称反应型供应链，其核心是提高产品的可获性，以尽快满足复杂多变的市场需求，充分利用每一个新的市场机会。

在供应链的基本类型确定之后，就应选择符合该类型供应链的成员企业。对于有效型供应链，选择成员企业的基本标准是成本节约优先，在同等质量和服务水平的条件下，选择报价最低的原材料及零部件供应商、物流服务提供商以及条件最优惠的经销商。对于反应型供应链，选择成员企业的基本标准是对产品或服务订单的响应速度，选择响应最迅速的原材料及零部件供应商、物流服务提供商以及产成品经销商。

而后，对诸如工厂、配送中心的位置和能力，在各个地点生产或存放的产品类型和数量，根据不同交货行程采用的运输模式以及将要使用的信息系统的类型等问题进行决策，并确定供应链的整体运行绩效及不同环节的运行效果的预期目标。

2. 实施

在这一阶段，企业与经筛选合格的潜在成员企业在友好协商的基础上，签订较长时间的合作协议。在根据优化供应链的需要不断改进企业内部业务流程的基础上，建立能与成员企业便捷沟通的信息系统，实现数据共享。所有供应链的成员企业基于共同的利益，紧密合作，共同提高供应链的整体绩效。其中，关键是要将单个商业应用提升为能够运作于整个供应链过程的集成系统，建立一套适用于整个供应链的电子商务解决方案。

供应链信息系统的建立必须以企业内部 ERP 为基础，所有成员企业以供应链中核心企业的 ERP 系统为核心来完善自己企业内部的 ERP 系统。核心企业内部成功实施了 ERP 后，就为供应链成员企业之间的信息共享打下了坚实的基础。

3. 评估

供应链管理是一个不断完善的过程。在供应链运行一段时间之后，核心企业需要对运行状况进行跟踪，找出实施效果与预期效果的差距。为此，核心企业需要确定对供应链绩效进行评价的主要指标。指标的设置没有必要面面俱到，关键应针对当前供应链管理中存在的主要问题进行选择，把握住问题的重点和实质。通过比较分析，为进一步制订更为完善的供应链整合计划提供依据，同时将评估结果反馈给各成员企业。

4. 优化

通过分析各种评估结果，核心企业应找出阻碍供应链绩效提高的各种原因。在借鉴优秀供应链成功经验的基础上，核心企业提出供应链优化方案，确定自己及各供应链成员企业的努力方向、改进重点及实施步骤。如果成员企业未达到绩效要求，或配合不到位，核心企业应限期要求它们改进自己的活动；如果成员企业在要求的期限内仍难以达到要求，核心企业应考虑更换合作伙伴；如果核心企业在供应链管理方面存在问题，则应进一步提高自己的管理效率；如果供应链协议本身存在分工不合理、分配不公平的问题，双方应通过友好协商的方式致力于完善供应链协议。

二、选择供应链成员企业应注意的事项

选择合适的合作伙伴作为供应链的成员企业，是企业供应链管理成功的关键。选择成员企业，需要注意以下事项。

1. 成员企业必须拥有各自的核心竞争力

选择的成员企业必须拥有各自的核心竞争力，并能够实现不同企业之间核心竞争力的有效结合，只有这样才能提高整条供应链的运作效率，从而为企业带来可观的贡献。这些贡献包括及时准确的市场信息、快速高效的物流、快速的新产品开发、高质量的消费者服务、产品总成本的降低等。

2. 成员企业必须有强烈的合作意愿

信任是供应链各成员企业进行有效合作的纽带与保证。实施供应链管理时，企业要改变传统的买卖观念和思维方式，与合作企业共担责任、风险与成本，同时共享成果与收益，这是企业间建立长久信任关系的唯一有效途径。企业间只有建立了信任关系，供应链的运作效率才能得到保证和提高，企业才能赢得长久的竞争优势。在选择合作伙伴时，一定要先了解清楚该企业以前与其他企业的合作情况，以明确该企业是否适合长期合作。

3. 成员企业应尽可能实现地理位置上的相对集中

成员企业地理位置上的相对集中对于处理总装厂与零部件供应厂商的关系极其重要。如果总装厂与零部件供应厂商的距离较近，可以使零部件供应厂商提高对总装厂零部件订单的反应速度，减少零部件的储运费用。以汽车总装厂与零部件供应厂商为例，日本丰田汽车公司总装厂与零部件供应厂商之间的平均距离为 95.3 km，日产汽车公司为 183.3 km，克莱斯勒汽车公司为 875.3 km，福特汽车公司为 818.8 km，通用汽车公司为 687.2 km。丰田汽车

公司平均距离近的优势，充分转化为了管理上的优势。丰田汽车公司的零部件厂商平均每周向总装厂发运零部件 42 次，而日产公司为 21 次，通用汽车公司为 7.5 次。显然，日本汽车公司的平均存货费用要低于美国汽车公司。

4. 成员企业必须"少而精"

在供应链管理思想出现之前，企业为了确保其原材料、零部件的供给及产成品的出售，往往同时与许多家供应商和经销商打交道，但与任何一家供应商和经销商都没有建立长期、稳定的关系。一旦市场形势发生变化，要么企业蒙受损失，要么供应商或经销商蒙受损失。而供应链管理则强调在选择合作伙伴时的目的性和针对性要强，以"少而精"为原则建立长期合作的伙伴关系，以减少合作对象过多所导致的搜寻费用、签约费用、合同变更费用等交易费用的增加。

第四节　供应链管理与企业组织变革

一、传统企业组织结构在供应链管理环境下的不适应

在传统企业组织结构下，企业无论是采用直线职能制、事业部制，还是控股公司制，职能管理都是其基本特色。这种职能管理强调的是按照管理活动的相同性或相似性，将从事相同或相似活动的管理人员集中在一起，组成计划、采购、生产、销售、物流、人事、行政等若干个职能部门。由于每个职能部门内的成员集中精力管理某个领域的事务，因此可以获得专业化分工的效率。同时，由于部门内成员有着相同或相似的专业背景及价值取向，所以彼此之间的沟通也更容易。

面对供应链管理的需要，传统企业组织结构表现出强烈的不适应性，向企业最高管理层提出了变革企业组织结构的要求。这种不适应性具体表现在以下几个方面。

1. 业务流程被人为割裂

尽管职能管理有助于专业化程度的提高，但却将完整的业务流程分割在多个职能部门，使得每个职能部门所从事的工作只是整个流程中的一部分。例如顾客订货处理流程，需要依次经过众多的职能部门，销售部门接受订单，财务部门在确认顾客的资信水平之后，采购部门负责购进原材料或零部件，再由生产部门组织生产，生产完成后由物流部门进行配送。

业务流程被人为割裂，容易造成以下不良后果：第一，为了使业务流程的各环节衔接起来，需要许多管理人员作为企业管理的信息储存器、协调器与监控器，使得业务流程的大部分时间耗费在部门之间的衔接工作上；第二，业务流程在各部门之间的顺序流动，使得必须完成上一环节的工作才能进入下一环节的工作，一旦某个环节出现延误，则很可能造成延误的累积，延误程度进一步加剧；第三，缺乏对整个业务流程负责的机构或人员，对于业务流程中出现的问题，部门之间容易扯皮，责任不清；第四，各部门之间可能增加很多重复劳动。企业内部部门林立所导致的业务流程被肢解，必然影响整条供应链的管理效率，使供应链的响应速度大大降低，成本不断提高。

2. 局部优化的结果并非导致全局优化

系统观念是企业实施供应链管理必须具备的基本观念，供应链管理的竞争优势来源于核

心企业对各节点企业的有效集成，而这种集成又必须以企业内部的有效集成为基础。但在传统的企业组织结构下，由于各职能部门具有不同的任务目标与考核标准，使得各部门的本位主义现象较为严重，各部门追求利益最大化的过程可能存在冲突，部门利益最大化未必带来企业整体利益最大化。

例如，生产部门为追求单位产品生产的低成本，倾向于扩大生产规模，但生产规模的扩大却造成产成品的大量积压，给物流部门造成巨大的仓储压力；物流部门为降低运输费用，对不同区域市场的供货必须凑足整车才发运，打乱了销售部门的促销计划；销售部门为了提高销售业绩而采取各种促销手段的结果是产品在一年内的某一时期销售数量迅速增长，造成这一时期生产部门的超负荷运转，但由于市场容量的限制，其他时期的销售数量又大为减少，造成生产部门能力利用不足等。

3. 机构臃肿导致企业缺乏效率

层次繁多、等级森严的金字塔形组织体系必然容易滋生人浮于事、办事拖拉、官僚主义等现象，使企业管理缺乏效率。这种低效率的官僚机构，一方面使得企业对实施供应链管理缺乏足够的动力与勇气；另一方面，即使实施供应链管理，也必然因为效率低下而以失败告终。

4. 授权不足及分工过细影响顾客满意度

顾客满意是供应链管理的出发点。一方面，传统企业组织结构将权力过分集中于企业的较高层次，必然影响顾客服务水平。在企业具体的运作过程中，以下问题经常出现：企业员工由于缺乏高层管理者的充分授权，受制于严格的规章制度及死板的办事程序，无法切实做到令顾客满意。面对有利的市场机会，企业员工必须逐级汇报，以获得高层管理者的认可，容易使企业反应迟缓，白白损失市场机会。另一方面，过细的分工使得员工得不到有效的锻炼，业务技能只能侧重于某个领域，影响综合顾客服务水平。

二、供应链管理环境下的企业组织结构变革

为了有效地推进供应链管理的实施，真正发挥供应链管理的竞争优势，企业应对传统组织结构实施业务流程再造工程，从传统组织结构强烈的职能导向转变为供应链管理环境下组织结构鲜明的流程导向，以克服传统组织结构所表现出来的种种不适应性。这种新型组织结构的基本构架如下。

1. 以流程为中心

企业的基本组成单位不再是刚性的职能部门，而是不同的业务流程。整个企业的组织结构以主要流程为主干，每个流程都由专门的流程负责人进行领导，由各类专业人员组成的团队管理流程中的各具体环节，各关键流程负责人直接受企业最高管理层的领导。由于有专人负责，流程不再是被职能部门割裂开来的片段式的任务流，而是处于有效的掌控之中，围绕提高顾客价值，变得十分紧凑。

2. 实施团队工作法

以流程为中心的企业组织结构需要高度负责任且具有多项技能的员工队伍做保证。而团队工作法的运用，是有效确保员工责任心、合理集成员工技能的重要方法。所谓团队工作法，是指与以往每位员工分别负责完成一个完整业务流程的一部分不同，由若干员工组成一个小组，共同负责完成一个完整的业务流程。团队工作法强调基于成员之间的信任与成员的

一专多能，打破传统职能部门的界限，针对不同的业务流程建立不同的工作团队。

流程管理团队成员必须搭配合理，考虑成员之间的优势互补。团队一般应由具有各种技能、背景、专长及不同视野的人组成。这种多样性可以使团队从多种角度去研究与分析问题。当各种人才都齐备时，创新与平衡的观点就会出现。加入流程管理团队的成员，必须具有较强的协作意愿，在自己的技能范围内当好主角，在其他人的技能范围内甘愿当好配角，并善于吸取别人的长处来充实、完善自己。良好的沟通是高效的流程管理团队必不可少的条件。沟通要讲究方式、方法，常见的沟通途径有团队会议、午餐讨论、电子邮件、BBS、私下会谈等。有效的沟通需要团队成员表达自己的真实感受，若成员不能表达自己的真实感受，就难以保证工作计划的实施进度，即使实施了，也难以取得较好的效果。团队工作方式要求将决策的权力和责任下放到每一位团队成员。优秀的流程管理团队负责人不一定非要指示或控制他人，他们往往担任教练和后盾的角色，对团队提供指导和支持，但并不试图去控制团队。对于企业最高管理层而言，则应给团队提供完成工作所必需的各种资源。

3. 职能部门成为流程管理团队的人力资源库

尽管企业仍存在计划、采购、生产、销售、物流、财务、行政等职能部门，但这些职能部门的重要性已退居流程之后，且已不再为高墙所封闭。这些职能部门成为流程管理团队可资利用的人力资源库，它们的主要职责是不断培养并向各流程管理团队输送优秀的专业化人才。职能部门的负责人在特定的职能范围内，承担起雇用、培训专门人才的职责。

随着流程管理团队对人员素质的要求不断提高，人力资源部门的重要性日益突出。它负责统筹规划、统一管理各职能部门员工的招聘、培训、激励等，以使流程管理拥有源源不断的合格的专业化人才供应来源。

4. 充分利用信息技术

信息技术是企业组织结构变革的坚强后盾。内部网（Intranet）的建设构筑了组织结构变革的网络基础。制造企业通过电子数据交换或互联网在与供应链合作伙伴有效进行信息沟通的基础上，通过建立和完善 Intranet，将涉及企业安全性的信息相对封闭在企业内部，实现了各流程内部、各流程之间、各部门内部、各部门之间以及各流程与各部门之间、企业高层管理者与各流程、各部门之间有效的信息沟通。

需要注意的是，充分利用信息技术并不是简单地实现原有业务流程处理的自动化，而应将信息技术作为业务流程再造的推动器。对于原有符合信息技术要求的业务流程，信息技术运用的目的在于通过自动化提高处理效率；对于通过信息技术的运用能进行简化的业务流程，应致力于删除原有的不增值的环节；对于与信息技术的要求相去甚远的业务流程，应将原有流程推倒重来；随着现代信息技术的普遍运用，企业应逐渐新建一些对增加顾客价值有益的业务流程，如网络订单查询服务。

5. 组织层次向扁平化方向发展

一方面，信息技术的应用使企业信息传递更为方便、直接，传统组织结构中主要用于沟通上、下管理层次之间信息的中间管理层次可以大为减少乃至删除；另一方面，团队工作法的运用以及对团队成员的充分授权，使得流程管理团队的管理幅度由传统金字塔形的7~8人发展到20~30人。企业组织结构从层次高耸向层次扁平方向发展。组织层次扁平化的结果是决策与行动之间的延迟减少，企业变得更为灵敏，企业的反应能力增强。

【本章小结】

本章首先介绍了供应链管理的概念，并将供应链管理与战略联盟、虚拟企业、纵向一体化、一体化物流等相关概念进行了比较，描述了供应链管理的发展历程。其次，分析了纵向一体化在新形势下表现出来的种种不适应性，指出了供应链管理相对于纵向一体化的竞争优势。再次，介绍了供应链管理的基本步骤及核心企业选择供应链成员企业应注意的事项。最后，针对传统企业组织结构在供应链管理环境下所表现出来的不适应性，提出要求企业对传统组织结构实施业务流程再造工程，从传统组织结构强烈的职能导向转变为供应链管理环境下组织结构鲜明的流程导向。

【复习思考习题】

扫一扫，看参考答案

一、单项选择题

1.(   )是指为实现对某种市场机会的快速反应，通过 Internet 技术将拥有相关资源的若干独立企业集结起来，以及时地开发、生产、销售多样化、客户化的产品或服务而形成的一种网络化的临时性利益共同体。

A.战略联盟企业　　　　　　　　B.供应链管理企业

C.实体企业　　　　　　　　　　D.虚拟企业

2.(   )是物流的高级形式，指不同企业之间通过物流上的合作，达到提高物流效率、降低物流费用的效果。

A.精益物流　　　　　　　　　　B.供应链管理

C.一体化物流　　　　　　　　　D.智能化物流

3.(   )是指两个或两个以上有着共同利益和对等经营实力的独立企业为达到占领市场、减少风险等目的而通过签订长期协议的形式所结成的优势互补或优势相长的利益共同体。

A.虚拟企业　　　　　　　　　　B.战略联盟

C.行业联盟　　　　　　　　　　D.信息共享

二、多项选择题

1.进入 20 世纪 90 年代以来，企业的经营管理环境呈现出许多新的特点，具体表现在：(   )等，这些新特点使得企业的市场环境日益向动态化的方向发展。

A.产品更新换代的速度不断加快　　B.企业纵向一体化不断加强

C.消费需求日益呈现出多样化、个性化的趋势

D.企业之间的竞争日益激烈　　　　E.企业核心竞争力越来越淡化

2.纵向一体化在新形势下具有诸多的不适应性，具体有以下表现：(   )。

A.缺乏快速响应能力　　　　　　　B.全球化趋势

C.自动化　　　　　　　　　　　　D.加大了市场风险

E.不利于形成和强化核心竞争力

3. 一般而言,供应链管理的步骤主要包括(　　　)。

A. 思考　　　　B. 计划　　　　C. 实施　　　　D. 评估　　　　E. 优化

三、判断题

1. 供应链管理对上下游企业关系的优化和资源的整合,是在保留各企业产权独立的基础上展开的。供应链上的节点企业之间不存在产权关系,是彼此独立的企业。(　　　)

2. 供应链的构建及供应链的优化围绕核心企业展开。但是这个核心企业并不一定是供应链中的领导企业,也不一定是构建供应链和实施供应链管理的推动力量,供应链管理的推动和优化一般是根据供应链所有企业的需要来进行。(　　　)

3. 在传统企业组织结构下,由于每个职能部门内的成员集中精力管理某个领域的事务,因此可以获得专业化分工的效率,同时,由于部门内成员有着相同或相似的专业背景及价值取向,所以彼此之间的沟通也更容易。所以在供应链管理环境下,传统企业组织结构也表现出强烈的适应性。(　　　)

四、简答题

1. 供应链管理与纵向一体化最本质的区别是什么?相对于纵向一体化而言,供应链管理具有哪些竞争优势?

2. 对于核心企业而言,在选择供应链合作伙伴时应注意哪些问题?

3. 传统企业组织结构对供应链管理的实施构成了哪些不适应性?供应链管理对传统企业组织结构提出了哪些变革要求?

五、案例阅读与分析题

1号店:大数据时代的电商供应链变革

2008年7月,1号店正式上线,从此开启了中国电子商务网上超市的先河,并在2012年获得了全球零售业巨头沃尔玛的青睐,获得沃尔玛的投资控股,被誉为"网上沃尔玛"。2016年,京东用价值约100亿的股份从沃尔玛手中收购1号店。1号店究竟凭借着什么成为了巨头们眼中的"红人"呢?依托先进信息技术建成的供应链系统,1号店在系统平台、采购、仓储、配送、客户管理等方面形成了自身的核心竞争力,在2012年实现了销售额增长1.5倍、商品数量扩张10倍、运营成本下降37%、每单仓储成本减少50%、商品库存周转减少30多天的佳绩。2013年,1号店更是达到了115.4亿元的惊人销售额。这些成就都依赖于1号店的内功——极具竞争力的供应链管理系统。

最了解顾客

1号店努力使自己成为最了解顾客的人。为了做到这一点,1号店整合了供应商平台、结算系统、仓储管理系统、运输管理系统、数据分析系统和客服系统,所有数据都储存在其自主开发的1号店SBY(service by YHD)平台上,实行集成式的统一管理。

浏览1号店网站的顾客,在轻轻点击鼠标的一刹那,就在SBY系统上产生了一连串"蝴蝶效应"。具体说来,在顾客将商品放入购物车后,1号店的信息系统将该商品"冻结",在顾客所在地的配送中心里,该商品的库存数量就少了一件。在顾客支付成功后,这件商品就形成了一个订单,以10 G/s的速度传输到仓储管理系统,形成一个拣货任务,由系统计算出最佳拣货路径,并安排人员拣货、打包和发货。次日,当顾客收到包裹确认商品后,信息立即被返回到1号店信息系统,该名顾客的购物习惯由信息系统进行记录并分析。在顾客下次登录账号浏览1号店时，其经常购买的商品和可能想购买的商品都会出现在推荐页面上。

不仅如此，1号店副总裁王海晖还介绍说："系统发现某顾客喜欢某品牌的矿泉水，他上个月买了一箱，估计现在快喝完了，又该买水了。我们就会提前预存该品牌矿泉水。"为了做到真正满足顾客的个性化服务需求，1号店董事长于刚表示，1号店在SBY平台上投入很大，因为它有大量的顾客数据，反映出很多规律性的东西。1号店利用这些规律进行数据挖掘，把顾客过去的购买、搜索、收藏，以及商品浏览的路径信息全部记录下来。1号店把这样的记录作为顾客行为模型，用顾客行为模型去预测顾客会有什么样的需求。同时为顾客开展个性化的服务，提醒顾客购买自己喜欢的商品。于刚认为，这是1号店作为电商的优势所在。

1号店目前拥有3000万名会员，每天大约有500万人在网站上浏览，这产生了大量的会员信息，为了更好地处理如此庞大的数据，1号店组建了一支先进的技术团队，独立开发全套顾客信息分析系统。仅在武汉的IT基地，1号店就有千余名技术人员。

拣货最好最快

可以说，1号店每秒钟都有订单下达，而且每笔订单的商品种类、数量、配送地址、配送要求都不一样，1号店2012年的商品种类增加到了50万种，这对其供应链的协调能力形成了考验。为此，1号店也开发出了独特的"波次拣货"和"路径优化"技术，以提高拣货的效率，降低拣货的成本。

所谓"波次拣货"，就是在接收到顾客订单后，1号店不是马上按照订单内容进行拣货，而是将订单投入"订单池"。订单池里拥有一定数量的订单，系统会将具有"相同属性"的15～20个订单合并为一个波次，即由拣货人员完成一次拣货任务。这些相同属性，是从数学的角度进行系统分析得出的，有的是同样的商品，有的是邻近的送货地址。王海晖表示："我们有专业人才和专门的系统去研究算法，从而不断优化我们的拣货流程。"

所谓"路径优化"，就是当一个拣货任务形成后，拣货人员的RF枪（数据采集器）会提示他如何获取最高效的拣货路径，告诉他依次到哪个位置去采集什么商品。1号店的订单特性使得单次拣货量小、种类多。因此，为了提高拣货效率，1号店按照商品的关联度和畅销度来安排商品仓储位置。此外，在实时定位RFID技术的支持下，1号店还采用了动态随机摆放的策略以提高货架使用率。最优路径有两个特点，一是路线最短，二是先轻后重，以节省拣货员的体能消耗。

"波次拣货"和"路径优化"技术使得1号店的拣货效率非常高，其数据显示，在上海单个面积为3万平方米毗邻的4个仓库里，一位拣货员在80秒内，就可以从近30万件商品里拣出16.7件商品（16.7件是1号店平均每单的数量），这个速度在电商行业可谓"佼佼者"。

此外，1号店还积极寻求与其他公司的技术合作。在和联合利华合作的定制SLC（供应商定位中心）项目中，1号店通过改变订单流程，缩短了从用户下单到产品陈列到1号店库位的时间，提升了638%的响应速度，降低了50%的库存，同时减少了780%的断货情况。

在"快"与"准"之间平衡的人

在电子商务领域，最重要的环节之一就是用户体验，其中一个指标就是到单的速度，用户希望下单后尽快拿到商品，而提高物流速度需要电商做出很多努力。为了尽可能同时满足成本和体验、投资人和顾客的需求，1号店掌握着供应链管理的"平衡之术"。目前电商比拼的"快"仅仅是品牌营销的噱头，电商物流的真正核心在于精准，承诺客户标准配送时间。在供应链优化问题上，1号店的一位相关负责人认为，"毫无疑问，优化也得有准则"。对1号店而言,最好的优化是寻找"木桶上的最短板",对其弥补以获得效能和收益上的最大改观,这才是最符合经济性的优化。

为了使自身的运营更加经济、高效,1号店采取了很多做法。例如,计算各地区的订单数量和未来的增长趋势,在最优发展潜力的地方新建仓库;考虑将哪些商品放入新的仓库,同时不会造成商品挤压;根据新的仓库地址,重新计算订单池里的拣货波次。在供应链前端,1号店还会做搜索引擎管理,确定能带来投资回报的投放广告词,由系统选择100万个关键词,经过不断试错和改进,选出越来越精准的广告词,使得投资回报率大幅提高。这个关键词系统还会与库存后台对接,一旦库存出现不足,就会立即下架搜索词以避免缺货情况和减少营销费用的浪费。

在自建物流和第三方物流之间,1号店也保持了一种平衡。于刚认为,在我国,目前还没有一个可以覆盖全国、客户体验非常好的配送公司。因此,目前1号店的自建物流系统配送负责70%的订单,通过自主开发的软件,将全国分为200万个区域。1号店自建物流的及时配送率、配送成功率,以及顾客满意度、破损、溢漏、少货率的指标都要优于第三方配送公司。剩下的30%订单,1号店交由40多家第三方快递公司配送,并通过严格的KPI机制进行考核,用加权平均法给这40多家公司打分和排名,排名靠前的,能获得1号店的更多业务,排名后3位的,1号店对其实行末位淘汰和替换。

于刚说,1号店创业计划书上的第一句话就是:用先进的技术平台来创造价值。1号店在供应链集成管理的道路上越走越远,在中国电商的一轮轮比拼和争夺中,凭借其创造的价值不断发展成熟。

案例思考题:

1. 1号店的供应链有哪些特点?是利用哪些技术和管理经验实现的?

2. 电商企业的供应链管理要突出哪些环节?如何在这些环节中实现平衡?

【本章参考文献】

[1]刘刚.物流管理[M].北京:中国人民大学出版社,2018:177-193.

[2]刘助忠.物流学概论[M].北京:高等教育出版社,2015:339-347.

[3]李晶.1号店的秘密:商业模式并不华丽[N].经济观察报,2012-01-14.

[4]全国物流标准化技术委员会,全国物流信息管理标准化技术委员会.物流术语:GB/T 18354—2006[S].北京:中国标准出版社,2007.

[5]赵向阳.1号店:大数据时代的电商供应链变革[N].中国经营报,2013-06-08.

[6]郝智伟.电商供应链的"道术法"[N].天下网商,2013-08-16.

[7]孙宏超.1号店再推"准点达"电商物流竞争白热化[N].网易科技频道,2013-11-21.

[8]杨颜涛.对网络零售企业供应链管理的思考——以喜号店为例[J].知识经济,2016(3).

[9]联合利华.快速响应及包装改善——1号店与联合利华电商定制化供应链解决方案[J].中国自动识别技术,2015(5).

第十二章　冷链物流

本章学习导引

学习目标：①理解冷链物流的概念；②掌握冷链物流的应用和特点；③熟悉冷链物流的运输技术；④了解我国冷链物流现状。

主要概念：冷链；冷藏运输；冷库；冷链物流。

第一节　冷链物流概述

一、冷链物流相关术语

1. 冷链（cold chain）

根据《物流术语》（GB/T 18354—2006），冷链的定义为：根据物品特性，为保持其品质而采用的从生产到消费的过程中始终处于低温状态的物流网络。

2. 冷藏区（chill space）

根据《物流术语》（GB/T 18354—2006），冷藏区的定义为：仓库内温度保持在0~10℃范围的区域。

3. 冷冻区（freeze space）

根据《物流术语》（GB/T 18354—2006），冷冻区的定义为：仓库内温度保持在0℃以下（不含0℃）的区域。

4. 冷藏运输（refrigerated transportation）

根据《冷藏食品物流包装、标志、运输和储运》（GB/T 24616—2009），冷藏运输的定义为：采用可以达到低温要求的运输设备，将农产品从一地点向另一地点运送的物流活动。其中包括装载、运输、卸货等一系列操作。

二、冷链物流概念

冷链物流（cold chain logistics）是指物品在生产、仓储、运输、销售直到消费前的各个环节中始终处于规定的低温环境下，以保证其品质，减少其损耗的一项系统工程。

一般来说，冷链物流的对象是需要保持低温环境下仓储运输的物品，如农产品、水产品、花卉、禽肉类、冷冻与速冻食品及需要维持低温的特殊商品等。冷链物流系统则是建立在制冷技术上的低温物流系统，包括了冷藏冷链运输、冷链配送、冷藏销售等环节。

三、冷链物流适用范围

目前，适用冷链物流的商品可分为三大类，分别是初级农产品、加工农产品和特殊商品。

(一)初级农产品

1. 蔬菜水果与花卉

植物类生命体的特征与动物不同，在采摘后新陈代谢仍在进行。呼吸作用使得植物体本身缓慢氧化，消耗着自身的养分。在脱离正常生长环境一段时间后，植物体慢慢发展到生命的过熟阶段，此时新陈代谢变得缓慢直到停止，到达这个阶段的蔬菜水果营养价值已经发生了改变，对于花卉来说，则失去了原有的姿态。

蔬菜、水果、花卉类农产品的高质量物流运输应从采摘开始。首先要选择植物的理想生长阶段进行采摘，一般根据储运的时间合理选择。将采摘下来的植物体经过细心的清理、挑选后低温处理，能降低其新陈代谢过程，最后使用合适的保温材料进行包装，使蔬菜、水果、花卉处于适当的温湿度环境下运输。

2. 禽畜肉类

常见禽畜肉类包括鸡、鸭、鹅、猪、牛、羊肉等，禽畜经过屠宰后即无生命体征，自身的免疫系统停止工作，对外界微生物的侵害也丧失了抗御能力，在自然环境下发生一系列降解生化反应，表现为僵直、软化成熟、自溶和酸败四个阶段。肉品到达自溶阶段，正是腐败微生物大量繁殖的阶段，蛋白质和氨基酸开始分解，肉品开始变质。

将肉类冷冻，可以抑制微生物生长繁殖，减缓肉类氧化和酶的分解，使食物处于休眠状态。通常肉类在-18℃以下达到休眠状态。-23℃以下的低温可成倍延长冷藏期。许多国家明确规定，冷冻食品、制成品和水产品必须在-18℃或以下的温度下运输。

3. 水产品

水产品主要包括鱼、虾蟹、贝类等。由于水产品体表的黏液是腐败菌的天然培养基，且多数水产品蛋白质含量较高，因此水产品的腐败时间比其他禽畜肉类更短，尤其是软化成熟阶段时间极短，导致鱼类在酶和微生物的作用下迅速进入自溶阶段，蛋白质氨基酸迅速溶解，腐败微生物大量繁殖，使其变质。

水产的储运过程与温度和包装等因素有关。例如，少脂类水产品冻藏温度在-23℃至-18℃，多脂类水产品冻藏温度应低于-29℃，部分红色肌肉鱼类(金枪鱼)的冻藏温度甚至低至-60℃。在包装方面，则应尽量减少物品与空气的接触防止氧化脱水，装、拆箱等作业应该迅速，尽量减少温度波动而影响质量。

(二)加工农产品

1. 冰激凌

冰激凌是备受人们欢迎的夏日消暑食品，在储运过程中需要保持清洁的运输、合适的温度和完整的包装。冰激凌的外包装形式有蜡纸盒、纸箱、塑料桶等，一般使用6 m长的冷箱运输，冷箱内温度低于-25℃。

2. 其他奶制品

需要冷链储运的奶制品有奶油、奶酪等。奶油通常也是通过冷箱运输的，温度通常设置在-14℃。奶酪一般用冷箱在 0℃ 至 13℃ 温度下运输。但是可以长期保存的硬奶酪则在 1℃ 至 7℃ 温度下运输,当然也需要根据其种类、包装、运输距离等因素视具体情况而定。

另外加工类农产品种类繁多,通常还包括速冻食品,禽、肉、水产等包装熟食,快餐原料等,此处就不一一列举。

(三)特殊商品

需要冷链储运的特殊物品,主要指需要恒温保存的药品。在其从生产、存储到销售的整个流通过程中都需处于规定的温度环境下,以此来保证药品的质量。一般情况下,此类药品的加工环境温度要求在 8℃~15℃;冷藏药品温度要求在 2℃~8℃(例如:注射用胰岛素);冷冻药品温度要求在-20℃(疫苗类药品);深度冷冻药品温度要求在-70℃,比如注射用曲妥珠单抗的原液就需要-70℃的储存温度。由于药品安全直接关系到民生和社会稳定,因此对我国冷链物流提出了更高的要求。

四、冷链物流的特点

冷链物流与普通物流方式相比具备以下三个主要特点:

(1)高成本性。为了确保低温储运,仓库和运输设备必须安装温控装置。通常情况下,冷链仓库和冷链车辆的成本是常温仓库和常温车辆的数倍。而维持低温冷链物流需要的电力成本也比普通物流高出许多。不管从设备投入还是后期使用维护来看,冷链物流系统的高成本性是很大的一个特点,一般冷链物流企业的资本回收期也较普通物流企业更长。

(2)时效性。通常情况下,冷链物流储运的物品具有易腐或不易储藏的特点,因此冷链物流作业应尽量缩短耗时,这就要求物流各环节具有更高的组织协调性。由于易腐食品的时效性,食品冷链的成功始终是和时间成本相关联的,有效控制时间成本与食品冷链的发展密切相关。

(3)复杂性。在技术方面,冷链物流系统涉及制冷技术、温湿度检测技术、保温技术、产品品质变化机理研究、传感信息系统等多方面。在法律方面,有些产品是受到法律法规约束的,比如《中华人民共和国农产品质量安全法》《中华人民共和国食品安全法》《中华人民共和国药品管理法》等多部法律中均有涉及冷链物流的条例。在储运标的物方面,冷链物流储运的产品对温度、湿度、储藏时间等要求不一,任意环节一旦断链则前功尽弃,造成巨大的浪费。因此,冷链物流比一般常温物流系统的要求更高、更复杂。

五、冷链相关环节

冷链是一项系统工程,涉及面很广,须得到许多相关产业的支持。为了保证质量,生鲜从采收到消费者冰箱,冷链的预冷保鲜、运输、贮藏等各个环节,都需要特殊的冷链专业技术和先进的供应链综合管理技术给予支撑,使整个冷链完全保持在一个完整的低温链中。

(一)预冷

冷链系统的第一个环节是预冷。它是指食品从初始温度(常温 30℃)迅速降至目标温度(0℃~15℃)的过程。我们也可以把预冷过程理解为冷链物流的一次流通加工,此过程往往还伴随着包装操作。例如果蔬类产品,在田间采收后,先将其挑选分装,再进行预冷降温处理。这样做的原因是,虽然果蔬停止了光合作用,但本身仍然是活体,呼吸作用成为新陈代谢的主导。果品的成熟和采摘期多在夏、秋季节,此时气温较高,采摘后的果品蓄存大量的环境热量,这些热促进呼吸作用的增强,消耗自身有机物,同时放出的热量又加剧了微生物的繁殖和营养成分的消耗破坏,加速了果品的衰老与死亡。长期的统计经验表明,果蔬在20℃左右的温度能储存1天,0℃以下则能储存7~10天。因此,在果品采摘后,尽快进行预冷处理,可将损失率从30%左右降至10%左右。

预冷对保证储运效果具有重要意义,很多国家早已将预冷技术作为果蔬低温储运的重要措施。目前国际上比较先进的预冷技术主要有真空预冷技术、速冻技术和冰温技术等。

真空预冷是依据真空条件下可加快水分蒸发的特性,在短时间内将产品置于减压室或真空室进行减压处理,从而快速降低产品温度的预冷保鲜方法。真空预冷可以使产品预冷彻底、降温均匀、保鲜效果好,并且操作简单,产品不需要经过特殊处理就可以直接进行预冷处理。

速冻技术是指在-35℃~-40℃的环境中,在30分钟内快速通过-1℃至-5℃的最大冰结晶生成带(即在食品中心温度通过所需的时间不得超过30分钟),在40分钟内将食品95%以上的水分冻成冰,即食品中心温度达到-18℃以下。

冰温技术是指把产品放置在"冰温带"(0℃以下、冰点以上的温度区域)内进行加工和保鲜,此类产品称为冰温产品。

(二)冷藏运输

冷藏运输货物不同于普通货物,需要有构造精良的冷藏运输装备和专业的运输管理机制,才能有效保证货物的保鲜质量和运输的经济效益。冷藏链运输工具可分为三类:保温运输工具,即箱体隔热,能限制与外界的热交换,减少外温对车厢内温度的影响;非机械冷藏运输工具,即箱体隔热,用非机械制冷的冷源降温,即用开放式冷媒(冰、干冰、金属溶液冰等)吸收箱内热量,把箱内温度降低并维持在控温仪确定的水平;机械冷藏运输工具,即箱体隔热,装有制冷或吸热装置,可把箱内温度降低并维持在控温仪确定的水平。冷藏运输技术主要包括公路冷藏运输、铁路冷藏运输和冷藏集装箱多式联运等。

(三)冷链仓储(低温贮藏)

冷链仓储系统主要设施是冷库,一般冷库根据贮藏货物对温度的要求不同分区存储。以0℃为界,整体可划分为冷藏区(0℃以上,含0℃)和冷冻区(0℃以下)。冷库制冷设施主要由温湿度控制系统与传感信息控制系统构成,此外还包括各类货架、托盘等设施,以及此类冷链设施的标准。此类标准涉及冷链仓储的装载单元、集成单元等,这也是冷链仓库设计规划的基础数据来源之一,直接影响仓储解决方案的确立、规划设计与优化。

冷链仓储过程中的低温贮藏技术成为冷藏链过程中不可缺少的重要环节。常见的低温贮藏方法主要有简易贮藏法、冰窖贮藏法、土窑洞贮藏法、通风库贮藏法、机械冷藏库贮藏法、气调库贮藏法、自发气调贮藏法、减压贮藏法等。以下介绍冷链物流中常用的三种贮藏方法。

1.通风库贮藏法

通风库是我国果品贮藏保鲜的传统设施和贮存场所。通风库贮藏曾经是我国20世纪五六十年代商业系统贮藏果品的主要形式,但由于易受外界气候影响,只能保鲜大宗耐贮果品,每年利用率较低。通风库具有一定的温度、湿度调节能力,改良后的通风库,辅以轴流式风机强制通风,再应用相应的保鲜袋、防腐保鲜剂处理,用于苹果等果品贮藏保鲜,其保鲜效果几乎可以达到普通商业冷库的效果,库体与设备投资可节省60%,节能90%。

2.机械冷藏库贮藏法

机械冷藏库是在有良好隔热性能的库房中装置机械制冷设备，形成冷库。它的出现标志着现代化果蔬贮藏的开始，由此大大减少了果蔬损失。近20年来，我国果品蔬菜的机械冷藏发展非常迅速，据不完全统计，目前我国果品贮藏约1/3实现了机械冷藏。

3.气调贮藏法

气调贮藏指在封闭存储空间内，通过调节空气成分比例，抑制微生物活性，达到保鲜存储的目的。气调主要调节空气中的氧气和二氧化碳。气调贮藏是在传统的冷藏保鲜基础上发展起来的现代化保鲜技术，被认为是当今储存果蔬效果最好的贮藏方式。

(四)冷链物流管理

冷链物流管理涉及冷藏设备技术、冷藏空间温控、企业规范与企业运营成本控制等，通常包括冷库运作、冷链包装与流通加工、冷链运输配送环节，是一个技术与管理有机结合的系统工程，需要各环节紧密配合协作。因此，要保证冷藏链的高效运作，除了各类冷藏专业技术之外，更需要有先进的冷藏链管理水平来进行有效协调。

第二节　冷链物流设施

在现代物流系统中，制冷系统在运输系统和仓储系统中的应用，使冷链物流成为可能。由此发展出的冷链物流设施成为现代冷链物流的基础，贯穿于物流活动的各个环节，保障易腐货物的品质和物流过程的顺利进行。

一、制冷系统与设备

利用外界能量使热量从温度较低的物质(或环境)转移到温度较高的物质(或环境)的系统叫制冷系统。

我们讨论的主要是有源制冷系统。此类制冷系统的类型很多，按照制冷剂的不同一般有氨制冷系统、氟利昂制冷系统、混合工质制冷系统、空气制冷系统等；按照工作原理不同一般有机械压缩式制冷系统、吸收式制冷系统、蒸汽式制冷系统、热电式制冷系统等。其中，机械压缩式制冷系统性能好，效率高，应用最为广泛。下面给大家介绍一下压缩式制冷系统：

机械压缩式制冷系统由制冷剂和机械部件组成。常用的制冷剂有氟利昂、氨、二氧化碳、混合工质等，机械部件由压缩机、冷凝器、节流器、蒸发器等设备组成。

1.压缩机

压缩机是制冷系统的心脏，在电动机的驱动下不停地旋转抽出蒸发器内的蒸汽，维持系统低温低压状态，同时通过压缩作用使制冷剂蒸汽的压力和温度升高，这个过程吸收了环境热量。

2.冷凝器

通过压缩机作用的高温高压冷凝剂蒸汽流经冷凝器时，冷凝器这个热交换设备通过常温的空气和水冷带走凝剂蒸汽的热量，使其成为高压常温冷凝剂，完成热交换。

3. 节流器

高压常温状态下的冷凝剂在通过节流元件后，蒸汽温度降低，压力也降低，得到低温低压的冷凝剂液体。这就为冷凝剂进入下一个循环做好准备。

4. 蒸发器

蒸发器也是一个热交换设备，节流后的冷凝剂液体在蒸发器中沸腾蒸发，吸收热量，被带走热量的空间温度下降，以达到冷藏、冷冻的目的。

机械压缩式制冷系统工作原理如图 12-1 所示。

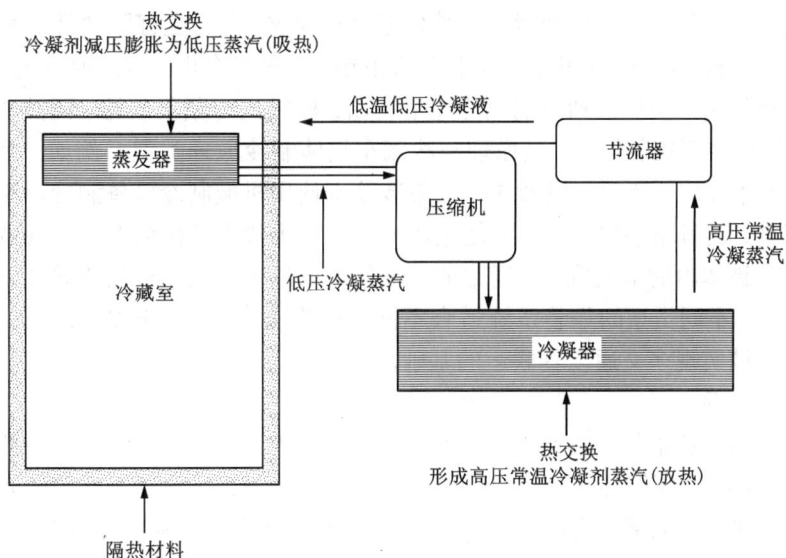

图 12-1　机械压缩式制冷系统工作原理简图

二、冷藏运输设施

运输是物流的中心环节之一，冷藏运输是冷链物流的根本保证。冷藏运输的方式和普通物流一样，包括公路运输、水路运输、铁路运输、航空运输等。不同之处在于冷藏运输过程中，要求无论是包装、装卸搬运还是运输环节，都必须保持恒温，这就涉及复杂的移动制冷技术和保温箱技术。因此，冷藏车、冷藏船、冷藏集装箱、铁路冷藏车厢等设施应运而生。

1. 冷藏车

与普通运输车辆相比，冷藏汽车具备能够维持稳定低温的货箱，货箱通常密闭且具备良好的保温结构，以确保载运易腐物的品质不变。一般冷藏汽车根据运输距离和对温度的要求，分为无源冷藏车和有源冷藏车。无源冷藏车常用于市内短途食品运输，有源冷藏车又根据冷源的不同，分为固定冷源冷藏车和临时冷源冷藏车。

（1）固定冷源冷藏车。固定冷源冷藏车货箱内安装空调或者其他机械制冷设备。空调设备可提供 3~5℃ 的低温，适合需要保鲜运输的货品。强制冷机械设备可提供 0~-25℃ 的低温，适合需要冷冻运输的货品，如冻鱼、冻肉等。

（2）临时冷源冷藏车。临时冷源冷藏车货箱内一般通过干冰、天然冰、金属盐溶液冰块、液态氮等物质制冷。制冷剂的融化所吸收的热量,一般能维持货箱内0~8℃的低温。液态氮则能使温度降至-30℃,但成本更高。

2.冷藏船

具备冷藏仓的货船称为冷藏船,是低温条件下运载的专用船舶。通常情况下,冷藏仓被划分为若干个独立密闭的装货空间。舱门、舱壁气密且采用铝板聚合物、泡沫塑料等材料隔热。由于船舶的运行环境,制冷设施的运行环境较其他运输设施更加恶劣,因此运行与维护成本也更高。

3.冷藏集装箱

冷藏集装箱是一种安装制冷装置以维持低温储运要求,具有良好隔热性的集装系统。其箱体多采用镀锌结构,内壁、底板、顶板和门多由铝、金属复合板、不锈钢板或聚酯制成。

冷藏集装箱的基本类型包括冷剂式冷藏集装箱,机械式冷藏集装箱、隔热集装箱、制冷加热集装箱、气调冷藏集装箱等,其原理与冷藏车箱体制冷原理类似。例如,冷剂式集装箱采用液态氮、干冰等物质制冷,机械式冷藏集装箱则使用机械制冷设备制冷。制冷加热集装箱除制冷功能外,还具备加热设备,可使箱体温度在一个较大范围内变化。气调冷藏集装箱则可以调节控制箱体内的空气成分,通常通过降低氧含量达到减缓氧化和呼吸作用来达到保险的目的。总之,不同类型的集装系统适合不同运输设备、不同运输距离以及不同的货物,它是冷链运输领域实现多交通工具联运的基础。

4.铁路冷藏车厢

铁路冷藏车厢一般依靠动力制冷机组制冷,送风系统将冷空气送至车厢顶部,再由上而下流动到车厢底部,往复循环。冷空气流经货物时带走热量,达到降温冷藏的效果。密闭性较好且具备气调的铁路冷藏车厢,适合长途运输,但一般运输不易腐蚀的货品,如萝卜、土豆、洋葱、柑橘等。

三、冷库

冷库是通过人工手段,创造与室外不同的温湿度环境,以保证存储物的恒湿恒温。严格来讲,冷库类似于冰箱,是一种更大的制冷设备。

一般情况下,冷库是由制冷机制冷,制冷机利用氟利昂等低温汽化制冷剂在低压条件下蒸发,吸收仓库内热量,达到降温的效果。最常用的是压缩式冷藏机,由压缩机、冷凝器、节流阀和蒸发管等组成。

冷库根据其不同的结构、使用性质、库容量规模、制冷剂、库温要求等,有不同的分类。下面给大家介绍几种常见的冷库,请根据其特性,自行归类。

1.土建冷库

土建冷库的主体结构采用钢筋混凝土,围护结构墙体采用砖砌制成。这类冷库的特点是坚固、隔热性好、造价低,但是建设周期比较长。

2.装配式冷库

装配式冷库主体采用轻钢结构,围护结构则采用模块化的聚氨酯或聚苯乙烯芯板拼装制成。这类冷库的特点是造价低、建设周期短、方便拆装,但隔热性与坚固性一般。

3.生产性冷库

生产性冷库是具备一定冷加工能力和一定储存周转能力的冷库。生产性冷库主要建设在食品原料和资源比较集中的地区，以便食品经过冷链加工后能够尽快运走。

4. 分配性冷库

分配性冷库的冷藏容量比较大，库温适中，比较适合贮藏品种多样化的需求。因此，分配性冷库主要集中在大中型城市人口比较密集的地区。

5. 大型冷库

一般库容量超过 10000 吨的冷库，属于大型冷库。但是对于不同用途性质的冷库，在冷冻能力上的要求是不同的。例如，大型生产性冷库的冷冻能力一般要求在 120~160 吨/天，大型分配性冷库冷冻能力是 40~80 吨/天。

6. 中型冷库

一般库容量在 5000~10000 吨的冷库，属于中型冷库。中型的生产性冷库的冷冻能力是 80~120 吨/天，中型的分配性冷库的冷冻能力是 40~60 吨/天。

7. 中小型冷库

一般库容量在 500~5000 吨的冷库，属于中小型冷库。中小型的生产性冷库的冷冻能力是 40~80 吨/天，中小型的分配性冷库的冷冻能力是 20~40 吨/天。

8. 小型冷库

一般库容量小于 500 吨的冷库，属于小型冷库。小型的生产性冷库的冷冻能力是 20~40 吨/天，小型的分配性冷库的冷冻能力则一般低于 20 吨/天。

9. 氨冷库

氨冷库是指采用氨为制冷系统的冷库。氨的制冷性能优势比较大，在相同制冷目标条件下，氨压缩机的体积最小且价格低廉，但是氨的化学特性使其具备一定毒性和一定的爆炸风险。尽管如此，氨冷库仍然凭借其超过氟制冷 2 倍的制冷能力以及氟制冷 1/4 的成本占据了 5000 吨以上冷库的市场。由于其毒性和潜在的爆炸风险，氨冷库在后期维护方面投入的成本也较高。

10. 氟利昂冷库

氟利昂冷库是指采用氟利昂制冷系统的冷库，由于氟利昂制冷系统较氨制冷系统更加简单，分离设备更少，功耗低且安全，因此一般中小型冷库和家庭制冷设备通常采用氟制冷，例如冰箱。

11. 高温冷库

高温冷库库温一般控制在 -2℃~15℃，主要用于贮藏此温度范围的冷却物冷藏，例如柑橘。

12. 低温冷库

低温冷库库温一般控制在 -10℃~-30℃，主要用于贮藏冻肉等需要冻结的货物。

13. 超低温冷库

超低温冷库库温一般控制在 -60℃，主要用于贮藏需要超低温冻藏的货物，例如金枪鱼。另外冷链运输中的各类冷藏、冷冻箱，我们可以把它们看成是移动的微型冷库。

第三节 冷链物流标准化与发展趋势

冷链物流标准化体系包含：冷链物流基础标准、冷链物流技术与操作标准、冷链物流管理与质量控制标准、冷链物流设施设备标准、冷链物流能耗标准。这五大标准体系囊括冷链物流的术语、图形标志、采购、运输、流通加工、仓储、配送、销售、制冷设备技术、设备能耗、产品追述、产品检疫、产品检测、企业管理、卫生管理、从业人员管理、作业管理等众多环节的标准制定。这些标准的制定关系着我国冷链物流的发展水平。

目前，此类标准的制定与执行由物流标准化技术委员会冷链物流分技术委员会（SAC/TC269/SC5）（简称"冷标委"）与中物联冷链委负责。截至 2018 年年底，《中国冷链物流标准目录手册》有关于冷链物流基础、设施设备、技术作业与管理标准 3 方面共计 230 余项标准。其中包括《冷链物流分类与基本要求》（GB/T 28577—2012）、《食品冷链物流追溯管理要求》（GB/T 28843—2012）、《物流企业冷链服务要求与能力评估指标》（GB/T 31086—2014）、《餐饮冷链物流服务规范》（WB/T 1054—2015）、《道路运输 食品冷藏车功能选用技术规范》（WB/T 1060—2016）、《肉与肉制品冷链物流作业规范》（WB/T 1059—2016）等。未来，我国冷链物流标准会逐步趋于完善。

一、冷链物流标准化的必要性

1.冷链物流标准化是降低物流运营成本的方法

我们从狭义的物流成本考虑，在物流活动过程中，包括运输、装卸搬运、流通加工、包装、存储等。冷链物流标准化程度提高，各环节的工作效率也会提高，衔接成本会降低，从而使得总物流成本降低。

2.冷链物流标准化是保证货物品质的措施

冷链物流标准化制定应包括：运输、装卸搬运、流通加工、包装、存储、配送等各个环节的标准，形成相应的冷链货物质量保证体系。同时，在高标准化情况下，提高各项作业环节效率，缩短易腐物的运送时间，间接保证了货物的品质。

3.冷链物流标准化是促进物流国际化的手段

中国是世界最大的消费市场，同时也是世界工厂。中国加入 WTO 后，我国物流行业曾受到国外物流企业的冲击，在贸易过程中出现的技术壁垒主要集中在行业标准的不统一上。因此，为了加速国际贸易发展，我们应积极针对冷链物流各环节甚至包括资金结算方面参考国际惯用标准，并结合自身情况制定相应的标准体系，更好地融入全球市场。

4.冷链物流标准化是提高企业管理水平的纽带

冷链物流系统不仅包括传统的物流要素还涉及制冷与温控方面的冷藏技术，标准化是使其成为一个有机的整体、实现统一的管理的纽带。只有实现冷链物流各环节的标准并严格执行，才能提高冷链系统的管理水平。

二、我国冷链物流标准现状

我国电子商务平台业务的增长，一定程度上带动了冷链物流的发展。近些年冷链市场规模的不断扩大，促使其标准化程度也在不断提高。国务院办公厅印发的《关于加快发展冷链物流保障食品安全促进消费升级的意见》提出，到 2020 年，初步形成布局合理、覆盖广泛、衔接顺畅的冷链基础设施网络，基本建立"全程温控、标准健全、绿色安全、应用广泛"的冷链物流服务体系。此后，国家出台的配套措施《中共中央国务院关于深化改革加强食品安全工作的意见》提出了加快制修订标准、创新标准工作机制、强化标准实施等要求，进一步推动了我国冷链物流标准化建设。

　　据不完全统计，我国涉及冷链物流的相关标准已超过200项。由于冷链物流系统涉及面广，因此标准制定归口部门也众多。从行政归属看，冷链物流标准涉及农业农村部、交通运输部、国家发展和改革委员会、国家卫生健康委员会、国家质量监督检验检疫总局等管理部门。从易腐物尤其是农产品的地域性差异看，各地由于产品不同的属性，造成流通特点各异，因此各省市职能部门也制定了各自的冷链标准。

　　虽然我国冷链物流相关标准已超过200项，但由于冷链物流涉及环节多，现在执行的标准多以国家标准和产业标准为主，操作层面的衔接环节(例如仓储和运输，上下游企业与销售)还存在标准盲区，各职能部门之间制定的标准也有重复与交叉的现象，造成很多企业在实际操作过程中使用自己的企业标准。另外在国际贸易领域，由于冷链物流本身操作难度大，涉及国际化相关的标准思考也不足，我们国家的冷链物流标准化建设还有很长的路要走。

三、冷链物流发展趋势

　　1.冷链物流标准化趋势

　　从我国冷链系统标准现状看，还存在一些问题，如标准覆盖盲区、交叉重复、操作难度大、国际化程度有待提高等。而国际化是未来发展的总趋势，今后中国在世界融合贸易环境中不管占据什么地位，在冷链物流体系中都需要有相应的规范和指导，冷链物流标准化程度是衡量未来冷链系统完善的一个重要指标。

　　2.冷链物流专业化趋势

　　在电子商务的带动下，我国冷链物流市场规模逐步增加，专业的第三方物流服务也已具备一定规模。他们具备良好的技术实力、高效的运营效率，规模化又降低了运行成本。随着冷链物流系统的发展与完善，易腐物生产企业也更倾向于冷链物流业务外包，这也更有利于其将精力集中于自身的核心业务。

　　3.冷链物流多元化趋势

　　第三方冷链物流企业在市场的培育下，整合资源发展壮大，定将向市场提供多元化的增值服务。例如，某些冷链物流企业可提供仓储、分拣、冷链运输、市内配送等服务。一些冷链物流企业甚至能够提供采购、数据分析、库存管理等增值服务。

　　4.冷链物流信息化趋势

　　先进高效的信息平台是冷链物流顺利运行的保障之一。通过计算机网络、射频技术与计算信息系统相结合的信息服务体系，能有效实现易腐物从供应商到冷链物流企业到销售商最终到消费者手中的全过程信息共享与监控管理。

　　5.冷链物流自动化与智能化趋势

　　目前在冷链基础网络建设过程中，自动化冷库技术、自动温控技术、无损检测、预冷技术、ERP、MIS、仓储管理、信息发布等都是较先进的信息技术。未来冷链物流系统运行将在信息化的基础上，结合物联网、大数据、人工智能等新技术，实现以传感器、计算机网络为神经系统，以软件信息平台为控制大脑，以大数据为智慧决策中心的智能化冷链物流体系。

　　6.冷链物流绿色化趋势

　　冷链物流领域影响环境的两个主要因素是尾气排放和污染物泄漏。随着科技的发展和各类安全标准的提高，运输设备尾气排放、制冷剂泄漏、污染物泄漏等问题能够得到很好的解决。

【本章小结】

冷链物流是伴随着科学技术尤其是制冷技术的发展而建立起来的，以冷冻工艺学为基础、制冷技术为手段的低温物流过程。冷链物流的要求比较高，相应的管理和资金方面的投入也比普通的常温物流要大。本章旨在让读者对冷链物流有一个基本的理解，熟悉冷链物流的重要环节，掌握冷链物流相关设施，了解我国冷链物流的基本情况。

扫一扫，看参考答案

【复习思考习题】

一、不定项选择题

1. 下列无须冷链物流的物品是(　　)。

A. 海鲜　　　　　　　B. 花卉　　　　　　　C. 阿司匹林　　　　　D. 鲜肉

2. 以下不属于冷链物流的适用范围的是(　　)。

A. 初级农产品　　　　B. 加工农产品　　　　C. 特殊药品　　　　　D. 电子设备

3. 冷链物流的特点不包括(　　)。

A. 高投资　　　　　　B. 高成本　　　　　　C. 时效性强　　　　　D. 普遍性强

4. 以下不属于常用的预冷保鲜技术的是(　　)。

A. 臭氧保鲜技术　　　B. 真空预冷技术　　　C. 速冻技术　　　　　D. 冰温技术

5. 果品贮藏方法有(　　)。

A. 通风库贮藏法　　　B. 机械冷藏库贮藏　　C. 气调贮藏法　　　　D. 冰窖贮藏法

E. 减压贮藏法

二、简答题

1. 常见的冷链运输设备有哪些？

2. 简述机械式压缩制冷系统的组成和工作原理。

3. 请根据你对冷库的了解，总结归纳冷库按不同结构、不同使用性质、不同库容量规模、不同制冷剂、不同库温的分类。

三、案例阅读与分析题

实现乡村振兴，冷链如何有所作为？

2021年中央一号文件在"大力实施乡村建设行动"部分中提出："加快实施农产品仓储保鲜冷链物流设施建设工程，推进田头小型仓储保鲜冷链设施、产地低温直销配送中心建设。"可见，以农产品冷链产业为主的冷链业，已再次成为国家重点关注的领域。

目标已经明确，关键是如何发挥农产品冷链对乡村振兴的助推作用。其实，这一问题本身就不应是问题。之所以这么说，是因为无论过去、现在还是将来，对于祖祖辈辈靠土地吃饭的广大农村来说，有冷链保障的农产品的上行，永远都是乡村经济的支柱产业。那么，为什么现在又提出需要振兴呢？这就值得我们反思了。

反思一，我们虽然是农产品大国，但并非农产品强国，而农产品不强的原因之一，便是多年来农产品缺乏冷链的支撑。据相关部门的数据显示，目前，我国的农产品冷链率仅为

45%，相比之下，发达国家农产品的冷链率则高达 95% 左右，尤其是在近年来农产品电商兴起之后，冷链在农产品电商物流中的比重虽然越来越重，但流通数量和质量却并不高，这也成为我国农产品电商最大的痛点。不要说一大批中小农产品生鲜电商已然是前赴后继、尸横遍野，就是那几家在其他领域高歌猛进、赚得盆满钵满的电商大佬，农产品电商又搞得怎么样呢？相信大家都有切身体验，这里无须多说。

反思二，这种状况又是怎样造成的呢？过去我们老说是农产品全产业链中下游的短板造成的，如冷链运输、销地冷库等冷链基础设施跟不上发展需要等。这些问题固然存在，今后还需继续下大力气解决，但是，在促进乡村振兴这盘大棋中，需要走好的第一步棋，却往往被我们忽视了。这第一步棋，就是解决农产品产地的冷链问题，也就是我们常说的"最先一公里"的问题。

所谓"最先一公里"，说白了，就是两个重点：一是推进田间地头小型仓储保鲜冷链设施，二是推进产地低温直销配送中心建设。如果说前者是冷链游击队，后者便是冷链正规军。在二者结合的基础上，方能和第三方冷链物流打好配合

令人欣慰的是，在乡村振兴的指引下，2021 年 2 月 25 日，农业农村部发布了《关于落实好党中央、国务院 2021 年农业农村重点工作部署的实施意见》。其中第十八条指出：国家将大力鼓励有条件的地方建设产地低温直销配送中心，并将全面实施农产品仓储保鲜冷链物流设施建设工程，加大鲜活农产品仓储保鲜补贴力度，并认定一批国家级专业产地市场，建设一批田头市场。这对冷链行业而言，无疑是一重大利好消息！

据《大众日报》报道，嘉士丰家庭农场（莘县农产品冷链仓储物流项目）种植山药 260 余亩，为了提高山药的存放周期，调节市场供应对山药价格带来的影响，建立了机械冷库，可以存放山药 1100 多吨。以往，每逢冬季，菜农们便将山药挖下来，随着市场进行销售，然而销售价格总是上不去。

2020 年，莘县实施了国家农业部冷链物流保鲜项目，让规模以上农场都建设了冷库，使新鲜的山药可冷库储存。还带动了周边种植户，在价格低迷情况下，将山药集中冷藏仓储，从而解决了农民的后顾之忧。这样，预计到 2021 年 5 月，山药的价格可达 2.5 元左右，较现在的市场价格提升 1 元以上，可实现增收 200 余万元。

反思三，亟需加强农产品产后商品化处理设施建设。一般情况下，农产品都是按照种类买卖，农民只管卖，消费者只管买，然后由消费者自己回家加工配菜。所以，一般的农产品流通企业，都是卖蔬菜的专卖蔬菜，卖肉的专卖肉，很少有人把蔬菜和肉组合起来变成一种商品卖给客户。

而农产品的商品化处理，则要求在农产品的采收、清洗、分级、加工阶段进行商品化处理，这样做，既可以避免腐烂、减少浪费，又可以保证农产品的新鲜品质。此外，单个农产品也可以拆开卖。例如，按照传统的农产品买卖方式，水果是按大小、外形等分级，猪、牛、羊按部位不同价格分级等。但以前很少有人会想到，苹果也可以像猪一样切开卖，将苹果皮、外层肉、内层肉分开卖，从而大大提升农产品的附加值。而这样做的前提是依托农产品的全程冷链。

农产品冷链物流设施建设是现代农业重大牵引性工程，加强农产品产后商品化处理，就是要通过聚焦鲜活农产品产地"最先一公里"，以鲜活农产品主产区、特色农产品优势区和贫困地区为重点，坚持"农有、农用、农享"的原则，支持家庭农场、农民合作社建设产地分拣

包装、冷藏保鲜、仓储运输、初加工等设施，在产地就近建设改造具有产后商品化处理功能的产地冷链集配中心、冷库等设施，配备产后清洗、加工、预冷、烘干、质检、分级、包装、冷藏等设备，补齐农产品供应链"最先一公里"短板，从而提高农产品商品化处理和错峰销售的能力。

（资料来源：中物联冷链委）

案例思考题：

1. 结合阅读材料，谈谈目前我国在农产品冷链领域存在的问题。

2. 冷链设施在农产品冷链物流中起到了非常重要的作用，而冷链设施的推广离不开各类标准的制定与实施。请根据学习的知识谈谈标准化对冷链物流的影响。

【本章参考文献】

[1] 李健春. 农产品冷链物流[M]. 北京：北京交通大学出版社，2014.

[2] 刘助忠. 物流学概论[M]. 北京：高等教育出版社，2015.

[3] 冯春. 冷链物流[M]. 武汉：华中科技大学出版社，2016.

[4] 全国物流标准化技术委员会，全国物流信息管理标准化技术委员会. 物流术语：GB/T 18354—2006[S]. 北京：中国标准出版社，2007.